地方高校创新创业教育研究

李喆 著

山东人民出版社·济南
国家一级出版社 全国百佳图书出版单位

图书在版编目（CIP）数据

地方高校创新创业教育研究/李喆著. -- 济南：山东人民出版社，2020.2
ISBN 978-7-209-12563-5

Ⅰ. ①地… Ⅱ. ①李… Ⅲ. ①地方高校-创造教育-研究-中国 Ⅳ. ①G640

中国版本图书馆 CIP 数据核字(2019)第 280714 号

地方高校创新创业教育研究
DIFANG GAOXIAO CHUANGXIN CHUANGYE JIAOYU YANJIU

李 喆 著

主管单位 山东出版传媒股份有限公司
出版发行 山东人民出版社
出 版 人 胡长青
社 址 济南市英雄山路 165 号
邮 编 250002
电 话 总编室（0531）82098914
市场部（0531）82098027
网 址 http://www.sd-book.com.cn
印 装 山东省东营市新华印刷厂
经 销 新华书店

规 格 16 开（169mm×239mm）
印 张 16
字 数 245 千字
版 次 2020 年 2 月第 1 版
印 次 2020 年 2 月第 1 次
印 数 1—1000
ISBN 978-7-209-12563-5
定 价 48.00 元

前言

创新创业教育是中国推进创新型国家战略的重要举措之一。对高等学校而言，创新创业教育作为助推办学改革的一种力量，不仅意味着课程与教学方式的创新，更意味着学校办学机制的全面变革。创新创业教育对高校发展而言，带来的不仅是一次重大机遇，更是一次巨大的挑战和考验，需要解决的难题还非常多。诸多高校将其作为办学目标之一，取得一些成功经验，办学业绩获得实质性提升，在教育界引起很大反响。新的发展环境和阶段要求创新创业教育必须面对新的发展任务和挑战，需要在积极借鉴国内外高校成功办学经验的基础上，努力探索出一套适合自身发展的办学之路，在理论探讨、制度创新和实践探索等方面取得新的突破。

本书共分八章。第一章，高校创新创业教育解读及历史考察。本章主要从创新创业教育活动发展历程和对该领域的研究成果等两个方面入手，分析创新创业教育中关键词的含义及其变化样态，为创新创业教育研究奠定坚实的理论基础。第二章，高校创新创业教育体系构成与分析。创新创业教育体系可以分为基本理念体系、课程体系、教学体系、管理体系和评估体系。基本理念体系发挥着引领作用；课程体系、教学体系是基本内容；管理体系和评估体系则是实现创新创业不断优化的重要保障。第三章，创新创业教育的运行模式。高校主导型模式难以协调社会资源，创新创业教育举步维艰；市场主导型模式的趋利性太强，会使创新创业教育陷入俗套。从理想样态来看，未来的创新创业教育应该走向多元治理模式，即让政府、市场和高校在创新创业教育中都有自己的职能定位和功能发挥，让创新创业教育在这一模式的主导下更具开放性、实践性和社会性。第四章，高校创新创业教育的成功经验萃取与提炼。基于院校层次分类的不同，需要结合创新创业教育的运行模式，选取有代表性的院校创新创业教育经验进行梳理分析，以此为各高校创新创业教育的发展提供参考与借鉴。第五章，高校创新创业教育现存关键问题分析。受高校特殊环境、区域特点、学校办学经历等因素影响，地方高校的创新创业教育面临一些独特问题。地方高校要发展出一套成熟的创新创业教育体系，必须对自身存在的问题进行精准定位，找到问题原因，才能为后续对策研究找到源头。第六章，高校创新创业教育的国际比较与借鉴。对比创新创业教育发展比较成熟的国家，它们都秉持着明确的战略性创新创业教育的发展理念，以高校作为创新创业教育的主阵地，设立理论性与实践性相结合的课程体系，再通过系统完善的课程体系把高校同国家管理机构、社会企业、研究所联系起来，在课程建设过程中打造高素质的跨领域跨学科的师资团队。同时，从法律政策、财政资金、社会服务等方面予以支持与落实。在这些具有共性的发展经验基础上，每个国家在推动高校创新创业教育的过程中又有所侧重，形成特色鲜明的高校创新创业教育体系。第七章，高校创新创业教育的发展趋向与实践探索。地方高校在创新创业教育中因为特殊的发展环境而面对着特殊的历史问题。因此，地方高校与其他类型高校相比，在未来的改革之路上也需要谋划出独特的发展路径，需要围绕地方高校面临的环境和发展使命，对未来发展的主要趋向和关键实践环节作出回应。第八章，临沂大学创新创业教育的探索与实践。本章基于临沂大学探索经验凝练而成。临沂大学作为沂蒙革命老区唯一一所综合性大学，奉行服务沂蒙的办学宗旨，立足于服务地方经济社会发展。学校自2014年确立“全国知名、区域特色鲜明的创新创业型大学”的办学目标以来，坚持“德育为先，需求导向、个性发展、覆盖全体、贯穿全程”的基本理念，以培养高素质创新创业人才为基本目标，构建并实施“一二三四”融入式协同性多元化创新创业人才培养体系，围绕创新创业人才质量标准体系建设、创新创业体制机制保障体系建设、创新创业责任体系建设、创新创业服务体系建设，初步探索出一条以提升大学生创新创业能力为核心，以体制机制建设为抓手，将创新创业教育融入人才培养全过程的创新创业人才培养之路。

本研究成果是基于社会发展、高校变革和办学探索而成的，既是著作者本人研究探索的成果，也包含着集体探索的智慧。现凝炼成书，以期能与国内外同仁交流；此中必然存有瑕疵，恳请国内外同仁给予批评、指导。

目 录

第一章
高校创新创业教育解读及历史考察

高等教育新常态下，如何科学选择自己的特色定位已经成为困扰高校发展的时代性问题。从理论层面来讲，任何一类大学的办学定位都是从整个社会系统中析出，政府、社会和高校之间互动方式的改变都会迫使其做出不同程度的调整；从实践层面来说，任何一类大学的办学定位要想获得充分落实，都需要在纷繁复杂的运行系统中，抓住种种难觅和难得的历史发展机遇，并妥善地处理其中存在的各种纠纷和矛盾，探索出适合自身特点的发展模式。2015 年 5 月 13 日，国务院办公厅印发了《关于深化高等学校创新创业教育改革的实施意见》，专题部署高校开展创新创业教育，强调："深化高等学校创新创业教育改革，是国家实施创新驱动发展战略、促进经济提质增效升级的迫切需要，是推进高等教育综合改革、促进高校毕业生更高质量创业就业的重要举措。"①

---

① 国务院办公厅印发《关于深化高等学校创新创业教育改革的实施意见》[EB/OL].(2015-05-13)[2015-05-18]. http://edu.people.com.cn/n/2015/0513/c1053-26995532.html.

因此，高校应审时度势，更新发展观念，转变发展方式，实现新的发展，更好地适应经济新常态。

第一节 高校创新创业教育的解读

一、创新与创业

（一）创新

“创新”一词最早出现在《南史·后妃传·上·宋世祖殷淑仪》，在《辞海》中的定义为“创造新的革新”。在西方，最早使用“创新”一词的是奥地利经济学家约瑟夫·熊彼特（Joseph Alois Schumpeter），他在《经济发展理论》（1912）一书中使用了“创新”一词，并提出：“创新是把一种新的生产要素和生产条件的‘新结合’引入生产关系。”简单来说，他的创新理论主要阐述了五种情况，分别是开发新产品、应用新生产方法、发现新市场、发现新的供应来源并获得新原材料或半成品以及创建新的工业、产业组织。美国著名的管理学大师彼得·德鲁克（Peter F. Drucker）在熊彼特理论的基础上进一步发展了创新理论，在《创新与企业家精神》一书中提出，“创新是赋予资源以新的创造财富能力的行为”，首次将实践创新与企业家精神视为所有企业和机构有组织、有目的、系统化的工作。科技与创新研究领域权威学者 Fagerberg 在《创新研究：演化与将来的挑战》一书中认为，“发明创造成为新产品或是新工艺离不开新奇的想法，创新被看作是一项发明付诸实践的源泉”。卢克和卡茨（2003）把创新引入了组织管理研究领域，提出“创新，通常被理解为成功引进了一种新方法或新事物。创新是一种具体化，一种融合，原始知识、相关知识、关于有价值的新产品、新过程、新方法的知识的合成”的观点。“创新”一词多被运用于管理学、社会学以及经济学等多个学科领域，不同的学科领域对创新的理解也存在差异，比如科技管理与政策领域的学者习惯从科技研发与管理的角度去思考创新，而产业管理与政策领域的学者倾向于从科技的扩散与应用角度去思考。中国是在 20 世纪 90 年代把“创新”的概念引入科学技术等领域，呈现出多种不同的表达方式，比如“自主创新”“知识文化与科学技术创新”等，并迅速融入经济社会的不同范畴之中。有的学者把创新与经济、技术、社会变革、组织发展以及政策发展等因素结合在一起研究，通常认为创新有产品创新、过程创新、市场创新以及组织创新四种形式；有的学者从日常生活以及经济学的视角来解读创新，认为创新是“创造和发现新东西”。本研究认为创新可以从广义和狭义两个视角来解读：广义的创新是指在观念上或者行为上提供新东西，或者通过科技、教育等方式对现有的旧事物进行重新组合，比如在科学技术、思想政治、文化教育等领域提出的技术创新、理论创新以及艺术创新等。狭义的创新是指通过技术、理论等途径对新事物进行发掘创造或者对旧事物进行重新聚合，很多时候是指把技术与经济发展联系在一起。比较而言，广义的创新不仅是指思维领域的推陈出新和转化创造，如管理学大师彼得·德鲁克所言“创新并非要一定与技术有关联，有时完全可以不需要具体实物”，还包括“科技含量极低或是‘零科技’的创新；比如社会创新、管理创新、制度创新等等，它们不但会有较多的创新机缘与时机，并且还会从中产生巨大的效益或收获”。① 本研究中的创新主要是指广义的创新。我们在说“创新是创业的本质和灵魂”时，主要是从创业动机、认知以及市场接受度等角度来分析而不是从技术创新、发明创造等角度分析。因为从现实情况来看，创业者的创业类型有很多种，比如模仿型、稳定型、冒险型等，而不仅仅是指高科技创业。

（二）创业

英文中创业一词的表达方式主要有“entrepreneurship”和“venture”两种说法。前者主要是从静态的角度描述一种创业状态，主要从“创业家”“企业家”的角度来理解“创业”；而后者的原意是“冒险”，是从动态的角度强调“冒险创建企业”。在我国《辞海》（1986）中将创业界定为“创立基业”，主要意指开端的艰难以及过程的开拓与创新意义。《现代汉语词典》将创业界定

---

① 曹扬. 转变经济发展方式背景下高校创新创业教育问题研究[D]. 东北师范大学，2014.

为创办事业，“创”是指开创、创办，“业”是指事业、业务的意思。尽管创业一词由来已久，但是学术界并未对其定义达成共识，整理文献发现代表性观点主要有：“创业是一个创造增长的财富的动态过程”（罗伯特·荣斯戴特，1984）；“创业是一个独立的或在组织内部的人追踪和捕获机会与其当时所控制的资源多少无关的过程”（霍华德·斯蒂文森，1989）；“创业是一个价值的产生、增加以及价值的实现和更新的过程，这一过程包括所有者和参与者及利益相关者，创业是一种强调机会驱动并且注重方法的思考方式、推理方式和行为方式”（杰弗里·蒂蒙斯，2005）①；“创业是一个试图去理解机会是如何被那些特殊的人们发现或创造，并创造出一些新的东西（比如新产品或新服务、新的市场、新的生产线或原材料，组织已有技术的新方式），然后通过各种方式开发和发展这些东西，最终产生广泛影响的商业领域”（谢恩和文卡塔拉曼，2000）；“创业是一个过程，在这个过程中通过发现和捕获商业机会，组织各种资源进一步创造出新颖的产品或服务项目，从而实现其潜在价值，即开拓创造业绩和成就”（郁义鸿，2000）；“创业即创立基业，指创业者发现和捕捉市场机会、整合和利用各种社会资源独立开创新企业，通过向市场上提供新产品、服务，以开拓创造业绩和取得成就的一系列活动”（李海波、朱中超，2007）。通过对学者们不同观点的解读，本研究认为创业也可以从广义和狭义两个视角来解读：广义的创业泛指新开创的事业或者包含创新的行为，可以大到航空飞机的研制小到工厂生产流水线上的零件的改进。而狭义的创业专指创办企业，企业的创办可以基于创新，也可以在模仿的基础上创办。本研究中的创业是指广义的创业。

根据经典创业理论的解释，创业是创业主体实现自身潜在价值的活动过程，是发现和运用机会的过程，创业者的知识和决策在创业过程中扮演重要的角色。其中创业主体既可以是一个个体也可以是一个组织；创业不是一蹴而就

---

① Bo Li, Xinghua Wang, Seng Chee Tan. *What makes MOOC users persist in completing MOOCs. A perspective from network externalities and human factors*, Computers in Human Behavior, 2018(08):385-395.

的而是需要付出时间和精力的包含一定创新的过程；创业需要一定的人力、财力和物力基础，需要一定的技术和资金等多种因素的参与支持。张彦在《高校创新创业教育的观念辨析与战略思考》一文中，将创业的外延界定为“承担风险的创业者，通过寻找和把握创业机会或机遇，在社会经济、文化、政治领域内，创造性地整合现有资源，创建新组织、新事业、新企业、新岗位，开展新业务，从而将实现新商品或新服务的机会确认和创造出来，为大家及社会缔造、产出新价值的全过程”。由此可见，高校大学生创业会增加大量的就业机会缓解大学生就业难的问题，也会成为我国教育体制改革和发展的动力和源泉，能够促进我国经济社会发展。

二、创新教育与创业教育

（一）创新教育

教育具有选择、传承和创新文化的功能，教育的根本使命在于不断地创造和创新。教育的过程也就是受教育者“在思考、想象、信仰中创新和创造着，不断认识自身的完美性与达到其预期的可能性之间的距离”的过程。查阅文献发现，目前关于创新教育的定义种类繁多，观点不一。中国期刊全文数据库中查阅发现，1989 年魏发辰发表于《中国科技论坛》杂志的文章《开展创新教育培养创新人才》是最早以创新教育为主题的学术论文。魏发辰通过调查发现当时我国在技术创新领域有突出贡献的发明家人数较少，我们的学校教育没有建立培养创新创造型人才的机制，从而进一步提出通过开展创新创业教育培养创新人才的构想。之后，学术界对创新教育的探究逐年增多，关于创新教育的定义约有百种以上，使之成为一个具有高度争议的概念。如，张立昌认为创新教育是指在环境和遗传物质的基础上，发挥学校教育在人的发展过程中的主导作用，调动学生的主观能动性，培养满足学生主体发展需要和未来社会需要的教育；周兴国认为，创新教育即是通过有目的有组织有计划的教育活动，是学生在实践活动中主动参与、主动探索、主动创造的过程；邓玲认为创新教育是一种以培养受教育者的创新精神、创新思维、创新意识、创新能力和创新习惯为目标的教育形态，创新教育以人类创新活动的深度开发成果为教材，教学环节涉及创新机理的学习、创新制度的设计、创新案例的分析等；高晓杰等人认为创新教育是为了更好地培养受教育者的创新意识、创新思想、创新技能、创新素质，并使其成为一个创新人才为最终目标的一种教育活动。对创新教育进行概念界定，既需要深入理解创新教育的内涵又需要深切关照创新教育发展的历史进程以及现有的热点，还需要考虑到创新教育未来的发展和演化趋势。通过对文献的解读分析，本研究认为创新教育的定义也可以分为广义和狭义两种。狭义的创新教育仅是指以培养创新人才为目标的教育活动。广义的创新教育是指不同于传统守旧式的填鸭式的教育形式，以提高受教育者的创新能力、培养受教育者的创新素养为目的，使受教育者勇于进取和不断创新的一种新型教育活动。高校创新教育就是培养受教育者觉察机会、重组知识、解决问题的能力，激发受教育者创造潜能的一系列相关的教育活动。也就是说，凡是以培养受教育者的创新素质、提升受教育者的创新能力为目标的活动皆可称为创新教育。当然，高校作为生产高深知识的学术组织与其他组织具有本质的区别，高校教育过程中受教育者不是被动地接受前人的思想和知识的过程，而是站在前人的肩膀上去观察、思考、表达和创造的开拓和创新的过程。高校作为培养具有创新精神、创新思维、创新能力等创新人才的摇篮，不仅要使受教育者的意识、精神、理念和实践能力等方面得到提高，更应该使受教育者自身的创造才智、创造人格和创造品行得以提升。①

（二）创业教育

创业教育（Entrepreneurship Education）的概念来源于西方发达国家，20世纪60年代西方学者对创业教育的研究迅速增长，仅仅几年的时间，创业教育已经跻身经济领域的热点研究项目，并且在60个重要推荐项目中排名第六。20世纪80年代，“entrepreneurship education”这种表达更多的是应用在美国和加拿大，而英国和爱尔兰更偏向于用“enterprise education”。直到20世纪90年代早期，逐渐用“entrepreneurship”代替“enterprise”。1989年11月，联合

① 王超. 大学生创业教育探索与实践——以江苏省创业教育示范校建设为例[J]. 中国成人教育,2016(02).

国教科文组织在北京召开“面向21世纪教育国际研讨会”，对于创业教育研究具有里程碑式的意义。在此次会议上，首次正式提出“创业教育”的概念，“事业心和开拓技能教育”理念也成为大会的重要议题。世界经济合作与发展组织专家柯林·博尔在《学会关心：21世纪的教育圆桌会议报告》中提出未来人都应该掌握三本“教育护照”的理念：即反映其学术能力的“学术护照”；反映其职业能力的“职业护照”；反映其事业心和开拓技能的“创业护照”。学校教育要共同重视这“三本护照”，要致力于为学生拥有“三本护照”提供全方位的帮助。此后，联合国教科文组织亚太地区办事处分别在泰国、日本、澳大利亚、印度等地召开“提高青少年创业能力教育联合革新项目”相关会议，探讨创业教育思想中更为深入的问题。1996年，联合国教科文组织再次在北京召开小企业创业技能课程开发会议，此次会议由多个发展中国家参与。在中国、韩国、法国等地召开的一系列国际性会议，使得创业教育受到世界范围内的重视。自此，创业教育逐步成为各国教育改革与发展的一种共识，并对世界高等教育的改革和发展产生深远的影响。中国高校的创业教育开始伴随着全球范围内创业教育思想的交流与传播而兴起。1999年，教育部颁布《面向21世纪教育振兴行动计划》，特别提出“要加强对教师和学生的创业教育，鼓励他们自主创办高新技术企业”，由此正式确立起“创业教育”的理念。随后，国内高校广泛开展各级各类创新创业类赛事，创业热潮陆续在全国范围内展开，“创业教育”理念也得到进一步发展。2002年，教育部在清华大学、北京大学等9所高校试点开展创业教育实践。目前，创业教育在我国理论界和教育界得到高度的重视。

基于创业狭义和广义的概念界定，创业教育也有广义和狭义之分。狭义的创业教育意指“培养创业者从单纯的求职者转变为岗位创造者过程中，所需要进行的意识、知识、能力、精神及相应实践活动的教育”，其中核心两点是“求职者”和“创造新的就业岗位”。狭义创业教育的概念与增收培训联系在一起，旨在为目标人群特别是贫困和弱势人群提供生活急需的技术、技巧和资源，使他们能够自食其力。而广义的创业教育是指“培养具有开创性个性的人或人才”。在这一概念外延下，内在要求创业教育的主体不仅要具备首创思维、创业能力、冒险精神、事业和进取心等相关心理素质，而且要有独立工作能力、相关技术、社会交往和相应管理技能的教育活动。广义创业教育的核心指向为受教育者自由灵活、持续终身的学习生活奠定基础。综上，本研究中的创业教育指向广义的创业教育。这就要求高校将创业教育提升到与学术教育、职业教育同等重要的地位，将创业教育融入素质教育过程中，从知识、技能、个性品质等诸多方面对受教育者创业理念、创业思维、创业精神、创业素养和创业能力等进行培养。创业教育是一种全方位系统性教育活动，会使受教育者更好地满足个人发展以及社会需求，更好地提高个人生活质量以及促进经济社会全面发展。

（三）创新教育与创业教育的关系

创新教育与创业教育既有区别又有联系。从教育哲学来看，创业是创新的外在表现形式，创新是创业的内在特征。也可以这样理解：创业是社会经济、文化、政治领域内开创新的事业、新的企业或者新的岗位，强调的是行动层面的创造；创新是不拘现状、勇于开拓、乐于尝试、善于变化的精神和态度，更多地指向思维层面的创造。一方面，创新是创业的本质和灵魂，创业是开创自己的事业，在不断变化中创造机会，虽然说与别人比不一定是创新，但与自己比一定是创新。我们经常用“思维敏捷、足智多谋、富有创造力、善于应变”等词语描述创业者的品质，而这些品质的核心就是创新，可以说创新对创业者而言不再是奢侈品而是必需品。另一方面，创业是创新的行动化和形式载体，创新更多是思维层面的推陈出新、锐意进取、勇于尝试，精神和态度勇于开拓、转化的一种创造；创业则关注在行动层面上的，在社会经济、文化、政治等相关领域里开创新事业和开展新业务，从而将实现新商品或新服务的机会确认和挖掘出来，给他人及社会缔造、产出新价值与新财富。因此，一方面，本研究没有丢弃创新而谈创业，而是从创新出发培养受教育者的创新思维、创新精神和创造能力，把创新融入创业的全过程；另一方面，本研究也没有脱离创业而空谈创新，而是立足于广义的创业是一种创造机会、重组资源、新建组织，产生和创造新价值的过程去谈创新。创业不是空谈，创新也不是仅仅停留在思想和意识上的创新，而是表现在行动和行为上的创新活动，是创新行为的载体和形式体现。正如有学者所言，“没有创新或创新性不足的生存型创业更多是一种‘流亡’效应，他们很少为经济增长做出贡献，因为他们拥有的资本较少，创业能力不强”。本研究认为，创新与创业密切相关，创新是创业的灵魂、本质和核心，创业是创新的载体和表现形式。

在此基础上，我们认为创新教育和创业教育二者是相互依存又相互制约的辩证统一关系，二者统一于素质教育的整体要求之中。创新教育的最终目标是创业教育，创新教育是创业教育的本质和核心。创新教育区别于传统的外铄的或者僵化的教育模式，重视对个体发展需求的关注，旨在培养受教育者的创新精神和创新能力，它为教育注入了新鲜的活力和动力。创业教育则重视个体价值的具体体现。作为素质教育的核心内容，创新教育要求培养适应国家和社会需求的具有创新意识和创意精神的创新型人才；创业教育是推进素质教育全面实施的突破口，它使创新教育中培养的理念、思维、能力等因素落实到教育实践中去，是应试教育向素质教育转变的必由之路。总之，正如有学者所言，“创新与创业教育是两个不可分离的教育理念，二者的价值取向是一致的，均是对受教育者创新精神与实践能力的培养，尽管两者提出问题的时间先后与角度不同，但成为我国大力推动实施素质教育的核心内容。”

三、创新创业教育

在西方教育界，创业教育的内涵是一个不断演化和发展的过程，创业教育、企业家精神和创业精神都共同使用“entrepreneurship”一词。在我国，长期以来诸多高校主要围绕狭义的创业教育组织开展实践活动，偏重创业技能的培养。

伴随着世界高等教育改革的发展趋势，我国学者逐渐将“创新”的理念融入创业教育的过程中，探究创业教育中创新意识、创新精神以及能力的培养，以期满足当下经济发展方式转变、创新型人才缺乏的需求。学术界认为，“从受教育者的行为主体，从生存发展的命题，从‘知行统一观’的角度着眼，故而，将创新创业教育作为一个完整的范畴研究分析，在理论上是成立的”。“创新教育”和“创业教育”都强调“创”即为开创精神，突出创造性地提出问题、分析并解决问题的重要性，共同目标是培养创新创业型人才。创新创业教育指向以培养受教育者的创新精神、创业意识与创新能力为基本价值取向的教育理念与教育模式。创业为“表”，创新为“里”，创新是创业的本质和灵魂，创业是创新的行动化和形式载体，创新创业教育的核心目标并不仅仅是培养学生企业家，更是注重培养具有开创性精神和能力素质，能适应未来社会发展需要的人才。为了更全面具体地解析创新创业教育，下面从创新创业教育的语义、内涵、要素三个维度来具体解读创新创业教育。

（一）创新创业教育语义分析

创新创业教育概念在2010年教育部颁发的关于创新创业教育文件中正式确认，之后得以强化。然而，中国学者关于创新创业教育概念的内涵理解仍处于讨论与认识阶段，对其中的关键问题、核心要素以及相互关系缺乏深入思考。我们有必要从构词结构、教育哲学、教育价值角度对其进行语义分析，明确内涵实质。

1. 从构词结构分析

从构词结构来看，在高校创新创业教育中，包括创新教育与创业教育两部分，对创新创业教育进行语义分析，要充分理解创新教育、创业教育的内涵，并在厘清二者关系之上，探寻创新创业教育的本质。创新教育是一种以创造为本位，以培养学生创新素养为目标的教育观念、教育模式，强调思维层面的推陈出新，是一个主观概念；创业教育旨在传授学生创业知识，培养学生创业能力，强调在行动层面创办新事业。创新教育是创业教育的源泉与本质，创业教育是创新教育的具体形式，创新创业教育在理念、内容上实现了创新教育、创业教育二者的结合，体现了培养学生创造力、创新性等创新创业素养的新内涵。①

2. 从教育哲学维度分析

张冰、白华从教育哲学维度分析，指出：“高校创新创业教育内涵是知行

① 薄存旭. 中国高校创新创业教育的历史考察与语义分析[J]. 临沂大学学报,2018(03).

统一观的哲学思想体现，实现了教与学、学与做相结合”，得到诸多学者的肯定与支持。王占仁认同这一观点并加以论证，指出：“创新创业教育是指向创业的创新，是应用层面的创新，是创新同时又引领了创业的方向”。创新是思维层面的创造，创业是行动层面的创造，创新支撑创业，创业体现创新。由此看来，创新创业教育与创新教育、创业教育之间存在着辩证否定关系，在此过程中，创新创业教育以一种新的形式与内容肯定了创新教育、创业教育的存在，是创新教育、创业教育知与行的哲学统一体。

3. 从教育价值维度分析

高校创新创业教育作为培养创新型人才的新型教育模式，其内涵是个体价值、社会价值与知识价值的辩证统一。创新创业教育个体价值在于增长学生的创新创业知识、激发学生的创造天性、培养学生的创新创业素养；社会价值在于改变学生被动就业形式，开辟多元化就业渠道，实现就业模式创新，缓解毕业生就业紧张局面，促进学生自主创业、灵活就业；知识价值在于扩展普通知识教育的外延，将人类创业实践中积累的隐形经验作为重要教育内容。因此，其知识价值是个体价值增长、社会价值实现的前提条件，社会价值的实现、个体价值增长是知识价值充分利用的有力证明，三者相辅相成、相互联系。

（二）创新创业教育的内涵分析

分析创新创业教育的内涵，找寻并透视认识和实践层面的问题，需要从内涵的本质、内容、指向性和外生性等维度对创新创业教育进行分析。

1. 从内涵本质来看

从本质上来看，创新创业教育的对象是全体学生，培养创造性思维与创造性人格的素质教育，是高校大学生就业教育的新路径。就目前而言，鼓励高校把创新创业教育与就业教育有机结合，符合我国当前的教育现实情况。正如教育部副部长杜玉波所言，“鼓励大学生创新创业是服务于国家转变经济发展方式，建设创新型国家和人力资源强国的迫切需要。是落实以创业带动就业发展战略，促进青年大学生充分就业的重要途径。”创新创业教育的发展在很大程度上拓展了就业教育的内涵，因此高校在教育过程中谨防创新创业教育的片面化，应面向全体学生的素质发展和提升，从而为学生终身可持续发展奠定坚实的基础。针对不同类型的学生进行不同的创新创业教育训练，比如学术型、应用型和技能型的学生的创新性应侧重点不同，但是无论是哪种类型的人才，都需要创新精神和创新能力去武装，只不过不同行业、不同岗位所需要的创新人才的类型和培养的侧重点有所不同罢了。

2. 从内涵的具体内容和指向性来看

在教育现代化的时代背景下，创新创业教育是一项系统的工程。如前所述，创新创业教育与素质教育的内核要求基本一致，因此，创新创业教育须以知识教育和专业教育作为重要前提。创新精神、创造力必须通过各学科交叉融合的熏陶和潜移默化才能生成和生长。教育内涵的指向性是育人，创新创业教育内涵的指向性亦是如此，其关键在培养受教育者的创新精神以及富有远见、勇于面对挫折的创造性人格、批判性的创造性思维以及创新能力。这种内涵指向性决定了创新创业教育的渐进性，创新创业教育不是简单的大学生创业实体的数量判断，当然也不是创业项目成功与否的质量评判，而应该是大学生接受创新创业教育所获得的、以创新能力为核心的综合素质提升和职业精神培育的高等教育人才质量判断。

3. 从内涵的外生性来看

创新创业教育的外生性表现为它的开放性和与时俱进。它是一个开放的教育系统，与区域经济社会发展、高校以及学生等各利益相关主体紧密联系在一起。因此，区域高校必须建立多元模式的创新创业教育。总体上来说，我国目前有五类教育模式：以清华大学为代表的注重提高学生基本素质的教育模式，以黑龙江大学为代表的建立实践基地增长学生创业实战经验为重点的教育模式，以北京航空航天大学为代表的提高学生创业技能为重点的教育模式，以中国人民大学为代表的提高学生整体能力为重点的教育模式，以宁波大学为代表的整合第二课堂为重点的教育模式。这五类模式都是高校结合自身的特点而建构的，为其他高校建构多元化的创新创业教育模式提供了参照。地方高校更应该结合自身特点，根据区域经济发展的差异需求而建构多元化、动态发展的创新创业教育模式。

（三）创新创业教育要素分析

对创新创业教育进行语义分析，是深入、精确化研究创新创业教育的重要前提。因此，对于创新创业教育的初步精确化，我们可以从教育主体、教育方式、教育内容三个方面展开，以此加深对高校创新创业教育的理解。

1. 创新创业教育主体是谁

高校创新创业实践，多数采用“精英教育”模式，仅仅对参与创新创业竞赛、有兴趣自主创业的少数学生施教，而忽视对在校生的通识性教育。我们应转变传统教育模式，明确创新创业教育主体，开展面向全体学生的“广谱式创新创业教育”，其核心理念是“面向全体学生”“结合专业教育”“融入人才培养全过程”。在这一过程中，我们要清楚学生群体之间的个体差异，针对创新创业教育的不同关注点、不同兴趣点、不同经历和成长背景以及不同的创新创业方向，确定“全覆盖”“分层次”“差异化”相结合的创新创业教育主体。首先，对于全体学生，开展创新创业通识教育，传授全体学生创新创业知识，培养学生创新创业素养；其次，针对兴趣、经历、成长背景、专业等的个体差异，对学生进行嵌入式创新创业教育；再次，对于有创新创业意愿的学生采用“精英教育”模式，进行专业性创新创业教育；最后，对于开始创业者进行职业化教育技能培训，进行实践型创新创业教育，提高学生创新创业实践能力。①

2. 怎样开展创新创业教育

首先，融合创新创业教育于专业教育之中。创新创业教育是高校综合改革的必然选择，是高校专业教育前沿研究成果的及时反映，应贯穿于创新创业人才培养的全过程。曹胜利指出，“创业教育应与专业教育结合，因为它只有通过科学人文知识含有的文化精神的熏陶和教化才能成长”。专业教育是创新创业教育深层根基，这一观点在学界已达成共识，关键是如何找到二者融合的合适途径。针对这一问题，严毛新指出，二者均匀、精细地融合，取决于创业知识与专业知识各自“打散”的精细度以及“打散”后两者之

---

① 薄存旭. 中国高校创新创业教育的历史考察与语义分析[J]. 临沂大学学报,2018(03).

间相互排斥和吸引的状况。王占仁认为："应发现专业课程内的创新创业教育资源，在专业教育中体现出创新创业教育的理念与内涵"。各高校应根据各自实际情况，找出创新创业教育与专业教育融合的关键点，在此基础上，将创新创业知识融入具体教学中。如开设创新创业管理学、创新创业社会学、创新创业心理学、艺术创业学等融合或广域课程，等等。

其次，实现"高校主体"与"政府驱动、企业参与、社会支持"结合。高校创新创业教育的开展需要高校、政府与社会各界的共同努力。王占仁指出，以高校为主体建设创新创业教育的生态系统，这个生态系统的指导思想是"高校主体、政府驱动、企业参与、社会支持"。第一，高校作为开展创新创业教育的主体，在其发展过程中应发挥主体性作用。一方面，为创新创业教育提供优秀教师、实践操作平台，使创新创业教育发展得到基本的条件支持，并对教学效果进行监督评估；另一方面，要发挥协调作用，成为协调政府、企业、社会各界的桥梁。第二，政府在高校创新创业教育发展中提供政策和资金支持，努力汇聚资源、搭建平台。第三，企业在其中发挥辅助作用，为创新创业教育提供实践操作、技术技巧等方面的服务。第四，社会则重在努力形成创新创业的文化氛围，使创新创业成为社会共同的价值追求和社会取向。在创新创业教育逐步完善的过程中，进一步探索课内外拓展、情感体验、机会识别、商业模拟等教学方式，并通过校外组织以及与企业的合作，探索多维体验式教学方式。

3. 开展怎样的创新创业教育

首先，开展"广谱式"创新创业教育。"广谱式"创新创业教育，是将素质型知识教育和职业型知识教育相结合，不仅对全体学生进行启蒙式教育，培养基本的创新创业素养，还要提升学生汇聚资源、社会交往、规避风险等创新创业能力，实现两者的衔接和互动。之所以要实现两者的整合和包容，是因为，在实际的创新创业教育教学中，只传授"素质型"知识，会使学生在真正的创业过程中缺乏实战经验，多以失败而告终，导致人们错误地认为，创新创业教育是为了教育而教育，没有实际意义；只传授"职业型"知识，可能会使创业者具备创新创业基本能力，但很可能会因为缺乏基本的创新创业知识、创新创业素养而在创业过程中困难重重，甚至失败。“广谱式”创新创业教育，实现了素质型与职业型的结合，既提升了学生创新创业基本素养，也提高了学生创新创业技能，推动创新创业教育可持续的稳定发展。

其次，构建多种创新创业教育模式，因类施教。“广谱式创新创业教育”并非要“一刀切”，而是要针对不同学校、不同阶段开展多种教育模式、传授多种创新创业教育内容，在此基础上实施因类施教。具体有以下几项努力：首先，综合性大学创新创业教育的开展，以培养学生创新创业素养为教育目标，努力造就高素质创新创业人才。其次，对于教学型普通本科院校来说，一般与本地经济发展紧密相关，主要为区域和地方输送创新应用型人才，重点应放在课程体系完善上，在进行创新创业基础知识教学的同时，积极引导学生将创业方向侧重于应用型、服务型行业。第三，针对高职类院校培养实用型人才教育目标，并结合此类学校专业设置、教学内容等方面的灵活性、实践性和操作性，在进行创新创业教育过程中应紧跟市场需求，注重学生创新创业技能培训，培养学生实践能力。当然，构建多种教育教学模式，因类施教，并不是说每类学校只采用一种教学模式，各类学校可根据实际情况有所侧重，选择适当的教学内容，采用多种教学模式。

（四）创新创业教育的特点

创新创业教育是一种新兴的教育模式，突破了传统教育的机械性与僵化性。研究创新创业教育的特征，对于创新创业教育的进一步发展具有积极影响。创新创业教育具体有下面四个特征：

第一，先进性。创新创业教育是新世纪新兴的教学观念，它的发展时间还不够长，在我国的发展历史大概 10 年的时间，甚至在全世界范围内都尚未形成一个成熟健全的教育理论体系，可供参考的教学实践模型也少之又少，它的发展还需要我们进一步探究。创新创业教育着眼于未来，正是因为它的先进性，创新创业教育对将来社会提出了更加严格的要求，根据建成创新型国家的指导方针，紧紧跟随时代的步伐，是一种具有前瞻性、先进性的新兴教育理念和方式。

第二，实践性。创新创业教育中的实践活动尤为重要，在实践中能帮助学生切身体会创新创业的过程、知识、方法以及可能遭遇的困难。因此，要求创新创业教育必须摈弃传统机械化的教学方式，注重实践活动的开展。创新创业教育应当配备有实践经验的教师，学校应当多为学生提供实践机会，搭建实践平台，注重学生实践动手能力的提升，让学生在实践中获取创业知识。很多知识书本上学不会，只有在实践中才能学到，比如为人处世的技巧、突发事件的处理，只有学会这些才能更好地与社会接轨，才能为创业活动增加成功的筹码。总地来说，实践活动是创新创业教育必不可少的重要组成部分，只有在实践中受教育者才能真正按照社会的要求提升自身能力以及素养。

第三，灵活性。创新创业教育没有整齐划一的教学模式，它可以根据不同的时间、情景、地点以及教学对象选择不同的教学手段，它以市场为引导，以提升学生的能力为最终目标，操作的灵活性比较强，成功的创业案例等都可以成为教学的素材，同时也应当注意根据不同的教育环境选择不同的教学材料，不同层次的受教育对象的价值观念可能有所不同，在进行教学的时候要注意不同学生的学习需求，做到因材施教，以提升学生的创新创业能力为最终目标。在教学过程中灵活多变，摆脱传统教学模式的禁锢，采取可行性强、操作性强，并且灵活有趣的教学手段。

第四，系统性。教育部在相关文件中提出，要将创新创业教育吸纳到专业教育的系统中来，并制定专业的教学规划和学分制度，形成多角度、全方位的创新创业教育课程教学系统。创新创业教育的体系主要表现在：创新创业教育采用多种多样的教学手段，注重理论与实践的结合，在不断地探索中逐步发展，教学内容涉及范围比较广泛，各个领域都有所涉及；创新创业教育的落实不仅需要政府的大力支持、学校的重视与配合，还需要企业以及社会各界的支持与配合，社会各个领域相互沟通，形成系统性的教学网络，才能有助于创新创业教育的长远发展。

四、创新创业教育与创新型人才培养

（一）创新创业精神可以通过教育来实现

创新者和创业家——他们是天生的还是后天的？个人品质和后天教育在当

中起了什么作用？这些问题引发西方学者各种争论。Gorman 和 Hanlon（1997）回顾近十年的研究成果，找到了对创业教育有利的支持——教育项目会影响企业家的特质。企业家们很可能从出生起就具备一些特殊的品质，但是在教育界更广为接受的观点是他们是可以被教育培养出来的。随后，Henderson 和 Robertson（1999）发现教育家们会影响学生，进而使得他们把创业作为一个职业选择，成功的创业教育关键在于找到可教授技巧的最有效方法，然后确定学生需要和教学方法之间的最佳搭配。他们的研究证实了创新创业教育的扩大会对学生创业想法的产生和实施产生积极的影响，如果教育体系更有针对性地依此进行培养，就会产生更多成功的企业家。创业教育与那些科技型创业家们更密切相关。科技型创业家们所具备的一些特质从根本上就和那些传统行业的人不同，因为他们可能受过高等教育。有证据表明创业教育在自我效能等感知因素方面有积极影响。作者把没有参加创业教育课程的学生和已经完成教育课程的学生做了比较，发现完成学习课程的学生在自我效能方面比没有完成课程学习的学生有显著提高。总之，创新创业精神可以通过教育来实现，如果我们更早地开始鼓励创业精神，比如在大学之前（性格都比较稳定，不易改变），并使用合适的教学方法，可能会增加社会的创业水平。

社会形势及社会环境通常被认为可以刺激改革创新。根据相关文献，如果教学的目标是传授一种理念而不仅仅涵括学科本身，那么这极有可能对创新和创业精神产生积极影响——教学行为是通过提升认知、改善态度和促进技能发展来改变生产行为。如果学生积极参与角色扮演、模拟现实项目将取得极好的实现效果。哈佛大学商学院教授 Alan Mac Coxmack 陈述道：创业者会犯很多简单的我们可以纠正的错误。正如你所知道的，我们在所有你可以称之为管理的科学的方面都取得了进步。我们当然可以传授给人们假使自己是创业者，如何更好地考虑所有可能面临的问题的思想。经过数年，我们已经非常擅长如何使公司更有效率地运行。

雷丁大学和亨里管理学院的教授 Chrisrewster 说道：“正如现实中很多人都在教授改革创新一样，很明显这是可以被教授的，有没有成功是另一问题。改革创新取决于两个因素：个人品格和体系制度。个人品格无法教授，但是允许创新的体系制度是可以人为改变并且如果教学使得公司理解创新并且愿意改变体系制度，这就是成功的。”①

（二）创新创业教育影响创新素质和创业能力

有学者认为，创业教育影响了创业行为（Kolvereid 和 Moen，1997）和创业倾向（Henderson 和 Robertson，1999）。然而，创业的趋势或倾向似乎并不是由单一因素决定的。例如 Cassar 发现，财政奖励（财富积累）是一种重要的激励因素，但这并不能很好地预测创业家的行为；Mitchel 等人（2002）研究发现，除了教育水平，社会背景和文化价值也影响创业家的认知水平；进一步研究还发现在创业、教育和个人之间存在相互影响的关联阈。一些创业教育文学叙事评论家，如 Pittaway 和 Cope（2007）指出，创业教育培训和各种人力资本和创业结果有重要的积极联系。郭洪、毛雨等研究显示，创业知识可以通过影响创业素质和创业能力间接影响创业意愿，老师在教会学生创业知识的同时，更要注重学生能力素质的培养和课外实践锻炼，这也是高校开展创新创业教育的关键所在。此外，学生在学校期间开展的创业实践训练如：创业计划大赛、创业设计、商业计划书写作、创业培训也会影响学生的创业素质和创业能力，进而影响创业意愿。

根据上述研究结论，学校实施创业教育的重心应该放在以下方面：在教学内容上，注重培养学生创新创业的人格和创新精神，鼓励开放式教学，让学生参与其中。此外，第一课堂以外的课外实践和创业训练尤为重要，通过团队学习，培养学生良好的心理素质和团队合作精神，鼓励学生创新，提升他们的信心和敢于挑战困难的勇气。在课外实践方面，学校教育要尽量多地开辟学生的校内外实习实践平台，工科高校借助与企业合作研发的机会，让学生走进企业，丰富成长阅历，了解创业流程。学校尽可能给学生提供与成功的创业者、企业家交流的机会，了解成功者的创业经历，分享创业故事，增加创业成功的

---

① Bo Li, Xinghua Wang, Seng Chee Tan. *What makes MOOC users persist in completing MOOCs? A perspectivefrom network externalities and human factors*, Computers in Human Behavior, 2018(08):385-395.

概率。

（三）创新创业教育融入人才培养战略

创新创业教育与普通教育一样，都属于社会主义教育体系的一部分，他们之间既相互联系、相互渗透，又相对独立。一方面，创新创业教育与普通教育都担负着提高全民族素质，为社会培养人才的任务，他们都属于社会主义教育体系。普通教育的重点是培育具有社会主义觉悟的德、智、体、美、劳全面发展的劳动者，是社会主义教育事业的重要组成部分；创新创业教育重点培养的是为社会发展不断创新的专门人才。创新创业教育具有独立的价值和功能，同样是社会主义教育事业的有机组成部分。另一方面，创新创业教育作为一种新的教育体系，有其相对独立的教育思想，也有其相应的教育目标、教育内容、教学课程和教学方法，这个体系不同于普通教育和职业教育，也不具有替代性。

对创新创业教育目标的理解，不能仅仅停留在让学生“创办自己的企业”，更重要的是培养学生的创新创业精神、实践能力和创造力。在此基础上，培养他们如何寻求社会资源、如何产生新的想法、如何具有敏捷的思维判断力和分析问题、解决问题的能力，使他们具备从事未来不同类型职业所需的知识和技能，习得企业家一样的思维方式和行为方式。因此，创新创业教育成功与否不是简单的大学生创业项目成功与否的质量评判，也不是大学生创业实体的数量判断，而应该是通过开展创新创业教育让学生获得以创新实践能力为核心的创新实践能力、职业精神培育和综合素质。将创新创业教育融入人才培养的战略视角不仅可以更好地推进高等教育自身改革，也有助于培养能够推进创新型国家建设的科技创新人才，对于推动我国创新型经济发展、建设创新型国家、推动高校人才培养模式改革都具有长远的战略意义和深刻的现实意义。

五、我国高校开展创新创业教育的意义

（一）有利于知识经济的发展和社会经济的转型

知识经济就是由知识与科技信息取代劳动力、资本、土地、原材料等原始资源的地位而成为具有创新动力的驱动资源的经济形态。其核心的问题就是如

何最大限度地发挥人的创新潜能。知识的提升必然会促进经济的发展，知识的提升更是以培养高素质的创新型人才为重要基础的。这种高素质、复合型、创新型人才，是具有强烈的创新意识与精神、实训实践能力、创业能力的一种全面发展的复合型人才。高等学校作为国家创新体系的重要支柱与科技知识传授的中心，它在创造知识、传播知识、转化知识以及应用知识等诸多领域具有无可替代的优势，在推动知识经济发展中起着重大作用。高等学校只有把握新时代的教育要求，致力于培养具有极强的创新意识和精神、扎实的实训实践能力和全面的创业能力的复合型人才，才是重中之重。

我国正处在社会主义市场经济转型发展的特殊时期、关键时期，改革旧制度才能适应未来经济发展的需求，实现经济社会的全面协调可持续发展。高校开展创新创业教育有助于实现转型时期经济的跨越式发展，进而满足市场经济转型发展期对不同类型人才方面的诸多需求。

（二）有利于提升全民综合素质与深化教育改革

只有提升全民素质，才能够真正与知识经济时代科技的进步和市场经济的发展需求相适宜，才能满足随着知识经济的发展和市场经济体制的逐步完善，社会对人才越来越高的要求。《学无止境》的研究报告中指出，“倡导要从创新学习中找到解决经济增长局限的困境与消除人类之间差异的方案。当学习不足时，会致使人类现状的恶化与人类间差距的扩大。学习方法令人震惊的落后，会致使个人和社会未做好任何准备，而无法去应对全球问题的挑战”。因此改革传统教育，推行面向未来的“创新性学习”，是迎接历史挑战、关系到国家生存和发展的关键一环。创新创业教育在内容和形式上是对传统教育、传统就业教育的一种创新和唤醒。创新创业教育不仅仅改变了受教育者就业与创业的观念，更对教育观念与人才观念的转变产生了深刻的影响。

教育改革，以教育目标指向为核心问题，涉及教育理念、内容体系、方法手段、环境设备等一系列重大问题。教育目标指向，简单的理解是按照什么样的目标培养人的问题。在未来的一段时期里，特别是在国家经济结构调整和转变经济发展方式的特殊时期，如何提高国民素质，更好发挥优秀人才在振兴地区经济建设中的相应作用的问题成为重中之重。在教学内容方面，要突破专业与行业间的壁垒，拓宽涉及专业，丰富和完善知识结构，使受教育者乐学、善学，构建其个性化的知识结构。改革传统的教学形式，鼓励运用讨论、练习、角色扮演、案例分析等参与式方法，使学生学会如何去发现新的市场商机、如何寻找合作伙伴、如何去创立新企业。通过形式多样、丰富多彩的创业实践活动，令不同类型的学生均可在未来的创业中积累有益经验，提升学生社会竞争能力。改变原有教育功能的传统定势，把实现社会、经济、教育三方相互促进、协调发展作为教育的核心功能，不断提升学生创新精神、实训、实践能力、创业意识与能力。创新创业教育的发展和实施对提高全民综合素质和深化我国高等教育综合改革具有重大的意义，它是知识经济时代的呼唤，如何更好更快地促进高等教育的深化改革，成为人们关注的焦点，并且成为当今教育界普遍关注的一项重要课题。

（三）有利于推进与支撑区域经济的发展

西方发达国家社会经济高速运转发展的重要内因就在于创新创业教育的推广与实施和创新型人才的挖掘与造就，也为区域经济发展发挥着不可预计的推动作用和实力支撑。国家每个区域的经济都以其区域特色产业和优势产业来环绕发展，创业者自身的人才质量、水平与数量，决定着社会经济发展速度与发展质量，而创新者创办的企业数量与质量也被视为国家经济发展至成长期的一个重要权衡指标。例如吉林省目前处于统筹推进具有吉林特色的工业化、城镇化、农业现代化建设的重要时期，这对吉林省的高等教育提出了新的更高要求和标准。吉林省中长期教育改革和发展规划纲要指出“要培养更加符合社会需求的人才，使受教育者在步入职场时，其就业能力与社会适应性得以更进一步增强”。要健全高校与科研院所、企事业单位等联合培养人才的机制，必须要创新人才培养模式，从而进行教育改革。高等学校应逐步完善创新创业教育与就业指导的服务体系。同时，根据国家区域经济产业结构的特点，不断调整和更新创新创业教育内容和方案，以确保创新创业教育目标在最大限度上满足区域经济发展需求。

（四）有利于大学生个人成长与职业的发展

原国家教委副主任柳斌同志曾在《创业教育丛书》序中指出：“在人的全

面素质中，不仅包含了思想品德素质、基础文化素质、技术和职业素质，还包含了创业素质”。在教育活动拓展中，它是具有指引性和驱动力的高层次核心素质。大学生的个人成长和职业发展是一个长期而复杂的过程，在这一动态过程中，自身因素和条件、创新创业知识、意识、品质、能力等起着重要的支撑和导向作用。接受过创新创业教育的青年学生，有助于发挥其内在的创造潜能和能力，进而促进其全面发展，将来才有条件堪当大任，适应经济社会发展和参与国际市场竞争需要，使创业成长、成功、成才作为满足自我全面发展、实现职业发展与自身社会价值的过程。

培养学生创新精神和创业能力也是实施素质教育的重要组成部分。“创新与创业”归属于“创新实践”，并在此范畴内研究创新创业活动，特别是高科技的创新创业活动。创新教育的最终成效要通过其培养的人才在未来的创业实践中的成果来体现。创新教育和创业教育，一个是注重对人的素质发展总体的把握，一个是注重如何培养具有开创性的人和如何实现人生的自我价值。二者的内容本质上相通，具有不可割裂的教育理念，两者不仅是促进也是制约，是密不可分的辩证统一关系。① 创新创业教育不仅包括培养受教育者创业精神与创业技能的训练和实践，还包括创新精神和创新能力的培养等等，作为一种新的教育思潮，创新与创业教育应该是一个统一的系统。学生们应该是高校创新创业教育主要任务与内容的承担与承载者，在高校教育理论与实践研究中，应该日益关注和重视学生们创新意识和创业精神的培养与提升。就整体现状而言，高等学校学生们创新创业教育仍然是严重不足的。

（五）有利于营造创新创业的社会环境与文化氛围

社会大环境对企业的孕育产生广泛而深远的影响，而这种孕育环境与政府等职能部门重视与管理又息息相关。首先，政府要提供相应的政策支持和资金支持，就国外而言，在创新创业教育方面走在世界前列的国家，都已投入了巨额费用来支持创新创业教育。其次，在市场支持方面，要弘扬创新文化、规范

① 张茂聪. 大学内部管理制度改革与创新研究——基于国际比较的视野[M]. 济南：山东人民出版社，2018：366—379.

市场行为、培育创业文化，唯有发挥社会大环境的重要作用，才能真正形成开放自主、激励创新、勇于创业、公平竞争、规则完善、有序运转的市场体系，才能确保所有的市场主体在其经济环境中，依据市场经济运作规律去实施。

（六）有利于缓解就业难的社会问题

加大力度发展创新创业教育是缓解学生们就业之忧的有力保障。以创业来带动和促进就业，现已成为世界各国教育理念的共鸣。目前在美国已有二千二百多万个私营小企业，这些企业在雇用劳动力上，承担了全美劳动力总数的53%，在一定程度上缓解了美国社会的就业压力。而据中国劳动部门估计，未来十余年里，中国的新增劳动力将以每年约一千万的速度增长，高校毕业生总数也会逐年递增。曾被称之为“史上最难就业季”的2013年，其毕业生总数量约700万左右，比2012年高校毕业生约680万人增加了20万人。然而，2014年全国高校毕业生总数达到727万人，突破“史上最难就业季”的人数而创下历史新高，加之前几年仍未就业的学生和用人需求结构性矛盾，使得中国的大学生就业形势面临着更为严峻的局面。现在，在新时代教育背景下，提高人才培养质量已经成为我国高等教育的重中之重，如何提高教育质量也已成为社会向高等教育提出的一个重要主题。作为一种教育理念，创新创业教育对高等教育的人才培养模式、课程体系等诸多方面都产生深刻影响。加强创新创业教育能为社会创造更多的就业岗位，被认为是转型期间可以解决社会关注的学生就业难的焦点方案和有效缓解就业压力的较好渠道。它有利于创业者不断创造就业新岗位和开创新企业，进而缓解劳动力资源与社会岗位供需之间的矛盾，缓和目前就业难的困境，从而使社会和谐稳定、健康发展。它的有效实施，有助于转变就业观念，激励青少年自主创业，培养具有创新精神和创业能力的高素质人才，进而提升人才质量。

第二节　高校创新创业教育的历史考察

中国高校创新创业教育是由素质教育、就业教育、创造教育、创新教育、创业教育发展而来，在深化发展的过程中，其背景、价值、内涵、核心要素、名称、意义都发生了深刻变化，中国高校创新创业教育虽然年轻但是几乎走过甚至在有些方面超越了西方半个多世纪以来创新创业教育所走过的历程。

一、中国高校创业教育发展阶段

“创业教育”是在1989年11月联合国教科文组织召开的“面向21世纪教育国际研讨会”中首次被提出，至今已经28年。而我国早在1978年规划深圳特区时就提出了“以社会政策、法律法规为导向，结合市场和经济规律”的论断，这可以算是我国真正意义上首次提出的社会形式创业教育，可以视之为我国社会形式创业教育的时间起点。1991年，原国家教委组织五省一市参与了联合国教科文亚太地区组织的“提高青少年创业能力的教育改革合作项目”；1997年，清华大学经济管理学院在MBA课程中开设的创新与创业方向课程，可以视为我国高校创新创业教育的具体标志性事件，这一年也成为中国高校创业教育的源起之年。根据2010年高等教育司发布的《推进高等学校创新创业教育有关情况》并结合中国高校创新创业教育自身的社会背景，本研究认为中国高校创业教育经历了如下四个阶段：第一阶段从1989年到1996年，为“高校创业教育的引入阶段”；第二阶段从1997年到2002年为“高校自发探索阶段”；第三阶段从2002年至2010年是“多元探索阶段”；第四阶段从2010年4月至今是“全面推进阶段”。

（一）高校创业教育引入阶段（1989—1996）

1989年，澳大利亚未来委员会主席埃利雅德博士在“面向21世纪教育国际研讨会”上介绍了柯林·博尔提出的新概念——Enterprise Education，翻译为“创业教育”，之后，创业教育引起了中国学界关注。胡晓风、姚文忠、金成林在陶行知生活教育理论的基础上，进一步研究指出“创业教育就是对人实施创造与职业相结合的教育，以培养合理的人生为宗旨”。彭钢指出“创业教育是为了使贫困人口能够自食其力，给他们提供所需技能、技巧和资源的实践活动”。毛家瑞、彭刚充分肯定了这一观点，并进行课题研究与实践探索，认为“创业教育是具有独特功能和体系的教育，旨在培养学生创业基本素质，使其成为具有开创性个性的下一代”。由此看来，该阶段中国高校创业教育刚刚起步，研究并不深入且数量有限，创业教育主要集中于辐射式的成人教育、结合式的职业教育和渗透式的基础教育之中，以解决城乡就业问题，并进行职业技能技巧培训，多注重实践层面的实务操作，很少培养学生创业素养和传授学生创业知识。

（二）高校自发探索阶段（1997—2002）

1997 年伊始，中国高校开始对创业教育进行自发性探索。教育部于 1998 年制定了教育纲领性文件——《面向 21 世纪教育振兴行动计划》中指出“加强对教师和学生的创业教育，采取措施鼓励他们自主创办高新技术企业”。1999 年，国务院颁布《关于深化教育改革全面推进素质教育的决定》，指出“高等教育要重视培养大学生的创新能力、实践能力和创业精神，普遍提高大学生的人文素养和科学素养”。在这一系列教育纲领性政策的指引下，各高校鼓励大学生创业、开展创业教育的相关活动逐渐增多。1998 年，清华大学举办首次“挑战杯”创业计划大赛，拉开由创业大赛带动创业教育模式探索的序幕，推动了创业教育理念进校园的步伐。教育司在全国组织北京、河北、辽宁、四川、湖北、江苏 6 省市基础教育阶段进行试点和实验，实施就业创业教育的项目活动，并取得一定的成绩。2000 年，教育部颁布关于贯彻落实中共中央、国务院《关于加强技术创新，发展高科技，实现产业化的决定》的若干意见，允许大学生、研究生（包括硕士、博士研究生）可以休学保留学籍创办高新技术企业等等。一系列政策的出台极大地点燃了高校大学生的创业激情和梦想，推动了高校创业教育的探索和发展。2002 年，清华大学参与“全球创业观察”（Global Entrepreneurship Monitor）并形成《全球创业观察 2002 中国报告》，作为中国参加全球创业观察研究项目后出版的第一份中国创业观察报告，对当时中国创业教育做出如下评价：“中国人虽然不乏创业激情，但除少数成功创业者在创业过程中摸索出对创业的科学认识外，多数创业者还处在向科学认识创业活动转变的缓慢过程之中；中国的创业活动缺乏理论指导，尚处于起步阶段，在创业领域的研究非常薄弱；中国的创业教育尚未能为创业者提供创业的基本技能和意识的训练，仍未建立起以教育培训为途径来获得创业技能完整体系”。1999 年之后，随着高校扩招，各高校在校人数增加，导致毕业生就业压力增加、问题突出。2002 年 4 月教育部高等教育司在组织召开的普通高等学校“创业教育”试点工作座谈会上提出“高校应在人才培养质量与社会适应性上不断提升，加强学生创新意识、精神与创业能力的培养”。在官方的强势介入和推动下，中国高校创业教育进入政府主导的探索与推进阶段。

（三）多元发展阶段（2002—2010）

2002 年 4 月，教育部在清华大学、北京航空航天大学、中国人民大学、上海交通大学、西安交通大学、武汉大学、黑龙江大学、南京财经大学、西北工业大学等 9 所大学为创业教育的试点院校，至此，中国高校创业教育从自发探索阶段转向多元化探索和发展阶段。在该试点工作座谈会上，与会者一致认同创业教育这种理念之于高校教育的重要性。随后，各试点高校在国家创业教育政策的支持和指导下，都基于自身特点尝试探索并构建起独具特色的创业教育模式，并在创业教育课程开设、实践载体的运用与运行机制建设等方面积累了一定的经验。各地区试点院校也探索并建构了符合自身特点的创业教育活动模式：以清华大学为代表的注重提高学生基本素质的教育模式，以黑龙江大学为代表以建立实践基地来增长学生创业实战经验为重点的教育模式，以北京航空航天大学为代表以提高学生创业技能为重点的教育模式，以中国人民大学为代表以提高学生整体能力为重点的教育模式，以宁波大学为代表整合第二课堂为重点的教育模式。2003 年，全国百余所高校的二百余名教师参加教育部举办的“第一期创业教育骨干教师培训”；同年，国务院公布了《关于切实落实 2003 年普通高校毕业生从事个体经营有关收费优惠政策的通知》；2004 年，教育部、劳动和社会保障部联合发文，在全国 37 所在大学进行以 SYB（START YOURBUSINESS）为核心内容的创业教育；2005 年，共青团中央、全国青联与国际劳工组织在高校开展创业教育项目——《大学生创业基础》，已经有近七百所高校参与并开展实施该项目，并在全国 25 个省份、三百余所高校培训了近八百名师资力量。国家宏观环境和政策给高校创业教育的开展提供了重要的后盾和支持，极大地激励着高校创业教育的开展和学生们创业活动的进行。

2007 年党的十七大提出“提高自主创新能力，建设创新型国家”和“促进以创业带动就业”的宏观发展战略。胡锦涛指出“国家的未来在创新，创新的希望在青年”，温家宝提出“提高教育质量，增强学生的就业创业能力”，刘延东提出“把大学生就业创业能力提高到一个新的水平”。2008 年教育部成功申报 30 个创新与创业教育类的人才培养模式和创新实验区项目，这些试点项目的开展和成功经验的积累，为全国其他高校创业教育的全面推进起到积极的示范作用。2009 年，中国高等教育学会创业教育分会成立，2010 年该分会与中南大学联合创办《创新与创业教育》期刊，并定位为学术理论型期刊，旨在发表创新创业教育相关理论研究的文章。2010 年，教育部办公厅和科技部办公厅联合印发《高校学生科技创业实习基地认定办法（试行）》，进一步推广和鼓励高校的创业教育，舒缓就业压力，提升高校教育教学质量，进而为创新型国家的建设提供保障，提升国际竞争力。

（四）全面推进阶段（2010 至今）

2010 年，教育部在北京组织召开推进高等学校创新创业教育和大学生自主创业工作的视频会议；2010 年 5 月《教育部关于大力推进高等学校创新创业教育和大学生自主创业工作的意见》（教办〔2010〕3 号）正式出台，提出“创新创业教育是适应经济社会和国家发展战略需要而产生的一种教学理念与模式”，明确强调高校开展大学生创新创业教育对于创新型国家的建设有重大的战略意义，对实施以创业带动就业的国家战略有重要意义，并对高校创新创业教育的推进提出具体的要求。这个文件的出台也标志着我国高校的创新创业教育进入一个全面推进的新阶段。中央要求必须将创新创业教育写进《国家中长期人才发展规划纲要》以及《国家中长期教育改革和发展规划纲要》（2010—2020）等政策文件中。以上两个文件中都提出“加强就业创业教育和就业指导服务”，着重强调人才培养过程中创新创业教育的重要作用，要求将其融入高校人才培养的全过程，这在很大程度上凸显了高层领导对高校开展创新创业教育的重视和关注。因此，2010 年被称为我国高校创新创业教育全面推进的开端之年。

2010 年，以“创业中，学创业”为主题的全球创业论坛在青岛市举行，不仅有各高校的专家、教授、学者谈论分析我国高校创新创业教育的现状与发展前景，而且有众多知名企业家现身说法，分享创业的经历和成功的经验。人力资源和社会保障部也相继推出大学生创业引领计划，规定对所有胸怀创业梦想并符合要求的人员进行创业相关内容的引导和培训，并对准备创业的大学生给予一定的资助和服务。各高校的创业大赛、创新论坛等开展得如火如荼，活动多达2万场，参加人数超300万人。各级政府也纷纷行动起来，与高校联合设立的创新创业资金累计达16亿元，广泛建设了总面积约230万平方米，共计2000多个创业实习或孵化基地，共计有60多家国家级大学科技园建立了“高校学生科技创业实习基地”。2011年，全国工商联、教育部、共青团中央共同发起，并与中央统战部、人力资源和社会保障部、民政部联合主办了公益行动“中国大学生创业大讲堂”巡回演讲。2011年，刘延东在中国大学生自主创业工作经验交流会暨全球创业周峰会上提出，当前中国已经形成“政府促进创业、市场驱动创业、学校推动创业、社会扶持创业、个人自主创业”的生动局面。

二、国内外高校创新创业教育现状分析

创业教育开展20多年以来，国内高校进行了努力探索，形成了不同的培养模式，取得长足进展。但是总体来看，在以下方面还有待提升：

一是对创新创业教育的理念认识缺位。很长一段时间，中国“学而优则仕”的教育理念根深蒂固，学生毕业后找到稳定的工作一直是学校和家长期盼的目标。解决当前大学生就业难的问题一直是政府和高校重点考虑的问题，在社会环境方面，整体支持大学生创新创业的氛围还有待加强，创新创业教育的价值还有待进一步提升。虽然我国高校在轰轰烈烈地开展创新创业教育，但仍有部分高校持功利主义思想，仅仅把创新创业竞赛的简单形式作为开展创新创业教育的主要抓手，忽视教育过程，没有把创新创业教育上升到开创事业、创造社会财富的理性层面。

二是政策和资金支持的执行力度不够。在知识经济时代的发展和日益严峻的就业形势下，中国政府制定了支持高校创新创业教育、大力鼓励大学生自主

创业的政策，然而从目前的政策来看，存在信息不对称和执行力不够的现实状况。一些政府支持创业的信息学生无从知晓，已经出台的政策到了大学生层面实施难度也比较大，往往门槛高而拒学生于政策以外。学生注册公司也有一个相当复杂的程序，申请营业执照往往需要跑多家部门，盖若干个公章，工商行政管理法规中也存在着一些对大学生创业不利的条款。学生创业往往缺乏资金支持，风险投资往往会考虑创业项目的成熟度、市场风险因素等，因而对大学生创业项目支持力度有限等等。

三是创新创业教育学科和课程体系不完善。目前我国高校对创新创业教育的定位尚不清晰，并未将创新创业教育纳入主流教育体系和人才的培养目标体系，往往将创新创业教育融入管理学或经济学学科之中，创新创业教育并没有形成独立的学科。对创新创业教育也存在误解，认为创新创业教育的开展只是针对极少数有创新创业兴趣和创业意愿的学生开展，甚至认为创新创业教育就是培养学生老板，是企业家速成教育。同时高校的创新创业课程是零散的，没有形成完整的课程体系，在有些高校创业教育课程只是“职业规划”“就业指导”课程的一部分，通过开展选修课或者开展讲座的形式进行。从师资看，教师缺乏创业经历或在企业工作、兼职的经历，教学往往停留在理论层面，学生在创业过程中遇到问题往往无从解决。一些高校采取选派教师参加创业教育师资培训、选派教师到企业挂职锻炼、聘请创业企业家或企业管理者来校兼职来校任教等方式，但这些兼职老师缺乏教学经验，教学效果不理想。

四是创新创业教育实践环节薄弱。创业实践是创新创业教育的终极目标，也是提高创新创业教育效果的有效途径，这对工科大学生来说体现得更为明显。实践环节要求给学生亲自动手参与的平台，让学生在实际参与中了解企业、了解创业。实际状况是，高校设立的创新创业实践基地开放程度不高，学生进入实验室只是走马观花，校外的实践基地利用效率不高。目前，我国部分高校建立了大学生创业园、创业孵化中心等等，但这些实践区往往是针对创业项目而言的，不利于普及型创新创业实践教育的有效开展。

五是创新创业教育社会支撑组织不健全。创新创业教育的开展涉及社会的各个方面和各种组织，单一的校内教学和实践不能培养出在社会上茁壮成长的创新型企业。除学校以外，政府、企业、金融机构、社会中介组织都要参与其中并形成合力，在这一点上，中国显然在国际上处于落后地位。在英美高校，政府设立支持创业教育的专项资金，创新创业教育在高校内部有教师组织和科研机构的支撑，在校外有社会机构、基金会等的资助，有创业孵化器、科技园、企业平台的支持，还有强大的校友资源。我国的创新创业教育往往紧紧依靠高校，与政府和社会组织的联系不够紧密，限制了创新创业教育的外围环境和学生创业的校外支持。经过 20 余年的发展，我国的创新创业教育取得了一定的进展，然而从长远看，我国教育目前仍处于探索和学习阶段，发展任重而道远。对这一新生事物应该引起政府、教育界和全社会的共同关注，理论界还需要进一步地研究和探索，创新创业教育在我国的研究与实践还有很长的路要走。

在国际上，美国被认为是开展现代创业教育的先驱。随着全球高等教育的发展，创新创业的理念被诸多国家所接受，并将创新创业纳入本国的高等教育体系中，相继出台了内容丰富、体系完备的各种创新创业计划和相关法令，其中以颁布法案的表现形式最为突出，英国和日本就是其中比较成功的代表。

（一）美国创新创业教育政策的发展

1953 年，纽约大学的彼得·德鲁克提出开设创业与创新课程，可将此作为美国创新创业教育的开始。之后美国为了加强就业、创业培训，颁布了一系列重要法案，与英、日两国一样，美国的创新创业政策多数为宏观性的法律法规。

1962 年美国颁布《人力开发与培训法》，该法案诞生于 20 世纪 60 年代美国经济大萧条的背景之下。法案提出：由美国劳工部直接管理职业技术培训，培训主要针对有 3 年以上就业经验的人群和再就业人员，特殊的背景点燃了美国政府对民众就业进行政策引导的热情。接着 1963 年颁布了《职业教育法》，法案表示职业教育发展的重点不再是职业教育的分类，而是职业教育的接受对象，该法还规定，用于中等以上职业教育及设备的费用至少占拨款总金额的三分之一，这是美国政府在二战后颁布的关于职业教育最重要的法律文件。

1982 年 7 月，美国国会通过《小企业创新发展法案》，同时批准实施了《小企业创新研究计划》。计划明确提出，只要是研究与发展经费超过 1 亿美元的联邦部门必须每年从研究开发经费中拨出一定比例，用来支持小企业的技术创新开发活动，这些部门包括美国国防部在内共有 11 个，此后，在 1992 年和 2000 年，美国国会两度延续了研究计划，每次为期 8 年。1993 年，美国政府颁布《就业培训合作法》，法案要求全社会重视、支持合作教育，同时还规定了合作职业教育和培训应达到的目标。

2000 年的世纪之交，克林顿政府推出《新市场税收抵免方案》，规定创业投资者如果把资金投放在“社会发展基金”当中，可以从所得税中获得税收抵免，值得注意的是，“社会发展基金”的宗旨是促进低收入地区发展。2011 年，奥巴马政府提出名为“创业美国”的一揽子计划，明确“增加对全国高成长初创企业的资本供应、开展创业教育和导师项目、促进联邦政府资助的研发项目商业化、消除阻碍高成长初创企业的发展因素、强化大型企业和初创企业之间的合作”五大任务。

由此看来，近几十年，美国颁布了很多有关创业的相关法律，美国逐渐形成了相对完备的法律和政策体系。通过这些法律，再结合政府拨款，美国开展了职业和失业人员的多种培训，践行了很多创业计划或项目，调动起了地方政府、私人机构和社团的积极性，从而促进了社会创业环境的全面发展。同时，这一系列行动深深地影响了高等教育领域创新创业教育的发展，相关法案在美国高校得到了全面贯彻和实施。①

（二）英国创新创业教育政策的发展

20 世纪 80 年代以前，英国政府对大学教育采取的是不干预政策，直到 1980 年前后，英国政府才开始逐渐认识到创业特别是中小企业的创业行为对国家经济和社会的发展有重大意义，政府旋即要求大学培养具有高技能、创造

① 张茂聪. 大学内部管理制度改革与创新研究——基于国际比较的视野[M]. 济南：山东人民出版社，2018：38—50.

能力的创新人才。英国政府的着手范围从一开始就完全不限于企业创业教育的狭小范畴，而是将创新创业教育目标直接指向了建立创业型的社会。

1983 年，英国王室率先推出“青年创业计划”，并设立“王子基金”，创业个体可以从中申请低息贷款用来帮助自己走出创业的第一步，“青年创业计划”是英国影响力最大的创业项目，迄今仍在发挥作用。

1987 年，英国政府发布《高等教育创业计划》，与工作有关的学习内容开始纳入英国高等院校的教学计划中，并且鼓励学生培养自学能力，此举拉开政府发展创新创业教育的大幕。同时，英国政府特别安排首相办公室、教育和技能部、财政部、贸工部 4 个部门负责相关创业法律和政策的制定工作。1988 年，英国颁布《教育改革法》，设立全国统一课程、设立全国统一考试制度、实施直接拨款公立学校政策、实行“开放招生”政策、设立新型的中等教育机构、改革高等教育的管理体制六大举措，《教育改革法》在宏观上指导了创业政策的发展方向。

1997 年，英国发布《迪尔英报告》，提出高教机构要进行教育观念改革，并加深专项研究，这样才进一步促进创业教育的发展。1998 年，英国白皮书《我们的竞争——建设知识经济》问世，文件倡导高校要开展创业教育，要让越来越多的高校参与其中。1999 年，由英国贸工部出资赞助，英国科学创业中心建立，中心的任务就是将创业教育融入传统的大学教学中，到 2004 年，科学创业中心发展成为真正意义上的全国性组织。2009 年，英国政府发表《全国大学生创业教育黄皮书》，文件旨在继续推进创业教育的发展，提出了扩大创业教育资金的来源、建立多维创业教育评价体系等一系列核心要求。

经过多年的发展，以创业教育为媒介，英国的政府、大学、企业和社会建立起了广泛的联系。在推行创业教育的过程中，塑造创业文化和培养高技能人才成为英国关注的重点，在政府各项创业教育政策的支持引导下，创业教育给英国的高等教育带来了巨大的变革。

（三）日本创新创业政策的发展

日本高度重视教育的发展，历届政府都把教育作为立国之本。在日本，创业教育政策的演变是与时代变化和环境变化息息相关的。日本具有强烈的忧患意识，二战之后，日本政府就制定了一系列的法律法规，在制定政策的时候事无巨细，因此日本政府制定的创业政策十分详细，也非常完备。

日本创业教育的第一步是由日本高校以自主自发的形式迈出的，时间也是在20世纪80年代左右，各大高校自行开设了创业讲座，培养学生的创新意识。1994年，时任日本首相的细川护熙发表政府政策大纲，大纲首次提出全面发展创投产业的观点，并对该产业的发展方向予以明确。当时现行的《创投公司宪章》严重阻碍了日本创投产业的发展，日本政府也对其做了修改，创投公司的监督、帮助和被投资企业的经营有了法律保证。这些举措一定程度上也为日本创新创业教育的发展奠定了基础。

自20世纪90年代以来，日本政府将创业教育作为全国重要的发展战略，通过创业教育来培养富有挑战性的人才，因此，日本积极部署高等教育阶段的"创业教育激励计划"，该计划包括学生创业教育、校园指定空间、提供服务网络、社会力量、数据库资源和信息网络五个部分。

1998年，《大学技术移转促进法》全面实施，该法鼓励学术研究机构设置专门的技术转移部门，以此来促进学术界对产业界实施技术转移，这是对创新创业活动的一大支持；同年，日本通商产业省（2001年改组为日本经济产业省）发出名为《具有创业精神的人才培养》报告，该报告认为培养不怕风险、富有创新想法并勇于实行的人才是创业教育的本质，这是日本创新创业教育发展史的一次巨大进步。

2000年日本的《教育公务员特例法》有条件地放开对国立大学、科研院所研究人员兼职的限制，校办产业发展的这一法案大大加快了创业教育发展的脚步；2001年日本发表促进"平沼计划"，明确提出"3年内实现大学创业一千家"的目标，具体制定了财政补贴和贷款担保政策；2006年，日本颁布《教育基本法修正案》，该案提出高等院校要积极利用科研成果进行创新转换，并把这项规定定为高等院校的发展使命。

近年来，日本政府不断修改"商法"，从改革税制、鼓励大学毕业生和失业者自行创业、降低创业门槛、增加就业岗位、健全劳动市场机制、提高劳动技能等几个方面促进民众创业，为民众创业提供各种方便，并取得了一定效果。

日本政府从着力引导就业政策开始，逐步将创业教育政策引入正轨。经过一段时间的发展，日本的创业教育逐渐形成了政府主导、社会支援和学校参与三大特点的独特模式。对日本创业政策的深入了解和全面把握，为我国现阶段创新创业教育政策的进一步完善提供必要的借鉴和参考。

第二章
高校创新创业教育体系构成与分析

创新创业教育是适应当前经济社会发展和高等教育自身发展需要的必然产物。知识经济的发展，是以高素质的创新创业人才为基础的。从当今世界知识经济一体化的角度来看，实施创新创业教育能够为经济社会发展培养创新创业型人才，满足经济社会发展的迫切需求。特别是在联合国教科文组织、经济合作与发展组织和欧盟等国际组织的影响下，创新创业教育已成为世界性的教育改革和发展趋势。

2015 年国务院办公厅印发的《关于深化高等学校创新创业教育改革的实施意见》指出，“落实立德树人根本任务，坚持创新引领创业”。教育部在《关于大力推进高等学校创新创业教育和大学生自主创业工作的意见》中明确要求高等学校“把创新创业教育有效纳入专业教育和文化素质教育教学计划和学分体系，建立多层次、立体化的创新创业教育课程体系”。2017 年 9 月中共中央办公厅、国务院办公厅印发《关于深化教育体制机制改革的意见》，指出高等学校要把人才培养作为中心工作，全面提高人才培养能力。把创新创业教育贯穿人才培养全过程，建立健全学科专业动态调整机制，完善课程体系，加强教材建设和实训基地建设，完善学分制，实施灵活的学习制度，鼓励教师创新教学方法，深入推进协同育人，促进协同培养人才制度化。

当前，国家在实施创新驱动战略，以创新为核心驱动力，不断深化知识创新和技术创新，坚持以创新创业引领社会发展。这要求高等学校在开展创新创业教育过程中，基于自身发展的情况，变革教育观念，挖掘创新创业教育的潜力，不断提升人才培养质量，为经济社会发展作出自身贡献。基于这样的背景，高校创新创业教育的改革，首先要在整体观念上做出改变，建立创新创业教育改革和发展的全新视野，继而推进创新创业教育具体制度和机制的长效革新。高校开展创新创业教育，将创新创业教育融入人才培养的全过程可以更好地推动高等教育教学的改革，对提高人才培养质量具有重大的现实意义和长远的战略意义。创新创业教育体系可以分为基本理念体系、课程体系、教学体系、管理体系和评估体系。基本理念体系发挥着引领作用，课程体系、教学体系是基本内容，管理体系和评估体系则是实现创新创业不断优化的重要保障。

第一节　创新创业教育的基本理念系统

一、创新创业教育的认同性理念

创新创业教育的认同性理念就是要正确定位和认识创新创业教育。在高校大力推进创新创业教育，对于促进高等教育科学发展，深化教育教学改革，成为高等教育的核心具有重大的战略意义。开展创新创业教育既是时代发展的需要，也是深化高等教育改革的需要，更是实现大学生人生价值的需要。创新创业教育可以实现创业、就业和择业的良性互动。创新创业教育能够激励学生由被动的就业者转变为就业岗位的提供者和创造者，极大地提高就业机会，拓展择业空间，成为带动就业的新亮点，能够实现就业的倍增效应。

在高校开展创新创业教育是服务于创新型国家建设的重大战略举措，是知识经济对高等教育的必然要求。1998 年 10 月联合国教科文组织世界高等教育会议明确提出，“高等学校必须将创业技能和创业精神作为高等教育的基本目标”。国务院颁布的《关于深化高等学校创新创业教育改革的实施意见》中明确强调了“面向全体、分类施教、结合专业、强化实践”的基本原则，确立了“普及创新创业教育”的总体目标。贯彻这一基本原则首先要认同创新创业教育，将其融入教学主渠道，贯穿人才培养全过程，着眼于创新创业教育的广泛性和普及性，使其惠及每一个学生。

开展创新创业教育是转变传统的教学模式，培养大学生创新创业素养的必然选择，是高校创新创业教育体系的目标和基础性内容，是高校人才培养的战略性问题。① 通过开展创新创业教育，培养学生成为创新创业型人才，有助于提高学生的核心竞争力，并使学生在职业发展过程中具有可持续发展的能力。要做到这一点，关键是要破除影响开展创新创业教育的“观念性障碍”，对“创办企业”“创业竞赛”等“窄化”创新创业教育内涵，阻碍创新创业教育发展的教育教学目标进行观念澄清，探究“创新创业型大学建设”的具体做法，探索构建与“大众创业、万众创新”相匹配，面向全体学生广泛开展创新创业教育的认同性理念。②

实现对创新创业教育的认同，全面提升学生的创新创业素养。学校各级各类人员一要主动进行教育教学理念革新，树立创新创业教育观，将创新创业教育工作融入高等教育综合改革，并成为高校办学的重要内容；二要改革原有的以知识传授、传承为主的教育方法，将人才培养与经济社会发展需要紧密结合起来，实现从注重知识向注重素质和能力的转变。学校、各个职能部门、学院要从不同层面深入推进创新创业教育工作，建立创新创业教育实施机制和支持机制，形成从上而下、自下而上关心支持创新创业教育的文化氛围，凸显创新

① 张茂聪. 大学内部管理制度改革与创新研究——基于国际比较的视野[M]. 济南：山东人民出版社，2018：126—149.

② 王占仁. 高校创新创业教育观念变革的整体构想[J]. 中国高教研究，2015(07).

创业教育在人才培养体系中的重要地位，强化创新创业教育的育人功能，认识到它能成为大学生成长成才、实现人生价值的重要路径。

二、创新创业教育的全员性理念

（一）创新创业教育要面向全体理念

创新创业教育要面向全体理念是指高校在创新创业教育的对象选择上，要从传统的“小众化”“精英化”思维向“广谱式”观念转变。针对创新创业教育，高校内部还存着一些认识误区，比如“只为精英型人才或少数有创新创业理想抱负的学生服务”的狭隘观念。创新创业教育本质上是一种面向全体学生培养创新思维、创业精神和创新创业能力的素质教育，是推动全体大学生的可持续全面化发展的内在要求。因此，在创新创业教育对象的选择上，要摒弃创新创业教育只是少数精英人才的“专属”的这一传统片面观点，着力建构覆盖全体学生、兼顾差异和分层次的“广谱式”创新创业教育体系，既要实现对全体大学生的全景关照，也要针对不同学生的特点和差异实施因材施教。①

首先，面向全体大学生，应以“通识型”的创新创业教育作为基础，以此作为启蒙教育来开化创新意识、培养创造思维、提升创业能力。其次，推进高校创新创业教育与专业教育的有机互动融合，根据不同学科专业学生的特点，探寻相应的融入式教学方法，将创新创业教育融入专业教育之中，使大学生在专业教育过程中，无形之中习得创新创业的精髓，在其发挥专业所长的基础上，因势利导地进行创新、创造、创业。再次，针对创新创业意向强烈的大学生，应专门开设创新创业教育典型课程，进行专业化、有针对性的创新创业实战演练教学，提升其创新创业实践技能。最后，针对大学毕业生初次创业者，应以继续教育的形式开展职业化的创新创业教育，帮助其度过艰难的企业初创期，为其未来创新创业发展加油充电。

---

① 孙荣敏.高校创新创业教育：价值、体系与过程的三维重构[J].中国职业技术教育，2017(06).

创新创业教育不是单纯地教大学生如何创办企业，全面提高学生的创新创业素质才是它的核心。以这一思想为指导，我们要在实践中探索“面向全体学生”的具体教育方式，彻底改变“精英教育”的运行模式。创新创业教育既不是只针对商学院的学生，也不是只针对想要创办企业或是参与创业竞赛的少数学生，而是要面向高校的全体学生。

（二）创新创业教育要兼顾差异理念

全员性创新创业教育理念，是一种有层次、兼顾差别的个性化创新创业教育理念。依据个性化的学生需求和不同的创新创业教育目标，将创新创业通识教育和创新创业专业教育相结合，实现普及性创新创业教育和系统性专业教育相融合。①

创新创业通识教育的目的是激发学生的创新创业意识，培养学生的创新创业精神，提高学生的创新创业能力，让学生了解、掌握创新创业的一般规律，使学生在社会所提供的创业环境和学校所搭建的创新创业平台中能够彰显其创新创业意识和创新创业精神。有了创新创业通识教育的基础，创新创业教育还要根据学生不同学科专业、学生个性化的创新创业需求、专业知识和专业技能的差异、不同专业与经济产业发展的相关程度的不同以及不同区域经济社会发展需求的差异，有针对性地、有重点地实行创新创业专业教育，将创新创业教育与专业教育相融合，充分发挥学生的专业优势和特长。在专业知识积累和专业技能拓展的基础上进行的创新创业教育，才是创新创业教育的最大价值所在。②

不同的高校所处地域不同，所依存的社会环境也有所不同。所以，高校的创新创业资源条件也会有很大的差别，这就使得高校在对学生进行创新创业指导时，在培养和实践方面所采取的方式、目标内容的设定等都不尽相同。不同类型的高校，在人才培养规格的定位上会有所不同。同时，根据不同专业、个

---

① 朱益新，颛孙丰勤. 高职院校创新创业教育课程体系构建研究[J]. 创新与创业教育，2016(5).

② 朱家德. 高校创业教育的三重突破：事实、组织及理念[J]. 现代大学教育，2018(11).

体的不同需求与定位，也会分别实施不同类型的创新创业教育，主要是结合专业性、普及性，设定不同的创新创业教育目标，选择合适的创新创业项目内容，定位合适的创新创业层次，不能不加选择地效仿其他院校。① 可见，创新创业教育的全员性理念，是指既要面向全体，又要注重差异，实现创新创业教育普及性和系统性的结合，兼顾创新创业教育的广度和深度，这样才能保证创新创业教育的实施效果。

三、创新创业教育的全过程性理念

创新创业教育全过程性理念是指学生从入校开始到毕业结束整个人才培养的完整过程均涵盖创新创业教育内容。要实现创新创业教育全过程化，应将创新创业教育纳入专业人才培养方案，构建课内教学活动与课外教学活动、理论教学与实践教学、校内培养与校外培养、线上教学与线下教学、模拟创业与真实创业有机结合的创新创业教育体系，注重创新创业教育的渐进与积累。②

推动创新创业教育要融入人才培养的全过程，还要进一步丰富"融入人才培养全过程"的科学载体。创新创业教育要获得长足的发展，应该走出创新创业教育的"表层教育"阶段，进而全面推动高校教育教学改革，构建创新创业教育体制机制。③ 从纵向上要贯穿于学生在校的整个期间，从横向上要覆盖家庭教育、社会教育等各个方面。

在融合的过程中，创新创业教育除了要立足于高校自身专业教学的需要，更要立足于经济社会发展和国家经济发展战略的现实需要。除了要做好创新创业教育的课堂教学和实践工作，还应该从"大创新创业教育观"出发，实现创新创业教育延伸到课外，衔接起理论学习、社会实践、课余探索，从而能够

---

① 房建汝，等. 论高校创新创业教育体系的构建[J]. 常州工学院学报(社会科学版)，2011(11).

② 柳亮. 地方医学院校"全程化、分层次、多平台、广协同"创新创业教育体系的构建[J]. 教育与职业，2017(09).

③ 王占仁. 推进高校创新创业教育的策略创新[N]. 光明日报，2016-02-04.

全面训练和提升学生在各个阶段的创新创业素质。这样的融合过程除了内部载体，还需要外力的推动。在此过程中，高校应该加强与企业和政府部门的沟通合作，建立校校、校企、校地、学校与国际大学和企业之间的协同育人和创新机制，促进创新创业知识的资本化与社会化，确定高校在创新创业教育体系中的主导地位，吸引社会、政府、企业甚至国外各类资源的投入，将这些资源贯穿到高校创新创业教育的人才培养过程中，以提升创新创业教育的人才培养质量。①

四、创新创业教育的区域性理念

(一) 创新创业教育要立足区域特色

创新创业教育的开展与实施，创新创业型人才的培养与造就，既为社会经济高速运转提供重要内在动力，也为区域经济发展发挥着不可估量的推动作用和软实力支持。每个区域的经济都围绕着其区域产业结构和优势产业来发展，创新创业者们在其区域经济发展中创造了前所未有的巨大财富。② 社会经济发展速度与发展质量，与其区域的产业结构和经济结构息息相关。从经济发展的产业结构来看，知识产业在国民经济中的发展水平仍然不高，迫切需要拥有丰富知识、先进技术、创新意识的创新创业者，这决定着区域经济发展的长远性、协调性，决定着其新创办企业数量增长的速度。

创新创业教育要立足区域特色需要健全高校与科研院所、企事业单位等联合培养人才的机制，必须要创新人才培养模式从而进行教育改革，建成一批创新型人才培养基地，高等学校应逐步加强创新创业教育与就业指导的服务体系。各高校要开设创新创业教育相关课程，加强创新创业实践基地建设，实施高校毕业生创业就业计划，进而为培养具有优良的品德、执着的信念、丰富的知识、过硬的本领、高素质专门人才和拔尖创新人才提供服务和保障。要结合

---

① 田学军. 高校创新创业教育观念变革的整体设想[J]. 继续教育研究,2017(03).

② 马黎,等. 创新创业教育的经济社会效应及驱动力[J]. 济南大学学报(社会科学版),2018(03).

国家区域经济产业结构特点，对创新创业教育内容和方案进行不断调整更新，以确保受教育者的知识结构完全满足于区域经济发展需求。①

（二）创新创业教育要服务区域社会

创新创业教育要充分发挥区域社会市场的引导作用，立足于区域社会发展需求培养创新创业型人才。创新创业教育服务区域社会要依据区域特色完善产学研协同育人体系，鼓励高校与科研机构、企业、行业等联合建立实验室、合作中心等创新创业平台，使知识创新和技术创新与区域创新战略实现深度融合。高校可以建立大学科教园、产业技术研究院或参与组建产业技术创新战略联盟，建设“众创空间”“孵化园”“双创基地”，推动大众创业、万众创新。有条件的高校可以与企业建立产学研人才培养基地，共同开展创新型、实用性人才培养。

创新创业教育要主动服务区域经济社会发展，引导高校创新创业教育密切结合市场需求，建立起企业需求与高校资源对接的机制，搭建高校科研成果与企业需求对接服务平台。加强高校创新创业教育成果孵化平台建设，鼓励高等学校科研成果以参股形式与国际和国内资本、国有和民间资本等相结合，形成以产权为纽带的科技创新利益共同体。鼓励高校实施专利发展战略，引导高校建立专利成果中试基地，扩大高校专利出售规模，提高专利出售效益。建立行业需求与高等学校创新创业教育信息对接发布制度，提高应用项目设立的精确性，研发成果的可行性和推广成果的成熟性。

第二节　创新创业教育课程体系

高校创新创业教育目标要落地生根，课程设置是核心，因为这直接关系到高校要培养什么样的人，以及怎样培养人。课程设置是构建学生合理的知识结构的关键。

---

① 马黎，等．创新创业教育的经济社会效应及驱动力[J]．济南大学学报（社会科学版），2018(03)．

一、高校创新创业教育课程体系的构建原则

课程体系是教学内容和进程的总和，决定了学生通过学习，在知识结构、思维方式、心智结构方面发生的相应变化。创新创业课程体系就是让学生的知识结构、思维方式、心智结构具备创新创业素养，更适应创新创业。在构建高校创新创业课程体系时，要兼顾或把握好以下几个原则。

（一）兼顾普及性课程与专项能力重点培养课程

创新创业教育面向全体的理念要求高校面向所有在校大学生开展，这是创新创业教育的普及性目标或整体性目标，因此需要“创新创业基础”这样的“广谱”式课程，面向全部在校大学生开设。类似于“创新创业基础”课程的教学目标就是要让所有学生了解创新创业的基本知识，培养创新创业意识，激发创新创业动机，激活创新创业的兴趣。通过“创新创业基础”这样的课程教学，实现创新创业教育的普及性目标。在实施普及性教育时，必然会发现和吸引一批对创新创业有强烈兴趣的学生。对于这些兴趣与愿望强烈的学生，可以通过专才培养的方式组成专门的班级进行重点培训。专才培养的课程是按照素质能力不断提高的要求，以阶梯递进方式开设各类相关理论与实践课程。

（二）显性课程与隐性课程相结合

从内容角度，可对创新创业教育课程形式进行划分，它可以由学科课程、活动课程和环境课程组成。其中，学科课程提供的是可编码的知识，是可用语言和符号表达出来的“可交流的知识”，所以此类课程属于显性课程；活动课程是在互动中让学生领悟“隐性知识”或“不可交流的知识”；环境课程则是让学生处于一种仿真的实战环境中进行操作与演练，意在培养学生非经“做中学”而不能及的能力，所以后两类课程都属于隐性课程。就创新创业教育的本质而言，它是一个社会认知过程，更何况最小的创业机会也只能在市场中产生，以“社会”的方式呈现出来。因此，即使最完善的正式课程（显性课程），也只能实现创新创业教育中的一部分。说到底，课堂教育无法提供哈耶克说过的“理性不及”的知识，因此，创新创业的素质与能力不是一种能够被正规教育系统完整培养出来的人力资本。因此，在创新创业教育课程的设置

中必须认识到这一点，只有显性课程与隐性课程交叉融合，将教育教学内容恰当地分布在显性课程和隐性课程之中，才能确保创新创业教育的效果。

（三）各专业领域的创新创业案例与内容要融入创新创业课程

创新创业活动不是空洞的，而是在某个专业技术领域内进行的活动，所以，创新创业教育教学不能与相关的专业教育相分离，而是要融入相关专业教育教学中。因此，在创新创业教育的课程设置上，必须要开设与某专业领域有关的创新创业课程。国外高校很注重将创业教育课程与其他专业相结合，许多创业教育课程都是在原有课程与创业知识相结合的基础上开发出来的。如美国北德州大学音乐学院就把创业教育课程与本专业课程进行融合，开设了“音乐创业与营销”课程、“音乐创业导引”，讲授关于音乐类企业的创新、管理和营销等内容。鉴于上述国外的经验，各学校可以此类推。开设与专业领域结合的创新创业教育课程，都必须是实务型课程，教学内容必须具备实践经验丰富、实操性强。

（四）加强实践类课程的比重

创新创业教育不只是提供创新创业相关的理论知识，更要尽可能地提升学生的创新创业素质与能力。创新创业素质与能力的提高光靠理论课程说教是远远不够的，还需要依靠实践、实训、实验课程的开设。创新创业教育本身就是实践性很强的教育形式，我们培养的创新创业人才，要在社会岗位中展现自己的创新创业素养。因此，创新创业教育要紧密结合市场、社会等大环境，与实业教育相结合，“学中做”“做中学”，使学生在与社会生产实践互动的过程中提升创新创业素质与能力。这对实践、实训、实验课程提出了要求，其设计与建设不能闭门造车，要与区域社会经济发展需求相结合，要与地方经济结构和产业结构相结合。同时，在设置实践、实训、实验类课程时，应由易而难，循序渐进，经过实验或模拟实训后，再进行真实场景的实践。

二、创新创业教育课程体系建设的着力点

（一）构建第一课堂和第二课堂相结合的通识教育体系，提升学生综合素质

坚持立德树人，充分发挥通识课程、综合实践类课程在人才培养中的重要

作用，促进学生德、智、体、美、劳全面发展。压缩通识必修课程总学分，减少理论课时，增加实践课时；增加通识选修课程学分、课程门数和模块数量；开设通识类创新创业课程模块；强化体育与美育教育；加强生产劳动、社会实践、生产实习等综合实践活动；推行学生素质拓展、创新能力培养、学科竞赛、创业训练一体化建设。

（二）挖掘专业课程中的创新创业教育元素，提升学生创新创业的核心能力

挖掘专业课程中的创新创业教育元素，促进专业教育与创新创业教育有机融合。按照基础类、应用类专业分类设置专业创新创业必修课程，分类设置创新创业教育实践与应用项目。开设研究方法、学科前沿、创新创业基础、就业创业指导与创新创业实践等课程，开展企业家论坛、创新创业课程专题研讨等活动，培养学生创新创业核心能力。

（三）加强国际交流与合作，提升学生国际视野和跨文化交流能力

结合专业特点，走出去、请进来，通过教师出国进修、学生跨国修读课程和学术交流、国外优质课程引进、国外高校教师授课、加强双语教学等方式，提升学生的国际视野和跨文化交流能力。

（四）深化课程标准建设和课程内容创新，推进优质课程建设

制订校院两级课程建设规划，完善各类课程标准。优化课程结构，强化实践教学。更新课程内容，推进课程设置与行业标准对接、与学科发展前沿对接、与国内外高水平大学课程体系对接，提高课堂教学水平。加强优质课程引进、跨校课程共享、校内课程资源库建设、网络课程建设；加强网络教学平台建设，分批次实现课程上网工程，支撑学生在线自主学习。

三、创新创业教育课程内容体系

创新创业教育是专业教育重要的组成部分之一，它对所有专业都应该具有一定的普适性，同时，由于不同高校人才培养目标定位不同、学科及专业特点不同，大学生创新创业教育课程内容体系又有其差异性。

（一）创新创业精神培养课程

创新创业精神是制约大学生创新创业成功的关键因素，它奠定了大学生的

创新创业基础，支持着大学生的创新创业行为。所以，大学创新创业教育的核心目标应该是大学生创新创业精神的培养。高校创新创业教育应该唤醒和培养大学生的创新创业精神，以及良好的创新创业心理素质，构建以创新创业精神的培养为核心的创新创业教育课程体系。通过创新创业精神课程对学生进行自强自立和理想信念教育，使他们在具有一定风险意识的同时，能够承担一定的风险；在敢于尝试和冒险的同时，能够承受一定的挫折和失败，从而形成坚忍不拔的性格和锲而不舍的品质。

同时，高校要因地制宜开设个性化的创新创业精神培养课程。从区域社会经济发展实际出发，充分挖掘和利用区域文化资源和特色优势，将其融入创新创业精神培养课程中去。

（二）创新创业意识强化课程

创新创业意识是指在创新创业实践活动中对大学生创新创业群体行为起着推动作用的个性意识倾向，主要由创新创业兴趣、动机、认知和信念这几个要素组成。较强的创新创业意识能促进创新创业活动的顺利开展，它是创新创业教育培养目标体系的基础要素，它决定了培养目标体系的其他构成要素的发展方向以及实现的可能性。①

通过创新创业意识课程引导大学生深刻认识创新创业在当前形势和经济社会发展形势下的重要意义。通过系统持续的教育和培养，大学生能够更新观念，意识到创新创业是国家和社会的需要，更是他们自身生存发展和自我价值实现的现实需要，使大学生能够自觉增强创新创业意识，不断提高自身素质和能力。②

（三）创新创业知识获取课程

和专业知识的学习和积累一样，大学生的创新创业知识也是一个不断学习和积累的过程，并且二者是相互渗透、相互影响的。缺乏一定的专业背景和基

---

① 刘彬彬. 理工科大学创新创业教育现状分析和体系构建研究[D]. 合肥：合肥工业大学，2016.

② 尚大军. 大学生创新创业教育的课程体系构建[J]. 教育探索，2015(09).

础知识，不可能看清相关领域的发展现状，更不可能把握相关行业的发展趋势。如果只有专业知识也是远远不够的，企业管理知识、财务知识、法学、心理学、市场运作知识和公关礼仪知识等都是大学生创新创业不可或缺的因素。

创新创业知识课程主要是帮助学生获取有关创新创业的基础知识，比如创业基础知识、创新思维方法训练等课程，同时注重与专业知识的结合和跨学科知识的传授，扩展学生的思维和视野。创新创业法律法规与道德教育是创新创业知识中是极容易被忽视的内容，包括法律法规、部门规章、政策制度等等的介绍，法治思维、法律意识培养和职业道德规范、个人品德养成等方面内容。在我国改革开放大环境和市场经济秩序尚未健全的形势下，这显得尤为重要。此外，近年来急功近利思想和拜金主义有蔓延的趋势，大学生在创新创业过程中有可能会走捷径、抄近道的想法，需要法律与道德的警示和提醒。

（四）创新创业能力提升课程

创新创业能力提升课程应培养学生在创新创业过程中所应具备的基本能力，比如团队合作能力、与人沟通交流的能力、商业机会的识别能力、领导力等等。创新创业能力的形成和发展始终与创新创业实践和社会实践紧密相连。创新创业实践课程应为学生搭建学生实践交流平台，鼓励学生参加各种类型的创新创业竞赛，如互联网 + 大学生创新创业大赛、创青春大学生创业大赛、挑战杯大学生课外学术科技竞赛等，同时为学生提供更多与投资人、企业家、成功的创业者接触交流的机会，了解更多真实的市场环境。

从事创新创业活动要求大学生具备一定的综合素质，既可以做到独立工作，又能做到团体合作，应对创新创业过程中遇到的各种困难。此外，对创新创业机会的识别和把握、与他人的沟通和协调的能力、项目实施过程中的领导能力、号召力等都不是从课本上能学到的，需要大学生平时潜心思考和体会。

创新创业能力的提升需要进行创新创业实践锻炼，这种锻炼既可以通过软件模拟实现，如 ERP 沙盘软件、创业之星、BIZSIM 企业模拟竞争软件等，也可以通过各种创新创业大赛督促大学生撰写创新创业计划书。对于那些创新创业素质潜质较高的学生，还可通过与大学科技创意园、孵化园内的企业实现对接，适当让他们参与企业的经营与管理，亲自体验创新创业的真实过程。

创新创业必须要遵循相应的客观规律，掌握一定的思维方法。可以开设《创新创业方法》《大学生创新创业指导》等课程，给相关大学生专业性的理论指导，也可以邀请创新创业人士的以身示范，让学生熟悉创新创业的一般过程和企业运作的基本流程，从别人成功或失败的经历中积累经验，提高创新创业的成功率。

四、创新创业教育课程结构体系

大学生创新创业教育的课程可以分为知识与学科课程、活动与实践课程和环境与隐性课程三个大类，具体包括以下内容。

（一）丰富多样的学科课程

1. 通识类创新创业课程

创新创业教育学科课程的目的是培养全体大学生的创新创业意识和精神，丰富大学生创新创业的相关知识，学生可以通过短时间的集中化、系统性学习获取创新创业知识，深刻领会创新创业相关的理论知识，树立良好的就业观，为将来更好地从事创新创业实践和研究工作奠定牢固的基础。① 此类课程是面向全校的、跨学科专业的课程，可以以公共必修课、公共选修课或者素质拓展课的形式开展。创新创业教育学科课程从内容上包括两大类，即创新创业意识类课程和创新创业知识类课程。创新创业意识类课程旨在培养学生的创新创业意识和精神，促进学生形成良好的创新创业心理品质。创新创业知识类课程重在丰富学生的创新创业知识，对创新创业活动和过程有初步的认识。

创新创业学科课程从形式上分为核心课程和外围课程。其中，核心课程可以开设《创业基础》《创意思维训练》《职业生涯规划》《创新思维概论》《技术创新管理》《创业学》《创意学》《创新教育学》《新创企业管理》和《创业教育与实践》等课程，这些可以作为创新创业教育的专业课或者专业基础课来开设。外围课程的范围相对比较广泛，经济学、会计学、管理学、法学、心

---

① 张鸽. 高校创新创业教育及课程研究——以陕西省高校为例[D]. 西安：西安电子科技大学，2012.

理学、哲学、人文社会科学、公共关系学、美学和历史学等通识教育类课程，均可融入创新创业教育中，作为创新创业教育的公共基础课程。

2. 专业类创新创业课程

大学生创新创业能力提升是核心内容，需要在各类专业课程中充分挖掘和充实创新创业教育资源，在专业课程开设中加强创新创业教育，强化专业教育与创新创业教育有机融合，促进传统课堂教学改革，推进创新创业教育有效开展。按照专业设置分为基础类、应用类的“三个一”设置专业创新创业必修课程，以加强创新创业教育融入专业教学各环节中，培养学生的专业创新创业能力。根据专业实际情况，分为基础类专业和应用类专业。

基础类专业“三个一”即开设一门学科前沿专题课、完成一份专业调研报告、提出一项与专业有关的创意。应用类专业“三个一”即开设一门创新创业管理课程、完成一份市场调研报告、提交一份创业计划书。各个学院可根据学院和学科专业情况自行开发建设其他与专业有关的创新创业类课程，可以是专业方向课也可以是专业选修课。课程形式可灵活多样，学分纳入专业教育总学分中。

（二）开放式、多途径的实践课程

实践课程是创新创业教育实施的重要组成部分。实践课程的形式可以是个体性质的项目活动课程，也可以是集体性质的专项活动课程。在专业实践训练环节融入创新创业教育活动，能够有效帮助学生积累创新创业经验，提高综合实践能力。这类课程涵盖各种创新创业竞赛、学科竞赛和模拟实践。其中创新创业竞赛、学科竞赛有各类大学生创新创业大赛、改善创意大赛、大学生课外作品竞赛、学科竞赛、创新创业论坛和典型创新创业成功案例的讲座、报告会、经验分享会等。模拟实践可以通过创业之星、ERP 沙盘、BIZSIM 企业竞争等电脑软件进行模拟，也可以让学生到科技园区、孵化园参观实习，参与小型微型企业的活动策划与管理，还可以通过市场调研、制订商业计划书、参加创新创业实践项目等让学生了解专业优势与发展前景，掌握职业所需的创新创业能力，有意识地熟悉创新创业的方法。

通过实践课程可以培养学生的创新创业个性心理特征和创新创业素养，形成综合性的知识结构和能力结构。实践课程把理论学习和实际操作联系起来，理论学习的同时可以实践操作，在实践中深化与内化理论知识。

分类实施创新创业教育。进一步完善创新创业教育实践学分设计，坚持学校顶层设计与学院自主设计相结合、普适性途径与特殊性途径相结合、课程教学与实践环节相结合，各教学单位均在人才培养方案中设计出具有专业特色的创新创业教育实践学分的实现途径。可根据不同学科不同专业的实际需要，按照分类实施的原则，在文科类、理科类、工科类、艺术类、外语类等不同专业类别中进行分类设计，主要包括学科竞赛（专业社团）、创新创业训练、课外实验（开放实验）、学术报告（沙龙）、创业实践（经营）活动等。鼓励学生通过基于专业高水平学科竞赛、科研立项、论文等途径获得学分，其获得创新创业实践多余的学分可以置换通识选修课程学分。

分层实施创新创业培训。根据学生的教育发展规律，分层次实施创新创业培训：一、二年级学生实施全覆盖培训教育，可以组建各类兴趣小组、各类专业社团，使学生初步具备创新创业意识和基本实践能力；三、四年级学生实施精英式培训教育，可让学生参与商业实践项目，创新创业训练计划项目、职业规划设计等活动，培养学生综合能力；根据个人意愿和潜质培育各类创新创业团队。

1. 开展大学生创新创业体悟活动。学校可以依托各种社团组织、大学生创新创业指导中心、勤工助学中心、心理咨询室等平台，定期开展创业研讨、心理训练和创业模拟等活动。这不仅可以为学生提供更多锻炼与实践的机会，结识合作伙伴，更能够有效锤炼大学生的心理品质，从而建立形式多样的创业团队，成立创业协会和创业俱乐部。

2. 开展创新创业模拟教学。学生以合作小组的形式，可以是单项模拟训练也可以是综合模拟训练的方式，在教师指导下，模拟真实的情境，获得创新创业的直接经验，探索创新创业的规律，把握创新创业活动的程序和方法。通过创新创业模拟教学，学生可以深入了解创业过程中面临的真实问题，运用自己所学的知识，分析、解决实际问题。如果所学知识不足以解决面临的问题，也可以为学生厘清思路，找到以后继续努力的方向。

3. 定期开展创业论坛、企业家课堂等专题活动。可以通过邀请校友、企业家来校开展创业专题讲座等形式，让大学生在一个个真实的创业案例中了解创业者的创业经历、创业过程、创业注意问题、创业经验等，启发、开阔大学生的创业思路，拓展大学生的创业视野。

4. 开展创新创业竞赛活动。目前每个省乃至全国都有一定品牌影响的创新创业实践活动，如互联网 + 大学生创新创业大赛、“挑战杯”创业计划大赛。每个学校可以组织自己学校特色的创新创业竞赛活动，可以依托校园技能节、课外科技作品竞赛等组织学生积极参加比赛。也可以单独设立大学生创新创业训练项目，学生可以通过各项赛事获得宝贵的模拟创业经历，积累创业知识，培养创业能力，锻炼合作精神、沟通交流能力和组织协调能力，提升综合素质。

5. 进行创新创业实训项目。高校应该鼓励学生参与教师主持的科研课题项目，制定相应的参与机制与奖励机制。高校还可以根据学生创新创业项目的实际需求，鼓励支持有创业计划和创业能力的学生，在孵化小企业的大学生创业园进行创业实践。通过这些方式学生可以在实践中体验到创新创业的苦与乐。

（三）多元支持的延伸课程建设

1. 在校企合作中强化创新创业能力。协同育人是高校教改的重要内容。校企合作、产学结合在创新创业教育中可以优势互补、互相融合、互利共赢、共同发展，使教学实践与生产实践相结合。高校可以利用自身科研、技术优势，有计划地逐步开辟学生创新创业实践场所，建立一批创新创业实训基地。在与企业的合作中，学生可以感受企业文化，熟悉技术、工艺在企业中发挥的作业，适应工作流程和规范，获取实际工作经验，增强岗位实践能力，发现创业机会。

2. 在校园文化中营造创新创业氛围。创新创业型人才的培养离不开创新创业文化，高校内外要营造一种浓厚的创新创业文化氛围，可以有效地促进大学生创新创业认知更新和态度转变。充分利用校园广播、校报、校园网络、橱窗、墙报等舆论阵地，大力宣传创新创业教育的意义、措施及目标，及时宣传体现创新创业精神、创新创业意识及创新创业能力的校风、校训和典型的人物及事件，削弱那种认为稳定的工作比充满风险的创业更可取的传统观念，努力在校园里形成“推崇创新、尊重创业、支持冒险、宽容失败”的精神文化环境，让创新创业文化植根于大学文化中。

3. 在网络课程中自主学习创新创业。大学生是一个具有鲜明个性心理特征的群体，同时也是一个信息素养较高的群体，网络创业、新媒体创业已日益成为大学生创新创业的新途径。各高校可以结合自身特色搭建创新创业课程网站，提供网络、新媒体创新创业、网络检索、新媒体运营、网站管理、网络营销等学习内容，开展自测训练，提供创新创业指导。搭建起学生自主学习、内外结合、易于操作实践的创新创业教育平台，激发大学生的自主学习能力和创新创业能力，为他们的个性发展提供更大的空间。

此类课程的主要目的是创设一个有利于创新创业的物质环境和舆论氛围，潜移默化地影响大学生的创新创业意识，润物无声地熏陶大学生的创新创业品质。这可以从校园“硬物质”和文化“软环境”两个方面入手。物质环境方面，既可以通过宣传橱窗、校友长廊、LED显示屏等对创新创业的杰出校友和典型案例进行展示，也可以通过校园环境的整体规划和绿化雕塑的刻意点缀，陶冶学生的创新创业情操，激发学生的创新创业热情。而校园文化方面，则可以结合校风、教风和学风建设开展创新创业教育，营造积极向上、互动和谐的创新创业舆论氛围和心理氛围。师生之间的团队合作、乐观积极的舆论导向，坚定正确的理想信念等都可以形成潜在的教育力量，以特有的形象符号影响学生，成为创新创业环境与隐性课程的重要组成部分。

第三节　创新创业教育教学体系系统

创新创业教育是一种新的教育理念和人才培养模式，重在提高人才综合素质，其主旨是培养学生的创新创业精神、意识和能力，以期更好地适应社会发展和变革。创新创业教育是知识经济时代高校教育教学改革的重要内容，是高校质量竞争战略的核心，是高校主动适应社会经济发展的必由之路。

一、创新创业教育与专业教育相融合的途径

高校创业教育在于广泛地撒播下创新创业的种子，为经济社会发展培养高质量的创新创业人才。因此，创新创业教育不是面向技术、工程、科技、艺术等专业的精英教育，而是面向所有专业所有年级大学生培养他们的创新创业意识、精神能力的“广谱式”教育。以这一思想为指导，在实践中要求确定与专业教育相融合为主要途径。创新创业教育必须有机融入专业教育，关键是如何找到合适的融入途径，克服融入过程中的各种障碍。为了根本解决这一困难，必须将深化高校创新创业教育改革与高等教育综合改革紧密结合起来，从厘清创新创业教育目标要求和人才培养定位入手，挖掘和充实各类专业课程的创新创业教育资源，在专业教育教学中渗透创业教育的理念。

（一）课程主导模式

课程主导模式是以创新创业课程实施为主导，提高大学生的整体素质和能力。清华大学、中国人民大学等典型代表性高校都十分重视课上和课下、第一课堂和第二课堂的结合。两所高校对创新创业教育的逐步推进，突出表现在创新创业教育和专业教育的融合，体现在教学的融合、实践的融合、竞赛练习的融合等。因此，高校应重新修订教学目标和教学方案，重新设置选修课的比例，加强实践环节，增设“企业家精神”“风险投资”“创新创业管理”等系列课程。与此同时，在专业课教学过程中，强调革新教学方法、考试方法，鼓励开发学生的创新思维，鼓励学生积极参与教学改革、课堂建设和课下反馈，更积极地参与各种社会实践活动，从而使课上与课下、知识理解与内化、知识与实践的相互转化更紧密地联系起来。

（二）实践主导模式

创新创业教育应该与创新创业实践相结合，高校的创新创业教育师资是一个大问题。很多中小企业的初创人员和管理人员在创建企业、扩大企业经营的过程中积累了丰富的创业经验和实战体会。因此，学校可以将企业导师引入课堂，与专业课教师相结合，实现对创新创业教育的有效互补。这种模式主要是通过与校企、大学科技园、孵化园的合作来提高学生的创新创业能力和素质。

通过与他们的合作，提供学生到企业见习实习、调研、参观的机会，实现学生在校所学的内容与企业实践的有机结合。

（三）项目主导模式

项目主导模式旨在提高大学生的创新创业能力和技能，以专业知识有效运用到创新创业教育中为侧重点。每个学校都可以充分发挥自身学科、技术等优势，在课堂教学中贯穿任务引领法和行动导向法，有机融合教学与实践、创新创业教育与专业教育。鼓励学生参加教师的科研项目，在参与项目的过程中深化专业知识的理解，增强实践动手能力。课堂上教师可以结合自己的科研项目，以任务驱动的方式给各组学生分配任务，在学生完成任务的过程中指导学生实践，激发学生主动学习，创新性地完成各种任务。学校需进一步延伸课外实践平台，建立大学生科技园、创业园、产业园、创业中心，指导学生如何转化任务、孵化创业，并为学生创新创业孵化提供帮助。

二、创新创业教育师资队伍建设

高素质的师资队伍是创新创业教育得以顺利实施的保障。加强创新创业教师队伍建设成为创新创业教育重要的一环。创新创业教育过程中要将创新创业教育与专业教育相融合，而偏重传统教学、缺乏创新创业实战经验是创新创业教育师资困境的主要原因。传统型教师需要向“双师型”教师转型。将创新创业课程教学与创新创业实践融合这一理念，融入教师职业发展规划体系中，将提高教师创新创业教育的意识和能力作为岗前培训、课程轮训、骨干研修的重要内容。鼓励相关专业教师、创新创业教育专职教师到行业企业挂职锻炼，获得创新创业实践实战体验，促进创新创业教育与专业教育的有机融合，构建相应的教师到行业企业挂职锻炼的制度机制。

内源性师资与外引性师资相结合，培养“双创型”教师。充分利用校内师资资源基础上，还可以借助社会力量，推进内源性师资与外引性师资融合，形成专兼结合的创业教育师资建设。可以聘请知名专家、企业家、技术创新专家、风险投资人等社会各行各业优秀人才担任创新创业导师，制定兼职教师管理规范，形成创新创业导师人才库，完善外聘课程管理办法。

同时，积极探索学业导师、科研导师和创业导师“三位一体”的导师团队建设机制。组建多元化的师资队伍，深化校校协同、校企协同、校地协同“三个协同”的育人机制。充分利用校内优秀师资，优秀校友以及产业界领袖和创新创业实践者，共同组建一支学术与实务相结合、创新与创业相结合、本土与国际相结合的课程教授和创业导师、创投导师团队，建设“创业教师”“创业导师”和“创投导师”三支队伍，促进校内外、专兼职、学界和产业界在创新创业教育与实践的结合，推进协同创新培养创业人才。

三、创新创业教育教学方法改革

开展创新创业教育，需要改革传统教学方法，建立以问题和课题为中心的教学模式。改变传统的课堂讲授教学方式，采用案例式、模拟式、探究式、互动式和合作式教学方法，旨在提高学生的动手能力和创新能力。教学中需要变“教学”为“导学”和“助学”，可采用探究式教学、小组合作式教学，将思维训练和方法训练融入教学中，引导学生主动学习，激发学生的主动性和创造性。教师要积极承担行业课题，带动学生参加科研项目和技术开发工作①。

学校应积极组织开展学科竞赛、专业大赛等，有意识地结合创新创业教育，突出竞赛活动的创新性、创造性。各个学院结合学科专业特色建设相应的实训模拟基地，积极开展各种创新创业实践活动。充分利用学校教学实习基地，依托大学科技园、校企，充分发挥大学科技园孵化器功能及其支撑和服务体系，设立产学研合作专项资金，专门支持高校、企业和科研院所共建创新研发中心、开展技术合作。高校应结合本校的专业教育资源尽可能地开设模拟创新创业项目，鼓励学生积极参与，提高学生的实践能力、科研创新能力，让学生提交创业策划方案，指导学生开展创新创业实践，体验创新创业过程，提升学生的创新创业能力。②

---

① 张朝珍.教师教学决策的运行机制研究[M].北京:中国社会科学出版社,2016:172—175.

② 张鸽.高校创新创业教育及课程研究——以陕西省高校为例[D].西安:西安电子科技大学,2012.

（一）强化“实验教学、综合实践和创新创业训练”三位一体的实践教学体系建设

构建“实验教学、综合实践和创新创业训练”三位一体的实践教学体系，制定创新创业教育实践学分设计与管理办法，坚持学校顶层设计与学院自主设计相结合、普适性途径与特殊性途径相结合、课程教学与实践环节相结合，设定各专业创新创业教育实践学分实现途径。按照分类实施原则，分文科类、理科类、工科类、艺术类、外语类等五个专业类别进行设计，加强创新创业教育各环节在专业教学中的融入。学生参加基于专业的高水平学科竞赛、学术研究、论文作品等可以获得学分。加强实践教学基地和创新创业示范基地一体化建设，建设融“教学、实践、孵化”于一体的创新创业教育平台体系，构建“学生创业工作室、学院创业中心、学校创业园”三层联动机制，搭建基础实验平台、专业综合技能训练平台、创业模拟与创业孵化平台、咨询与科研服务平台等四大实践平台。加强专业实验室、虚拟仿真实验室、创业实验室和训练中心建设，完善实验室开放、共享机制。

（二）建立以学为主的课堂教学模式

营造“人在心在”“重教善学”的教学文化氛围，不断优化教风、学风、考风，变“学生管理”为“学习管理”。打造“五度共生”“教学相长”的高效魅力课堂，稳步推进“大班授课，小班研讨”教学模式，提高学生有效参与度、师生交流亲和度、学生把握课程知识体系的结构度、学生展现自我才能的自由度、学生有效巩固知识技能的训练度和学生有效运用知识技能的延伸度。探索“多元并举”“学生参与”的课堂教学方法体系，采用启发式、探究式、讨论式、团队学习、小组教学、模拟训练、案例分析等多元化课堂教学方法，突出学生学习主体地位，变“教”课为“学”课，变“听”课为“问”课，变“学”课为“研”课。探索“互联网＋教学”的新方法，积极推进“翻转课堂”教学改革。

（三）建立课内外结合的学习方法体系

建立“强相关、多互动”的师生关系，构建“优化课内、强化课外”课内外结合的教学与学习内容体系；结合实施学业导师制，完善师生定期见面制

度和课后辅导制度。建立“专业联动、课程互动和实践带动”的学生自主学习体系，结合实施学分制，引导学生跨专业选修课程，并充分利用实习、实验、第二课堂、创新创业实践等环节。丰富第二课堂，强化创新创业教育，完善学生成长成才体系。推行学生素质拓展、创新能力培养、学科竞赛、创业训练一体化建设；建设校院两级生涯规划中心，加强就业帮扶或职业规划社团、创新创业孵化基地建设，开展青春创业行动，加强学生人生发展和职业发展指导。完善自主学习机制，启动学业预警机制，强化学风督察制度，营造“学生好好学”的浓厚氛围。

（四）改革考试考核方式，加强过程性考核

改革学生考核评价方式，探索“学段教学、多次考核、多样考试”。加强过程性考核，注重对平时作业、课堂笔记、出勤、课堂表现、论坛讨论、课外阅读、课程论文等过程性环节的考察。推行多样化考核方式，根据课程性质和人才培养目标，可采取口试、笔试、操作、开卷考试、课程论文、项目设计等多种考核方式；实行教考分离、题库命题、机考、外出命题等考试改革。探索非标准化考核方式，加强对学生创新创业精神、创新创业意识和创新创业能力的评价。立足大学生能力与素质考查的综合性、非标准化、多形式考核方式，尝试免考、自测、自考等考核方式。

四、培育浓厚的校园创新创业文化

高校创新创业文化是高校在实施创新创业教育和创新创业实践过程中形成的有关创新创业的精神面貌、观念形态、价值取向以及道德标准等所有文化形态的总和。① 校园创新创业文化价值的核心是通过建设创新创业的物质文化、精神文化和制度文化来熏陶、影响和教育学生。在校园创新创业文化中，感受，体悟，思考，逐渐树立自强意识、竞争意识和开拓精神。校园创新创业文化作为一种特殊的意识形态和价值取向，不仅有利于熏陶和培养大学生的创新

① 刘尧飞. 我国高校典型创业模式与发展对策[J]. 淮北师范大学学报（哲学社会科学版），2014(03).

创业素养，而且能够为大学生提供更多的创新创业机会和平台，充分实现他们的个人价值。

创建良好的校园创新创业文化，首要的是突破传统教育观念的束缚。传统教育观念认为创新创业教育是“附属品”，是“业余教育”。受这种观念的影响，创新创业教育被弱化。所以，创新创业教育首要任务是提高高校各类工作人员对其重要性的认识，要把创新创业教育学科化，将其融入高校正式的教育教学体系之中，与专业教育有机融合。不仅要在高校师生中大力营造支持、理解、鼓励创新创业的教育观念，形成人人讨论创新创业、想创新创业、尝试创新创业的校园文化氛围。而且要弘扬敢于冒险、勇于尝试、直面成败的认知，从而营造积极、优良的创新创业文化氛围和创新创业生态环境。

其次，要创新高校创业教育的体制机制。体制机制作为创新创业文化的重要内涵之一，如创新思维、法律基础、价值观念、社会环境等都需要有效的体制机制来加以保障。脱离了体制机制的创新创业文化建设，是无源之水，无本之木，无法真正转变成现实的物质力量。对高校来说，要从校园创新创业文化入手，建立和完善支持创新创业教育的有效机制，在创新创业教育教学管理、教师队伍建设、学生激励、创业资金支持等方面提供帮助，鼓励师生开展和参与前沿教学科研项目和成果转化的实践活动，促使更多的大学生不但希望创新创业、敢于创新创业，而且能够实现创新创业实践，实现他们的人生价值。激励更多大学生创新创业热情和行动、形成创新创业行为的体制机制，帮助大学生们形成勇于创新创业的人生观和价值观。这不仅是校园创新创业文化建设的目标，也是培育校园创新创业文化最有效的推动力量。

五、创新教学管理体制

成立学校创新人才培养模式改革领导小组，下设办公室，办公室设在教务处。成立教学指导委员会，统筹指导人才培养模式改革工作。为适应人才培养改革是需要，进行相应的教学管理配套制度改革，成立全校性的考试中心、教学服务中心等机构，为学生个性化发展需求提供菜单式服务。

六、夯实教学改革

为深化创新创业教学改革，立足于创新创业人才培养，进一步加强创新创业教育教学改革与研究。开展创新创业教育“六个一”专项建设：一是开展创新创业类课程专项建设；二是开展创新创业类教材专项建设；三是开展创新创业类人才培养模式改革试点；四是开展创新创业教学模式改革试点；五是开展创新创业讲堂与企业家论坛；六是开展专业教学渗透创业教育教学案例比赛等。

开设多种类型的课程教学改革，主要包括创新创业精品课程、网络在线课程、课堂教学模式、教学团队、人才培养模式改革试验区等。

七、强化教学团队建设

为强化创新创业教学团队建设，构建创新创业教育教学组织体系。组建创新创业教育学院和创新创业教育通识课教研室，负责创新创业教育类通识必修课程的建设和通识选修课的审核和组织工作；探索学业导师、科研导师和创业导师“三位一体”的导师团队建设机制；采用引进和培养相结合方式，打造“专兼职”相结合的创新创业教学团队，努力提升教师自身的创新创业能力；支持教师以对外转让、合作转化、作价入股、自主创业等形式将科技成果产业化，并鼓励教师带领学生创新创业；制定鼓励教师到企业挂职锻炼等配套办法，调动教师实施创新创业教育的积极性。

第四节 创新创业教育管理系统

基于目前高校创新创业教育现状，需要设立专门有效的管理机构，统一组织协调教学管理部门、学生工作部门、校企办、就业办等各个部门的协调与合作，只有拧成一股绳，才能推动创新创业教育的发展，使创新创业教育达到预期目的。

一、大学生创新创业教育管理的基本功能

（一）转变就业观念，树立创新创业精神、培养创新创业意识

大学生的就业观念和创新创业意识是影响创新创业教育的一个比较重要的因素，它形成于一定的社会、家庭、学校教育环境。因此，大学生创新创业教育管理的重要目标就是利用大学创新创业教育体系来培养和强化大学生的创新创业意识、能力、技能和思维方式。当然，成长环境和成长经历的差异会对大学生的就业观念和创新创业意识产生不同的影响。而创新创业教育管理就是要通过课程体系的设置和教育教学活动的实施，唤醒大学生的精神力量，激活他们对就业形势和创新创业环境进行认知，对自我和社会进行认知，从而在整体上转变大学生就业观念和培养他们的创业意识。

（二）培养和发展大学生的创新创业能力

创新创业教育是培养大学生创新创业素质和能力的活动，其课程体系由理论课程、实践课程、提升课程构成，分为学科课程、案例课程、模拟课程和创新创业实践四个板块构成。大学生创新创业教育管理需要依托理论课程提高大学生的理论素养和分析问题能力，为创新创业能力的提升打下坚实的理论基础。同时，应该依靠实践课程，把理论知识在社会实践和创新创业实践中加以应用，提高大学生对创新创业理论、过程、目标和风险等方面的认识，提高他们设计创新创业目标、分析创新创业形势和应对风险的实际操作能力，从而实现对大学生创新创业能力的培养。因此，大学生创新创业教育管理不仅关注大学生就业观念的转变和创新创业意识的提高，更应该关注大学生创新创业能力的提升。

（三）实现大学生的人生价值

大学生个体通过创新创业，为社会作出贡献，从而提升个人成就感，同时得到社会尊重。大学生把在创新创业教育管理过程中的所学所悟转化成为社会创造物质财富和精神财富的过程，既是自我价值和社会价值实现统一的过程，也是实现人生价值的过程。创新创业教育管理通过对大学生的创新创业思维培养和大学生的创新创业能力提升，为个人未来对经济发展勇于担当并贡献自己

的力量。① 个人价值和社会价值是辩证统一密不可分的，社会个体人生价值的实现在于自我价值与社会价值的统一。大学生创新创业教育管理的最终目标在于帮助大学生实现人生价值，这是高等教育的责任所在，既是创业教育管理的本质要求，也是大学生个体的内在需求。

二、大学生创新创业教育管理的途径

（一）创新创业技能与精神的结合，提升创新创业文化管理

首先，应该把培养创新创业精神放在大学生创新创业教育管理的首位。培养大学生创新创业精神，要通过成功人士或者成功案例引导和激励学生。同时，通过生生互动或者师生互动的方式进行自我激励，培养创新创业激情、信念和积极性。要以目前就业和创新创业形势形成的创新创业紧迫感和责任感，向学生施加一定的创新创业压力，促进学生在了解经济社会发展和充分认知自我的基础上，及时制定符合实际的创新创业规划并逐步实施相应计划。其次，要以创新创业精神引导大学生不断提高创新创业技能。在创新创业精神的支撑和引导下，学生才会以更加积极主动的心态有针对性地提高创新创业技能。离开了创新创业精神的支撑，学生就有可能在提高创新创业技能的过程中因一时的挫折而自暴自弃。因此可以通过组织创新创业沙龙、座谈会和借助网络平台交流等方式，为大学生交流和分享，掌握创新创业技能经验提供平台，让他们在互相鼓励、互相帮助、互相学习和互相信任的氛围下不断提高创新创业技能。② 最后，在提高创新创业技能的过程中培养创业精神。创新创业精神的培养和创新创业技能的提高是相互统一的过程。在大学生创新创业教育管理过程中，要注意在逐步提高学生创新创业技能的同时，给他们提供创新创业的“精神食粮”，以便鼓励和刺激他们常怀创新创业理念，常温创新创业梦想，常思创新创业艰难，而不至于沦为只为提高创新创业技能而提高创新创业技

---

① 刘恩允. 治理理论视阈下的我国大学院系治理研究［M］. 北京：中国社会科学出版社，2017：156.

② 张茂聪. 大学内部管理制度改革与创新研究——基于国际比较的视野［M］. 济南：山东人民出版社，2018：257—258.

能，进而营造浓厚的大学生创新创业文化氛围。

（二）创新创业知识与实践结合，打造创新创业教育管理新模式

首先，革新创新创业教育活动形式。通过各种形式的创新创业教育活动把创新创业知识和创新创业实践结合起来，是打造创新创业教育管理新模式的前提。可以通过举办创新创业设计竞赛、创新创业知识讲座、创新创业技能大赛等方式，提升大学生的创新创业知识水平和素质。可以通过让学生深入创业园区或者创业孵化器等创新创业实践基地开展创新创业教育，让学生在参与创新创业实践的过程中检验和修正创新创业知识，发现创新创业技能的缺陷，进而总结反思并促进对创新创业知识的理解和实践能力的提高。

其次，创建创新创业实践基地。这是能够实现创新创业知识和创新创业实践相结合，打造创新创业教育管理新模式的物质条件。面对课堂教学的局限，应该放弃课堂教学解决全部问题的看法，建立课堂教学与课下教学相互配合、相互促进的发展机制。①

创建创新创业实践基地作为课堂的延伸，为进一步拓展创新创业教育空间提供条件。一方面，可以通过校企自主合作的方式建立以企业为中心、以学校为主导的合作共赢的创新创业实践基地。另一方面，可以通过政府牵头、校企共同参与的方式建立互利合作的创新创业实践基地。同时，还可以通过校际合作，利用学校内部资源创建校际创新创业实践基地。

最后，改革创新创业实践方式。这是创新创业知识和创新创业实践相结合，革新创新创业教育管理模式的重要条件。由于大学生缺乏社会阅历和社会关系，很难直接走进企业了解企业，因此，高校可以组织学生有针对性地选择学校所在地的知名企业进行参观学习，熟悉企业运作流程，参与企业管理，让学生在真实的环境中体验感悟所学知识。由于大学生缺乏资金和设备，因此，高校可以发挥资金设备和技术方面的优势，通过提供启动资金组织学生创新创业或者利用创新创业基地模拟创业等方式，检验学生的创新创业知识和能力，

---

① 刘恩允.治理理论视阈下的我国大学院系治理研究[M].北京:中国社会科学出版社,2017:198.

让学生在真实的创新创业过程中历练。

（三）思想政治教育与生涯规划教育结合，完善风险与社会责任管理

首先，建立一支既懂思想政治教育又懂生涯规划教育的教师工作队伍。创新创业教育是职业生涯规划教育的重要组成部分，而相关师资队伍质量的高低直接关系到创新创业教育管理能否取得良好效果。因此可以通过培训的方式提高思想政治教育教师的创新创业教育管理理论水平，并鼓励和支持他们参与创新创业实践，增加创新创业体验，加深对创新创业理论和实践的认知，为有效引导学生创新创业建立理论基础和能力基础。可以通过聘用优秀企业家为学生讲述创业经历，让学生明确创新创业过程中重点和难点及企业运作中的社会责任，提高创业风险意识和评估风险、预防风险、规避风险、管理风险以及承担风险的能力。

其次，要以思想政治教育统领创新创业教育管理，实现思想政治教育与大学生职业生涯规划教育相结合。把思想政治教育与职业生涯规划教育结合起来，立足生涯规划，在创新创业教育和实践的每一个环节、每一个步骤都不能对思想政治教育工作松懈，增强大学生创业的社会责任感。

最后，要以思想政治教育统领创新创业教育课程体系，实现思想政治教育与生涯规划教育的结合。可以通过在创新创业教育课程体系中渗透世界观、人生观、价值观和政治观教育，为创新创业教育和实践提供思想保障；可以通过在创新创业教育课程体系中增加专门的法律课程，或者通过司法案例与创新创业案例相结合的方式，或者定期开设法律讲座等方式，把法制观教育和创业教育结合起来，帮助学生树立法治意识，为自主创业运用法律与遵守法律，进而降低创新创业风险。

三、创新创业教育管理组织

要完善创新创业教育的运行管理机制。高校要注重创新创业教育的顶层设计，成立由学校主要领导、教务处、学工处、就业指导中心、团委等职能部门，以及各二级院系负责人等共同组成的校级创新创业教育领导小组，并设置具体运行和管理机构，依托高校的商学院或经济管理学院成立创新创业教育中

心或者创新创业学院，聘请相关专业领域的专家、教授或校外知名企业家担任创新创业教育中心或创新创业学院的领导和顾问。创新创业教育中心或创新创业学院具体负责全校创新创业基础课程的教学工作，学校就业指导中心负责创新创业实践的安排和服务工作，最终形成以创新创业教育中心或创新创业学院为主体，以商学院和就业指导中心为辅助的“一体两翼”式创新创业教育管理模式。这种模式可以有效解决高校在创新创业教育师资、资金、技术、项目孵化以及其他配套服务等方面存在的问题。

（一）成立学校创新创业教育领导小组

学校明确创新创业教育理念后，要建立健全大学生创新创业教育的保障机制。加强大学生创新创业教育的组织领导工作，建立强有力的创新创业教育领导组织，确保创新创业教育落到实处。设立学校创新创业教育领导小组，学校成立由学校党政领导、有关职能部门、督学及各教学单位负责人组成的全校创新创业教育领导小组，负责领导和协调全校创新创业教育工作，对推进创新创业教育中涉及全局的政策、规划等重大事宜负有决策权力，负责对全校创新创业教育工作宏观管理和监控，为高校创新创业教育建立起强有力的组织保障。

学校创新创业教育领导组织要把学校的定位和未来发展的战略相结合，优化创新创业教育政策环境，将学校人才培养目标定位为“创新创业”。通过狠抓培训、服务、激励三个环节，强化和锻炼大学生的创新创业意识、能力。搭建大学生创新创业平台，支持大学生创新创业活动，培育创新创业典型，丰富学校的创新创业文化。

教学管理机构可以由教务部门（或者学生管理部门）牵头成立创新创业教育教学管理办公室，教务部门（或者学生管理部门）分管领导担任主任，其他各相关单位的分管领导担任副主任。该办公室负责全校学生的创新创业教育教学管理，负责教学计划制定、教学大纲修订，并制定相应的教学管理办法、课程考核办法、教学效果评价方法等。

（二）成立创新创业教育研究中心

成立创新创业教育研究中心，构建一支稳定的创新创业教学科研教师队伍。创新创业教育中心可以由专职教师与兼职教师组成，根据实际教学的需求情况来确定教师的数量。比如，百森商学院有8名全职创业教师、4名助理教师和5名全职职员。贝勒大学有4名全职创业教师、2名助理教师、5名全职职员和2名创业研究员。创新创业教育研究中心的主要作用是开设创新创业教学课程、制定教学计划、进行创新创业教育的学术研究，负责组织人员进行创新创业教育的学术研究，负责组织申报各类创新创业教育研究课题，定期组织召开创新创业教育学术研究会议，举办创新创业专业期刊，并积极组织创新创业教育论坛，为创新创业教育的理论研究和交流提供园地。

（三）成立创新创业教育指导服务中心

建立大学生创新创业指导服务中心。大学生创新创业指导服务中心是学校促进校企文化结合，扶持大学生创新创业的机构。负责宣传大学生创新创业政策和信息，普及创新创业教育，开展创新创业指导和专题讲座，负责创新创业社团的管理工作。

创新创业指导服务中心是推动创新创业教育发展的一个重要机构。首先是负责学生的创新创业指导工作。开展以实际案例为主的创新创业知识教学，对具体咨询进行个别指导，从而帮助学生解决创新创业过程中遇到的诸如融资、财务管理、知识产权的评估、资本运作、收购兼并、团队协作沟通能力等方面的问题。建设创新创业网站，扩大受益面；其次，对学生进行创新创业能力训练。利用校办企业或创新创业基地开展训练，通过创新创业计划、公司创建、企业发展战略等实训主题，进行以体验为主的活动组织，或者以模拟仿真为主的实战训练。第三，将学生直接导入创新创业的环境。为学生提供与企业家、风险投资人、知识产权律师等直接对话的机会，为学生牵线搭桥，依托企业实施创新创业。

大学的创新创业指导服务中心还负责与社会建立广泛的外部联系网络，包括各种孵化器和科技园、风险投资机构、创业培训机构、创业资质评定机构、小企业开发中心、创业者校友联合会、创业者协会等，形成一个高校、社区、企业良性互动式发展的创新创业教育生态系统。

（四）学院成立创新创业教育办公室

各学院可根据学科专业、课程资源、教学团队成立系、教研室、教学团队等教学组织，不断提高专业负责人、课程负责人和教学团队负责人的能力和水平。成立创新创业教育教研室，负责本学院创新创业类课程建设、创新创业项目培育和创新创业平台建设；组建学业导师、科研导师和创业导师“三位一体”的导师团队。学院创新创业教育兼职辅导员，负责组织具有学院特色的学生创新创业教育活动和实践。

第五节　创新创业教育评估体系系统

人才培养质量是高等教育的生命线，积极推进教育教学改革，不断提升和完善创新创业教育质量是各高校的必然选择。创新创业教育的质量需要科学、合理的评价体系。因而，完善创新创业教育评价体系已成为当务之急。高校创新创业教育需要构建合理的评价体系，可以引导创新创业教育向争取的方向发展，促使高校摒弃急功近利的观念，循序渐进地推动大学生创新创业教育发展。

体系的运作离不开评价体系的参与、支持和反馈，评价是创新创业教育体系的重要组成部分。创新创业教育目标的实现和创新创业内容的顺利开展受到评价的有效实施影响。建立创新创业教育科学合理的评价机制，有助于有效评价高校创新创业教育的效果，及时发现创新创业教育中存在的问题和不足，为促进创新创业教育的良好发展提供理论支持。目前的创新创业教育评价考试和考核方式还比较片面，缺乏动态的评价机制，评价的方式、评价的内容和评价的机构等方面相对单一，对创新创业教育的效果判断还不够科学合理，不能满足创新创业教育的深入发展。

创新创业教育是保持国家和区域经济活力的不断增长，创新创业型人才的专门培养，国际竞争力持续上涨的战略选择，其评价的主体必须是多元的，评价的视角必须是多维的。

一、创新创业教育的评价主体

创新创业教育是一项复杂的系统工程，该系统运行受诸多因素影响。创新创业教育本身的复杂性决定了高校创新创业教育评价的主体必须是多元的。高校创新创业评价的主体主要包括高校自身、政府和区域社会。

（一）政府评价

政府是高等学校最主要的投资主体和行政领导，在这样的历史与现实情境下，其对高校的创新创业教育经费投入、政策扶持都直接影响着创新创业教育的发展。因此，政府在引导实施高校创新创业教育过程中，科学的、合理的、有吸引力的，能帮助高校创新创业教育发展的政策、资金投入等是高校创新创业教育评价体系的一个指导要素。从2002年开始的，由教育部主导的对各高校本科教学质量评估，已经成为引导和规范高等教育发展的重要力量。“以评促改、以评促建、评建结合、重在建设”的指导思想，规范着高校在大规模扩招的历史阶段保证人才质量的规格和水平与社会发展的需求接轨。但是，创新创业教育在当前的评价指标体系中并未得到充分、足够彰显，将创新创业教育作为自己的特色项目来接受评估的大学极为少见。作为代表大学改革方向之一的创新创业教育，政府应采取不同的方式进行评价。

（二）学校评价

学校是创新创业教育实施的主体和主要力量，也是创新创业教育的主要单位和场所。学校评价是高校创新创业教育的自我评价，其中对创新创业教育实施过程的评价最为关键。

学校层面的评价主要考核创新创业教育的重视程度、具体做法及创新创业教育效果的体现，从这些要素进行指标细化分析，对高校创新创业教育评价体系建设起着关键作用。

学校评价是学校的职能部门、教师和学生共同参与的活动，他们既是评价的主体，又是评价的客体。评价的主体和客体合二为一，实际也是内部性自我评价，具有主观性的特征。当两者分离时，就是一种外部性的客观评价。两者的功用相互补充，内部性的自我评价起到的是反省、自律与自强的作用，而外部性的客观评价所起到的是规范、认可与激励的作用。评价的方式可以是随机的，亦可以是定期的，评价的方法更是具有多样性的特征，一切以评价的主体、客体、目的的不同而转移。

（三）社会评价

社会评价一般是由政府之外的社会组织和社会舆论来承担。社会评价侧重高校创新创业教育的外显状态，很少关注高校的办学理念、教育方式方法等前期准备与过程性积累，而是更加关注结果。它只是作为评价学生创新创业成效，而且是对高校进行创新创业教育以来的毕业生的总体情况为评价参考。如，企业对高校的评价是根据毕业生的综合素养，家长对其子女的就业岗位及薪酬进行评价。高校创新创业教育不能局限于政府、学校、学生，更重要的是要靠社会的引导。社会对高校创新创业教育的评价主要从企业认可度和社会认可度进行评价，可以通过对毕业生进行跟踪调查，对用人单位进行走访调研和问卷调查等，综合多方资料收集，作出综合评价。企业认可度主要体现在用人单位对学生的工作责任、团队精神、技术贡献等方面考核，创新能力高低由用人单位进行评价。社会认可度主要是学生在社会中的行为体现，如家庭关于学校对子女的创新创业教育满意与否，学生在社会的职业道德体现、服务社会水平等是否得到社会认可等。

二、创新创业教育评价的指标体系

（一）创新创业教育课程指标体系

创新创业教育课程指标体系主要包括创新创业是否纳入人才培养方案，课程体系中是否包含创新创业教育课程，学校是否开设创新创业教育核心课程，各院系是否围绕专业与经济发展需要在专业教育中融入创新创业课程，是否开设多样化的创新创业课程，各院系是否依托区域经济为学生提供创业实践课程，学校是否支持教师开发创新创业课程，创新创业课程开发队伍是否实现多元化等。将创新创业教育与社会本位的价值观结合起来，将创新、创造与创新创业教育融合起来开展专业性的教育，广泛开展普及性的创新创业教育，全方位地进行渗透性的创新创业教育，对创新创业实践进行全程指导与评价等。

（二）创新创业教育教学指标体系

创新创业教育教学指标体系围绕“教学师资”和“教学模式”两个方面设计如下指标：学校是否有创新创业教育师资团队，主讲教师是否接受专业的创新创业教育培训，一些创新创业课程教师是否具有创新创业的背景，创新创业课堂是否聘请有实践经验的创业人士，教学中是否合理、恰当使用参与式、探究式、案例式、讨论式教学方法，专业教师在授课过程中是否体现创新创业思想与内容，教师是否是双师型教师等。

（三）创新创业教育支持指标体系

创新创业教育支持指标体系旨在了解高校创新创业教育组织支持情况，具体包括：学校是否有专设的由社会各界多方参与的创新创业教育管理机构，院系是否制定创新创业教育课程计划和实施方案，学校是否允许跨院系选修创新创业课程，学校是否举办针对区域经济发展的创新创业计划大赛，学校是否资助学生创新创业社团组织的活动，学校是否建立校企创新创业联盟，学校是否吸引企业家资助高校创新创业活动，学校是否把提升对区域经济社会发展的贡献度作为创新创业教育的重要指标体系等。

（四）创新创业教育延展活动指标体系

创新创业教育延展活动指标体系旨在考查学生接受创新创业课程教育后所开展的创新创业实习实践、创新创业扶持以及创新创业辅导等活动情况。① 具体包括：接受创新创业教育的学生是否有机会实习实践，学校是否有创新创业教育实习（或实践）基地，学校与小微企业孵化器是否有联系，学校是否有创新创业基金支持学生创业，学校是否提供创新创业活动的辅导，学校是否提供创新创业政策的咨询服务等。

（五）创新创业教育学生指标体系

高校创新创业教育的主要目的是培养高质量的创新创业型人才。学生是创新创业教育的对象，学生的表现及成果是创新创业教育活动的最直接体现，一定程度上反映出高校创新创业教育的效果。学生表现主要包括学生的创新创业意识、学生的研究能力、创新成果、创业成功率、参加创新创业教育实践活动的情况，毕业生的创业率和就业率之比、提供的就业机会等。

---

① 席升阳.创业教育的评价体系与价值导向[J].河南科技大学学报(社会科学版)，2012(10).

1. 综合素质。综合素质蕴含在学生的身心中，可以通过特有的行为方式和关键能力表现出来。综合素质的评价可从以下方面进行：收集、分析、处理问题的能力；表达和交流的能力；规划组织活动的能力；在团队中合作共事的能力；运用数学思维的能力；解决社会、组织和技术问题的能力；选择技术、应用新技术的能力等。

2. 每届大学毕业生的创业率与就业率之比。这项评价一般需要在学生毕业3年之后进行。因为学生毕业时间过短的话，学生对就业选择还无法做出适应性的判断，在大学所受到的创新创业教育的知识与训练，还需要在所处的工作岗位中进行判断与检验。

3. 毕业生的创业效果。这一般需要在学生毕业后5年之内进行。通过评价在工作中所做的创新性成果，已经进行的创业项目的领先性、成长性、经济效益等，来评价毕业生的综合创新能力、技术迁移能力与跨行业的适应能力。

4. 提供的就业机会。主要是指创新创业者所取得的社会效益，应该与创新创业效果的评价同步进行。当然创新创业的社会效益是多方面的。例如，对社会福利、慈善事业的捐赠、对义务教育的支持等，但是，从社会发展和和谐稳定的角度来说，提供就业机会是最大的效益。

5. 职业结构。职业结构的划分也是一个多标准的操作系统，标准的不同将形成不同的分类结果，并且结果之间难以相互映射与对应。根据不同职业结构的划分，社会可通过毕业生的从业比例对高校的教育质量进行客观的评价。

6. 社会影响。评价毕业生的社会影响力，应从其所主导的企业进行分析，评判其在行业内部的认可度、产品的市场份额、关键人物的公众形象等。行业内部的认可度有企业的品牌与文化的行业认同，产品与价格在行业内部的引领作用，在行业协会中的地位以及行业内部冲突的协调作用等。市场份额主要看产品在买方市场环境中所占的绝对比例与相对优势及其变动趋势。关键人物的公众形象主要是看其社会影响、人格魅力、言谈举止的风度、思维的敏捷性、为人处事的信用程度与亲和力等。

表 2-1　　创新创业教育评价的指标体系

目标层	一级指标（要素层）	二级指标（子要素）	三级指标（参考层）
创新创业教育质量评价	课程体系环节	课程设置总体状况	开设创新创业类课程结构状况
			教学计划与课程设计的系统性
			创新创业课程管理规范，纳入学校学分教育体系
			开设创新创业类课程门类及丰富程度
		创新创业课程理论教学	创新创业课程有助于学生创新创业意识和精神的培养
			创新创业课程有助于学生创新创业知识结构的完善、积累
			创新创业课程有助于学生创新创业能力素质的提高
		创新创业课程实践教学	创新创业课程能提高学生实务操作的能力
			提供了具有实践性质的创新创业培训课程
			课程与学生的具体创新创业实践结合紧密
	教学体系环节	师资背景	主讲教师具有良好的学术背景
			主讲教师曾经是有丰富实践经验的企业经营管理人才
			主讲教师曾有过创新创业的经历
			客座教师有丰富的创业实践经验
			客座教师有担任教师或培训讲师的经验
		教学方法	教学方法能激发学生的学习热情、参与度
			教学过程产生良好效果，有较好的学生满意度
			根据各种渠道的反馈结果实时对教学方式方法进行微调
		教学能力组织提升	组织主讲教师定期参加创新创业组织、协会的活动或创新创业培训
			学校定期组织与企业家交流创新创业经验的活动
			学校定期对创新创业教育效果进行评估

续表

目标层	一级指标（要素层）	二级指标（子要素）	三级指标（参考层）
创新创业教育质量评价	延展活动体系环节	创新创业环境氛围塑造	学校举行创新创业计划书大赛、创新创业设计大赛之类鼓励创新创业的活动
			学校宣传创新创业价值及创新创业典型
			学校以多种形式宣传创新创业活动，如学术报告、沙龙组织
		创业经验交流	学校有创新创业研究会、创业者协会之类的创新创业交流机构
			学校邀请创业者与学生交流创新创业的现实经验
			学校营造或鼓励多种形式的创新创业者交流平台
		创业实践机会	学校有创新创业教育实践实习基地并正常发挥作用
			学校有与企业、政府机关等的合作计划以给学生提供足够的实践机会
			学校有学生经营的创新创业实体活动
		创业实践支持	学校以创新创业基金、孵化器等具体方式支持学生创业的活动
			学校对学生经营的创新创业实体活动从政策上给予鼓励
			学校为学生创新创业实体提供辅导、咨询等具体服务
	支持指标体系	组织机构	由社会各界多方参与的创新创业教育管理机构
		组织活动	学校组织校企创业联盟
			学校吸引企业家资助高校创新创业活动
			学校资助学生创新创业社团组织的活动
	学生指标体系	课程参与	创新创业课程的出勤率
			创新创业课程的参与率
		职业选择	把创业作为职业选择的学生比例
		创新成果	学生创新成果的增加率
			学生参加科研活动的增加率

第三章
创新创业教育的运行模式

高校的创新创业教育的应然样态是多维并举、模式不一的，这与高校创新创业教育的基础、高校组织行为模式以及战略发展定位，甚至高校主要决策管理者都息息相关。地方高校创新创业教育的运行模式不能简单照搬某一类院校或者国外已有模式，更不能依据理论演绎出一套运行体系。应从高校创新创业教育的运行模式的内涵特征与利弊分析出发，合理把握当下和未来高校创新创业教育的理性运行，为地方高校进行创新创业教育的模式抉择提供理论依凭和实践方案。

第一节　市场主导型创新创业教育的运行模式

一、市场主导型创新创业教育的内涵

高校的创新创业教育始终摆脱不了对创新与创业两大核心要素的衡量。

就要素特征而言，其中一种创新创业教育模式是高校作为创新创业教育的主体在实施过程中更多地面向市场和社会，强调创业驱动所带来的教育实效，而创新作为一种后置要素被默认为是对创业的必然响应。因此，此种偏重于创业特征和市场导向的模式往往因此种鲜明特征被视为市场主导型的创新创业教育。

为了更好地提升高校创新创业教育质量，可以预见的趋势是未来高校的创新创业教育将会更多与企业和产业界进行紧密联合。事实上，从国外的成功经验来看，“有效的高校创新创业教育是与企业紧密联系的。毕竟创新创业教育是产学合作的一种教育方式，需要借助高校的教学力量与授课培训经验；同时也需要高校掌握企业领域生产的现状与趋势，甚至是与工商领域等有关的更广泛的内容”。① 遗憾的是目前我国的高校创新创业教育依然在此方向上做得不深不透，更进一步言之，距离以上的要求还有较大空间。许多高校提供的创新创业教育课程与方式，与专业课程的提供方式一样，基本上是高校教师担当全部办学力量，结果把创新创业教育变成了“关于创业的教育”②。

（一）实施以市场为主要导向的创新与创业策略

该模式意味着学校需要充分依托学校自身的学科专业优势、办学品牌特点、产学研合作基础以及学校自身雄厚的人力资本，乃至独特的学术资本，在实施人才培养的同时更加兼顾市场型的创业行为。该模式下的专业教师往往具有多重身份，如企业创立者、管理者，学生亦可以走出课堂、走出校园、走向实践，如在企业中进行实习，参与企业的运作等。齐齐哈尔工程学院确立了“开一个专业、办一个实体、兴一份产业、创一个品牌”的专业建设原则，要求每一个专业都兴办一个企业③。该学校在专业法人制度方面做了深入且卓有成效的探索，如打通人才培养与专业创业有机联系，实施基于成本预算管理的目标考核制度，以实现创新创业教育在企业的真正落地。截至 2013 年，齐齐

---

① 洪雁. 关于学分制条件下高校创业教育的探索[J]. 文教资料，2016(08).
② 洪雁. 关于学分制条件下高校创业教育的探索[J]. 文教资料，2016(08).
③ 陈霞玲. 中国创业型大学建设的实践与分析[J]. 国家教育行政学院学报，2015(07).

哈尔工程学院就已经依托专业兴办了齐三机床有限公司、汽车教学中心、家政教学中心、机电设备有限公司、二手车交易市场、汽车驾驶员培训学校等21个专业实体，覆盖了学校所开设的40多个专业。

（二）注重技术转移在创新创业教育中的中介作用

在科技战略成为国家区域经济社会发展的主导战略的时代背景下，技术在创新创业教育中具有极为特殊的中介地位。高校作为科技资源的聚集高地，掌握着非常丰富的科研创新资源。以天津大学为例，该校以科技创新体系支撑创新创业教育改革。学校建立整套运行机制和保障政策——成立技术转移中心；组建专业技术经纪人队伍；建立“技术——需求”数据库；在天津滨海新区、长三角经济圈等区域和中海油等重点行业企业建立联合实验室和院士工作室。学校建立创新创业的投融资体系，与中科招商、海泰投资等开展战略合作，设立总计33亿元的创新创业基金，作为扶持师生创业的“种子基金”。学校形成“需求、平台、服务、转化”全链条创新体系，实现大学与企业、知识与资本、创业与创新有机融合，创造了政府、大学、社会共同支持保障创新创业活动的新模式。同时，该校主动融入国家自主创新示范区建设、滨海新区开发开放、青岛蓝色硅谷核心区，整合学校知识创新和技术创新资源，在国家重点战略中聚集创新创业的优势资源，打造“众创空间”。学校以技术优势、空间优势，聚集行业领军企业、创业投资机构、社会组织等力量，开展创业培训和创业服务，形成流动、开放、竞争的创新工厂，建成有天津大学特色的“众创空间”。

（三）偏重于创业实践

市场主导型的创新创业教育模式具有鲜明的实践型特征，它更加注重在实践中培育创业素养，注重在现实实践中汲取最鲜活的素材和最优的实践资源，尤其强调通过创新性力量所形成的创业型成效。该模式更加主张创业实践是创新创业素质形成、发展和提高的现实条件，是使创新能力和创业能力外显的中介与媒体，是发展学生开创型个性，培养团队精神，激发创业热情，开发和释放各种潜能，实现创业教育目标的重要方式和手段。

市场主导型创新创业教育模式更加强调高校在实施创业教育的过程中，

要走校企联合的模式，在企业建立学生创业实践基地，企业也可以利用自身的优势创办经济实体，为学生提供创业实战演习场所。另外，企业根据学校学科和专业设置情况，制定周密的创新创业培养计划，鼓励学生在不影响学习的情况下利用业余时间创立一些投资少、见效快、风险小的实体，体会创业的艰辛与乐趣，潜移默化地培养他们的创业意识。如通过在大学生群体中广泛开展科研竞赛、创业交流、创业讲座等各种形式的创业教育活动，激发学生的创业激情；通过请进来的方式，定期邀请各个领域中的创业典型，进行创业经验的分享，深挖创业典型背后的力量和教育资源，为学生的创新创业提供有益借鉴。探索契合于创新创业的新兴教学模式，如通过“3＋1”的修业方式让学生在前三年完成课程学习，最后一年以准创业者的身份参与到项目培育之中，或者深入企业一线接受锻炼，必要时再返校学习，建立“开放式”课堂教学模式。

二、市场主导型创新创业教育的优势

（一）加快创新创业项目转化

创业孵化功能是社会上许多创业平台在发展过程中最重视的功能之一，如果高校的众创空间具备了这一功能就能实现创业平台上的项目真正融入社会经济的发展，带来实质性的经济效益。高校的众创空间建设应在功能上予以明晰，即发挥平台作用致力于以科学合理的方式为创业项目注入社会资源，必要的情况下高校众创空间应设立专门的创业基金，同时为众创空间平台上的创业项目提供必要的服务，这样才能提高创业孵化的成功率，让众创空间为社会经济发展做出贡献。

（二）强化创新创业教育资金保障

市场主导型的创新创业教育能够确保资金来源的多样化，极大拓展资金渠道的广泛性。完善的风险资本市场、成功的企业家和公共资金将在创新创业教育中获得的大学捐助者的支持。大学和企业紧密结合，企业的支持和帮助力度大，企业家与学校的关系密切。如每年哈佛大学都会邀请一些为学校作出了突出贡献的著名企业家讲学。

（三）有效对接市场需求，提升创新创业的经济效益

由于市场主导型的创新创业教育更加注重规避高校在技术创新转化方面的短板，积极通过面向市场寻求企业合作，依托企业对市场的敏锐嗅觉来捕捉更符合市场需求的知识创新项目，从而获得更大的市场收益。

如初建于 21 世纪初的明尼苏达州立大学的“致力于界面和材料工程研究的企业合作项目”之所以产生非常好的实效，就是基于构建大学与企业的双向知识交流合作。该项目以材料领域的基础研究为合作点，汇聚四十余家支持该领域研究的企业。

以此项目为纽带，参与企业能够有机会掌握大量的科学和技术发展的前沿信息，而且能够深入了解能够有助于提升他们的产品的基础科学发展概貌，真正实现了企业科技创新与高校学术研究的有机融合。项目的主要目标是促进企业科学家和工程师的参与，在没有竞争、不涉及专利所有权和共同合作的前提之下，通过加入该项目的教师、学生和博士后与企业科学家的接触和交流，开展研究实践活动。国内的东北大学通过合作教育和工作项目，利用该校与 3600 家企业、由私人资助的研究创新中心以及商学院之间的密切关系，与全球范围内的新创公司和大型企业携手合作，创建了一个使校内研究走向市场的有效通道。

三、市场主导型创新创业教育的不足及优化

（一）市场运行失序行为

市场固然有其不可或缺的优势，尤其是在资源配置中的主导性作用的发挥是政府行政配置模式所无法实现的。但是，市场亦有其不容忽视的弊病，如极易导致运行过程中的失序行为。有人认为，从全球来讲，世界范围内的创新创业的最大阻滞因素并非资金端的紧张，而是允许市场极大地发挥最佳功能。但是，需要清醒地认识到投资是逐利的，创业成功的毕竟是少数，创业不是每个人都能成功，也不是每件事都能成功。因此，这就需要建立信任机制和诚信机制。

（二）诱发诸多功利行为

市场主导型的创新创业教育并非完美无缺，对该模式主导下的创新创业教育所引发的功利主义行为必须予以清晰的认知。创新创业教育的应然走向是推进素质教育在市场经济条件下向纵深发展，是相应科技创新的时代要求。很多情况下，以“唯市场马首是瞻”的市场主导型模式导致创新创业教育推进进程中呈现出过度的短视化、功用化的弊病，从而背离了以“创新、创造、创业”为核心的素质教育成为可能的现实追求。

需要清醒地认识到创新创业教育是全员参与、全面覆盖和全程贯穿于整个教育过程的一种素质教育。它的诸多特征可以从以下几个方面来认识：一方面，创新创业教育以学生创新精神、创业意识与创业能力培养为核心，并以受教育者的首创与冒险精神、创业能力和独立工作能力等提升为教育指向，从而使素质教育的时代目标更加具体、更加升华、更加与时俱进；另一方面，以学生创新精神和实践能力培养为重点，强调富有创新性和实操性的创新创业教育，强调创新创业教育与素质教育的充分融合，强调把创新创业作为重要元素融入素质教育，这充分表明创新创业教育在推进素质教育中的战略性作用。

创新创业教育的非功利性战略目标，是使受教育者具有创业意识、创业个性心理品质和创业能力，以适应社会的发展和变革，而不再以岗位职业培训为内涵，或以企业家速成为导向。因此，高校创新创业教育归根结底不是简而化之的企业锻炼或者以大学生创业实体的数量的增加为依据，更不是用创业项目成功与否作为创新创业教育的质量评判，而是看通过接受创新创业教育大学生最终是否显著提升、获得了“以创新能力为核心的综合素质”。

四、市场主导型创新创业教育的现实实践

党的十八大以来，国家明确提出实施创新驱动发展战略，注重实现以科技创新为核心的全面创新，坚持需求导向和产业化方向，注重发挥企业在创新中的主体地位，强调市场力量在资源配置中的决定性地位，同时增强科技进步对经济增长的贡献率，形成新的增长动力源泉，推动经济持续健康发展。目前观之，高校创新创业教育是存在多种不同价值取向的创新创业教育，如有的是以

单纯地寻求对市场需求和社会直接需要为目的的创新创业教育，着力于培育企业家或创业成功者；有的是基于人才培养为目标的素质教育，具有长远化的战略性考虑，紧密将人才培养融合于创新创业教育之中，重视教育导向下的创新创业；有的是以政府行政推动为主导，进行自上而下的被动化推进；有的则是整合政府、产业、企业和高校等多方力量开展创新创业教育等等。

基于微型企业创业的实战训练，高校为学生提供微型企业创业的办公场所、水电气等基础设施，政府为微型企业提供资金支持和优惠政策。构建自主性的研究—产业孵化平台，与优势企业强强联手，把握其市场主动性。强调此类大学创业活动的自主性并不是否认在其创业过程中市场合作的重要性。在合作过程中，通过构建研究—产业一体化的孵化平台，在政府支持下，寻求相关行业领域的优秀合作者，从而共同搭建发展平台。需要强调的是，在合作平台构建过程中，大学及其相关机构与企业、政府之间的关系应该进行明确的界定，要在法制化、双赢化的框架内开展创新创业教育。

第二节 政府主导型创新创业教育的运行模式

大学生创新创业能力的培养，离不开政府层面的推动。政府作为公共政策的制定者、公共产品的供给者，在创新创业教育中具有不可替代的作用。从世界范围来看，创新创业教育较为成型且卓越的国家往往是政府承担了重要的角色，发挥了其他主体难以发挥的重要作用。近年来，随着经济社会发展形态的重大转变，我国各级政府也相继出台创新创业政策，在政府行政层面上积极推动创新创业教育的大发展、大繁荣，形成了政府主导型的创新创业教育模式。

一、政府主导型创新创业教育模式的内涵

在“大众创业，万众创新”的时代强音召唤下，政府无疑是决定创新创业教育最为关键的因素。

首先，我国创新创业教育是由政府驱动的。与高等教育大众化一样，创新创业教育的推进并非基于教育领域的改革，而是为了解决产业升级和就业难等

经济社会问题，这就自然而然形成了创新创业教育的政府主导模式。

其次，政府监控着创新创业教育的实施过程。据梅伟惠等的统计，自20世纪末以来，中央各部委出台与创新创业教育相关的政策、法律、法规或实施意见共169份，内容涉及创新创业教育的理念、课程设置、教学指导意见等。这一方面表明政府重视创新创业教育，另一方面也意味着政府监控着创新创业教育实施过程的各个环节。再次，政府规约着创新创业教育模式。创新创业教育是“小众”的创业孵化班，还是面向“大众”的素质教育，一度是我国实施创新创业教育争论的焦点。

创新创业教育作为一种人才培养的战略行为，具有全局性和战略性意义。在这一过程中注定离不开政府的有效引导和积极培育。而且，从我国高校创新创业教育的实施情况来看，政府主导型的创新创业教育模式在很大程度上发挥了不容忽视的作用，也成为我国高校创新创业教育的重要参照。政府主导型创新创业教育是指高校在实施创新创新教育中高度响应国家和地方政府推行的创新创业政策，在运行参与主体、具体实施过程等方面都具有较强的政府参与因素。具体而言，从参与主体来看，政府主导型的创新创业教育模式是高校和政府同时参与、共同实施的，具有双主体特征。从实施过程来看，高校作为政策的响应者和支持者，在既定的政府意图内所进行的创新创业教育实践具有限定性、政策呼应型特征。从互动关系来看，政府主导型模式中高校与政府之间互动频繁，信息、物质、资源等的交流呈现出密集状态，政府对高校的创新创业教育具有极高的涉入度，高校也普遍依赖于来自政府层面的指导与推动。

政府主导型的创新创业教育具有较为显著的特征，集中体现在政府依托行政力量对创新创业进行行政指导，为创新创业教育提供政策支持和宏观指导。以山东省为例，山东省人民政府曾在2016年4月专门下发《关于推进高等教育综合改革的意见》（鲁办发〔2016〕19号），文件从创新创业人才培养、创新创业课程建设、实践教学平台以及创新创业实践训练等方面对该省的创新创业教育提出明确要求。文件还提出要聚力创新创业人才培养要求，通过完善人才培养方案，大力开发创新创业类课程，做到课程体系、课程标准、课程内容与学科发展前沿、行业标准的精准对接，促进专业教育与创新创业教育有机融合。实施弹性学制，允许学生休学创业，修业年限最长可延至8年，对完成规定学业的学生及时核发学业证书，按学期审核学位授予资格、办理就业报到手续。

二、国内外创新创业教育的政府实践

（一）国内创新创业教育的政府实践

2000年以来，在我国各级政府的推动下，高校创新创业教育实践取得了瞩目的成绩。从最初的创业教育，再到创新创业教育，从局部小规模，再到后来的普遍化、趋势化，我国创新创业教育实现了质的飞跃，且具有鲜明的行政色彩，政府的行政力量在我国创新创业教育中发挥了不可忽视的作用。

1. 萌芽期（2002年以前）

联合国教科文组织于1989年11月在北京召开“面向21世纪教育国际研讨会”，会议认为，创业教育与学术性和职业性教育具有同等重要的地位，并把创业教育称为“第3本教育护照”。

1991年我国实施的“教育革新与发展服务计划”项目研讨会从广义上给“创业教育”进行了权威性的洽析，认为创业教育的目的是“为学生灵活、持续、终身的学习打下基础，是侧重于首创精神和冒险精神、侧重于独立工作能力、创业能力、社交和管理技能培养的一种教育形式”。

1999年国家颁布《关于深化教育改革全面推进素质教育的决定》，提出“高等学校要重视和培养大学生的创新、实践能力及创业精神，普遍提高大学生的人文素养和科学素质”。

1999年，共青团中央联合中国科协、全国学联等主办首届“挑战杯”大学生创业计划竞赛，吸引了多所高校参加。由于属于国家层面的政府推动的赛事，大赛在全国的影响力非常大，也迅速掀起了全国范围内进行创新创业的热潮。目前，该赛事每年举办一次。

2002年，教育部在清华大学、黑龙江大学等9所高校开展创新创业教育试点工作，鼓励各高校结合自身实际积极开展创新创业教育的先行探索，形成各富特色、各具特点的创新创业教育模式。

2003年，教育部举办第一期创业教育骨干教师培训班，来自100多所高校的180名教师参加了培训，依托政府的统筹力量快速在全面范围内培养创新创业教育的师资队伍。

2. 探索期（2002—2010）

2004年，教育部公布《2003—2007年教育振兴行动计划》，提出“要加强对学生的就业指导和就业创业教育，推动就业观念的转变”。

2005年，共青团中央、中华全国学联在全国陆续开展KAB（Konw About Business）“创业中国——全国大学生创业服务工程”。

教育部特批浙江大学作为全国高校中管理类创业管理教育项目的试点单位，批准浙江大学设立全国首个“创业管理”专业的研究生学位点。

2005年，上海市政府设立“上海市大学生科技创业基金”，助力高校拓展人才培养的新途径，将创新创业型人才培养放在与研究型人才、应用型人才同等重要的高度。

2006年，教育部等14部委联合下发《关于切实做好2006年普通高等学校毕业生就业工作的通知》，劳动和社会保障部出台《关于进一步做好2006年高校毕业生就业有关工作的通知》，提出要对大学生加强创业培训和服务，明确将大学生创业培训纳入当地创业服务体系。

2008年，教育部通过质量工程项目，立项建设32个创新与创业教育类人才培养模式创新试验区。

2010年，教育部下发《关于大力推进高等学校创新创业教育和大学生自主创业工作的意见》，将创新教育和创业教育结合，提出“创新创业教育”的概念，并指出创新创业教育是一种新的教育理念和模式。

2010年4月，教育部办公厅与科技部办公厅发布《高校学生科技创业实习基地认定办法试行》的通知，指出高校学生科技创业实习基地是指依托高新技术产业开发区、大学科技园或其他园区等设立的，为高校学生提供实习、实训、创业和就业的综合服务平台，简称“双实双业”基地，其主要任务是开展创业教育和培训。

3. 拓展期（2011—2015）

这一时期，大学生创新创业教育得到党和国家领导人的高度重视，教育部先后启动“大学生创新创业计划训练”“大学生人才培养模式创新试验区”等建设项目，以促进创新、创业和管理高层次人才的培养①。

4. 急速发展期（2015 年至今）

2015 年 5 月，国务院印发《关于深化高等学校创新创业教育改革的实施意见》，从国家层面对高校创新创业教育提出总体性要求，将高校的创新创业教育提升至前所未有的高度，将创新创业教育视为国家实施创新驱动发展战略、经济提质增效的转型升级以及高等教育综合改革的重要战略抓手，提出 9 大改革任务、30 条具体改革举措。这些都标志着我国高校创新创业教育进入了国家导向下的战略快速发展期，创新创业教育进一步迈向新台阶、新高度。

（二）国外创新创业教育的政府实践

1. 日本的创新创业教育

日本的创新创业教育是模仿、跟进其他先进国家的创业成效而开始的。由于其他发达国家在创业教育中取得了成效，日本也开始认识到创业教育的重要性，开始采用政府主导的方式推动高校的创新创业教育。“日本的创新创业教育是从创新教育起步的，其‘模仿改造型’创新使整个国家有较强的创新意识和创新能力”②。日本将创新创业教育的定义分为三个层面：一是头脑教育，包括对创业精神、挑战精神、创业意识、不怕风险的勇气等的培养；二是掌握创业能力的教育，这些能力主要包括想象力、创造力、课题发现力、发散思维、交往能力、逻辑思考能力、表现能力、信息收集能力、问题解决能力、企业策划能力、行动能力、决断力等；三是掌握创业技能的教育，包括经济活动的组织、思考、商业买卖体验、创业必需知识等方面的教育。

日本的创新创业教育是以培养企业家精神和创业能力为重点，以大学、大学风险企业、创业课程和实习为载体的。教育理念以大学风险企业创设作为突破口，通过创业教育激励理念的平台，整顿学校环境，构建一个适合创业家培

---

① 于光华，等. 创新创业背景下地方工科院校的人才培养模式研究[J]. 教育教学论坛，2017(03).

② 张倩，等. 基于协同培养的高校创新创业教育生态系统的构建[J]. 民族高等教育研究，2015(07).

养的三维体系。此理论框架由学生创业教育、大学校园指定空间、提供服务网络、数据资源及信息网络构成，这五个辅助系统不存在时间上的先后顺序，而是平行发挥作用的子系统。

2. 英国和北欧国家的创新创业教育

英国政府为了培养大学生创业能力，鼓励大学生自主学习，发起了“高等教育创业计划”（EHE），并出台了一系列政策，对高校开展创业教育给予支持，强调加强职业教育和职业培训、提高自主就业能力，实施“企业创办计划”“小工场计划”等创业教育项目。

芬兰的“创业先锋计划”，丹麦的“提升学校创业教育行动计划”，挪威的“创业教育战略计划”，日本的“创业教育激励计划”，美国的“创业教育项目”等都值得我们研究和借鉴。

三、政府主导型创新创业教育的意义探析

（一）有利于构建创新创业教育的良性制度生态

当前我国的创新创业教育所应具备的制度环境尚未能够充分地搭建起来，如鼓励创新、大胆质疑的批判文化氛围，强调多元、打破统一规制的多元文化共存的氛围，乃至于勇于创业、敢于冒险与失败的文化氛围都还相对比较欠缺。政府主导下的创新创业教育能够在很大程度上弥补诸如此类的文化缺失或不健全所导致的问题。

创新创业就是要鼓励创新，宽容失败，秉承理性、宽容的创新创业教育评价文化，如果没有容错机制，创新创业就很难长久。比如要建立科学有效的评价“双创”质量衡量机制、激励机制和容错机制。如很多情况下，有的创新创业项目短时间内难以见到成效，而即使没有创造经济效益，其创新理念、创新能力和创新模式也是值得肯定的，也不能轻易地否定①。再比如，一些年轻创业者在一段时间内往往都是很偏执的人，一门心思地想做好某个项目，自然

---

① 刘恩允. 治理理论视阈下的我国大学院系治理研究［M］. 北京：中国社会科学出版社，2017：213.

而然地就会忽略其他方面的很多问题，甚至会出现一些意外的情况，这时就需要合理容错机制来纠正。因此，创新创业教育的成功实施必须有一种宽松和宽容的创新文化，允许创新创业者在创业过程中有失败，使创业者能够放开手脚来创新创业，激励他们在不断地克服困难、克服失败中走向成功①。

（二）有利于实现创新创业教育的推进与普及

政府主导型的创新创业教育能够强化政府的引导功能，通过政府发挥公共政策的供给，实现创新创业教育的高效率、强控制的引导。当前我国支持创新创业一体制机制还不健全，社会支持体系还有待进一步完善。在吃苦耐劳、安分守成的文化传统下，大学生勇于承担风险、开拓创新的文化精神还远未形成；教育政策对创新创业教育的倡导更多停留在理念层面，而在操作层面的引导力度不够；经济环境方面，风险投资机制不成熟，存在创业融资难等问题，以创业型人才聚集影响大学生创业的拓展和成长对地方经济社会发展至关重要，政府应更加重视与高校的合作，采取多种措施，引导大学生走上创新创业之路，帮助大学生成为创新创业人才。一是和高校共建与市场经济相适应的创新创业培训和支持系统，为有创新创业潜力的大学生建立起社会化的创新创业教育网络，包括创新创业培训、服务、扶持平台，弥补高校教育力量和资金的不足；二是优化大学生创新创业相关政策与外部环境，在工商注册、资金扶持、税收减免、办公用房、贷款减免利息等方面给予最优惠的条件。

如共青团中央根据创新创业的时代要求，与国际劳工组织合作推广的青年创业教育项目 KAB（Know About Business）创业教育（中国）项目就是立足于服务青年就业创业的现实需要而实施的。该项目自 2005 年在国内开展以来，主要的工作重心就是为培养大中学生的创业意识和能力而研发、推广的创业教育课程。KAB 项目因具有浓厚的官方背景且项目级别非常之高，得以在全国范围内快速实现了重大突破。3 年来，该项目已培训了来自 25 个省市、自治区的 318 所高校的近千名教师，同时在清华大学、中国青年政治学院、浙江大学等百所高校开设了“大学生 KAB 创业基础”课程，上课学生多达数万人。

---

① 唐景莉. 创新创业：怎样破解六大难题[J]. 中国高等教育，2016(03).

同时，项目还形成了一系列教学研究成果，建立了科学规范的评估认证制度，开展了广受欢迎的创业实践活动。

（三）有利于强化创新创业教育的资金扶持政策

创新创业教育需要相当高的教育成本，单纯依凭非政府的力量很难有足够的勇气和魄力进行大规模的资金投入。因为从企业来看，创新创业教育的收益是长期的，短期内缺乏足够的回报预期，而且还会有较高的风险。高校显然没有足够的资金倾力投入创新创业教育中。因此，作为政府而言，亟须提供资金扶持，强化创新创业教育的资金保障。此外，作为政府主导型的创新创业教育模式而言，此模式还能够通过政策性手段打通资金获取与使用的政策性障碍。

以国家大学生创业示范基地——辽宁省创业教育实训基地为例，其作为省级创业教育基地，主要有创业教育功能，政策实验功能，理论研究功能，师资培训功能，学生实训功能和项目对接 7 个功能。辽宁省人民政府规定，该基地在符合要求的情况下有机会获得辽宁省大学生创业资金扶持，如税费减免，小额贷款、办理工商等手续时享有“绿色通道”以及全程化的创业指导、培训、实训以及咨询等服务。再如，徐州创业园作为国家大学生创业示范基地，是以中国矿业大学科技园为依托，积极引导和鼓励大学生在园区创业创新。为鼓励学生的创业行为，徐州市人民政府通过出台《关于鼓励和扶持大学生在徐州自主创业的意见》等，制定了减免税费、贷款贴息、设立创业基金等创新创业教育资金扶持政策。

（四）有利于强化创新创业教育的质量保障

创新创业教育是一项在较短时间内在各类高校中得到普遍开展的教育活动，紧缺的师资、有限的实践机会与较少的历史经验都将影响我国高校尤其是地方高校创新创业教育质量。同时，基础与条件不同的高校在所提供的创业教育课程与教学活动质量上，将会有极大的差别。一些重点高校拥有较好的经济学、工商管理学等学科的师资基础，与生产企业领域之间保持着较好的关系，可以提供较高质量的教学与课程，并保障较好的实践机会。但是对于一些本身在经济、工商、法律等领域缺乏传统师资的高校来说，勉强推出并实施的创新创业教育将难以保证相应的质量。

出于守住高校创新创业教育质量底线的需要，也出于保护接受创新创业教育大学生的权益，对各类高校的创新创业教育进行政府或者第三方的质量评估与保证将不可避免地成为政府主管部门面临的重要课题。与当前的本科教学质量评估、研究生教学质量评估等全国性的质量评估一样，对大学生的创业教育进行的质量保证与评估将成为首要解决的关键问题。政府主导型的高校创新创业教育模式有利于统一管理和评估，让高校的创新创业教育在质量保障上有较强的底线意识，同时政府依托质量评估等行政化手段实现对创新创业教育的质量把控。

四、政府主导型创新创业教育的不足与优化

（一）某种程度上抑制了创新创业教育主体的自主性

审视我国高校创新创业教育的实践，可以发现现有的教育发展理念与具体的实施路径都偏离了它的内生成长规律、自发演进的属性，更多采取了自上而下的、行政导向浓厚的做法。这一现象的逻辑失误在于将创业教育的主体—教师和学生，视为是被管理、被实施的对象，缺乏对教育主体的认识和尊重，教师和学生在教育实践过程中的话语权和参与度明显不足，在具体路径策略上则“强调纯粹的资源投入和基于数字化目标的量化考核”①，忽视了对创新创业文化基础的形塑。

（二）难以摆脱过度行政化的掣肘

相当一批数量的高校以一种“顶层设计—规划公布—基层执行—行政评价”的路径，以体现行政权威和单向度传导思维的方式实施着创业教育。体现在我国高校创新创业实践基地等创新创业园区的建设上，基本都是由政府投资、政府管理、政府监督，因此，创业园区内的入驻企业在很大程度上都是由政府主导，缺乏自主性、灵活性，其本质上是政府职能的延伸，他们更重视社

---

① 薛玉香，等. 我国大学创新创业园区发展路径探析——基于美国的经验与启示[J]. 教育发展研究，2017(03).

会效益，对经济效益并没有过多地强调。例如，入驻企业的管理者，为了得到政府的资助，不得不频繁地接见政府人员、经常性地做报告等，从而忽视了对经济利益的追求。

（三）可能性的优化策略

针对政府主导型创新创业教育模式的诸多问题，通过实施相对应的优化策略方能扭转和纠治该模式的一些问题。现简要将相关认识梳理如下：其一，明确政府在创新创业教育中的职责，厘定政府行为边界，既防止无为，更要避免乱为。其二，要进一步转变政府角色认知和行为模式，强化政府在创新创业教育中的服务型角色认知。其三，强化立法规范建设，一方面完善的法律法规政策能够为高校学生提供有力的法律保证；另一方面通过出台相关规定，简化相应的流程手续方便学生在有限的时间内开展创业活动，制定相应的减免税政策能够降低创业的成本，降低门槛可以保证更多的学生参与。其四，实施制度宽容主义，即通过政策性手段鼓励社会多元主体参与到创新创业教育中，形成多元共建、多方参与的创新创业教育格局，同时还要有激励机制和容错机制①。

第三节　高校主导型创新创业教育的运行模式

一、高校主导型创新创业教育模式的内涵

在“大众创业、万众创新”的时代背景下，高校作为高层次人才汇集的高地，应是“大众创业、万众创新”的引领者和策源地。高校主导型创新创业教育模式是指高校在创新创业教育方面最大化地发挥其在创新型人才培养、创新创业实践等各个方面的职能职责，并且从高校组织层面上积极变革，在学校发展的顶层设计上谋划创新创业教育，以创新创业为重心实现高校教学、科研和社会服务的全方位转型。

---

① 刘恩允. 治理理论视阈下的我国大学院系治理研究［M］. 北京：中国社会科学出版社，2017：236.

在党中央、国务院的高度重视和支持下，全国教育系统迅速掀起创新创业教育的热潮。统计数据显示，2016年国家级大学生创新创业训练计划项目立项33054项，投入项目经费总计约5.93亿元；举办的第二届中国“互联网+”大学生创新创业大赛，参赛高校2110所，占全国普通高校总数的81%，学生报名项目118804个，直接参与学生545808人，带动上百万高校学生投入创新创业活动。

高校主导型的创新创业教育模式与市场主导型、政府主导型的模式存有较为明显的区别，该模式更加注重高校作为创新创业实施主体的绝对能动性和发展自主性，更加强调高校自身的组织变革和战略转型。如浙江农林大学、浙江工业大学、吉首大学、临沂大学、福州大学等都在学校发展定位中体现出“创新”与“创业”的理念，并将其作为全校的战略发展方向，积极开展全方位的组织变革。我国第一个明确提出要进行创业型大学建设的福州大学，“通过研究和吸收创业型大学办学理念，结合国家、区域和本校实际，争取使学校建设东南强校的新阶段同海西区域经济社会发展产生更加紧密的关联度，对外提升三大功能对区域经济社会发展的贡献度；对内使办学理念、管理和运行体制跨上新台阶，‘面向海西建设，提升三大贡献，走区域特色创业型大学’的强校之路”①。福州大学“创建创业型大学是适应我国和福建省经济社会发展新要求的需要”，是为了服务于福建海峡西岸经济区建设的新形势。在实践上，福州大学“以48个国家级、省级科技创新平台为依托，以服务海西产业升级发展需要，在技术研发协作、科技成果转化、科技中介服务和科技资源共享等方面，加快推动海西企业技术创新和产业集群的形成；通过发展对海西建设具有重大带动、渗透和辐射作用的高新技术，为培育、壮大海西产业集群提供技术支撑”。所以，福州大学创业型大学建设主要关注产学研的合作，紧跟政府海西建设，通过加大技术转移加强大学服务区域经济发展的能力。

关于高校主导型的创新创业教育模式，有研究通过对高校创新创业教育模式尤其是我国高校创新创业教育运行模式进行了系统梳理后发现，目前高校创

---

① 陈霞玲.中国创业型大学建设的实践与分析[J].国家教育行政学院学报,2015(07).

新创业教育模式基本有三种模式。第一，与传统教学融合的高校主体运作型，即高校通过教学改革，开设创新创业类课程，培养学生的创新创业精神。第二，基于情景模拟的技能训练型，包括校内实训场所的模拟创业、“挑战杯”等各级创新创业大赛、企业仿真技能实训等。第三，基于微型企业创业的实战训练型。具体而言，高校和政府有着各自明确的分工，一方面高校提供创新创业场地等必要的物质保障，另一方面政府为相关创新创业主体提供必要的资金支持和政策保障。

二、高校主导型创新创业教育的现实依据

（一）高校培养创新型人才培养的使命

创新创业教育的落脚点是对人的创新精神和创业素养的培养，是高等教育人才培养的重大理念变革。高校作为以人才培养为根本使命的社会组织，需要依托创新创业教育这一模式深化教育教学改革，促进高等教育发展，切实提升人才培养质量。高校创新创业教育不仅仅是经济社会发展对高校的迫切要求，也是高等教育自身改革与发展的迫切要求。在坚持“立德树人”的导向下，通过科学修订人才培养方案，进一步明确创新创业教育的目标要求，夯实创新创业教育的课程体系建设。具体而言，高校要重点强化在课程教学、实践活动、第二课堂、线上线下等方面的系统化设计。在将创新创业元素切实植入本科人才培养计划和相关课程教学大纲的同时，深入挖掘和充实各类课程所蕴含的丰富创新创业元素。高校主导下的创新创业教育让高校从新的出发点来忖量提高人才培养质量的重大命题，在创新创业教育下得以克服对学生综合素质和能力、学生的就业创业竞争力等人才培养难题。另外，从人才培养目标观之，创新创业教育能够确保高校较好地实现“厚基础、宽口径、高素质、重创新、强能力”的通用人才培养目标。

（二）高校在创新体系中的重要战略地位

创新驱动发展战略对我国高校提出了新的要求，作为培育经济社会发展的专门人才的大学，如何跟上新形势、实现新目标，培育符合国家创新需要的创新型人才，是一个重要而又紧迫的时代命题。知识性社会的日趋深入发展，高

校从边缘到中心地位的回归，社会对人才的需求发生了根本性变化，高校亟须将所具有的学术资本转化为现实生产力，促进经济社会更好更快发展。这就要求高校必须通过实施创新创业教育加快培养创新创业型人才，切实实现高校作为经济社会发展“动力站”的作用。就大学生群体而言，理应在国家振兴和经济发展中担当重任，通过利用自身的学科专业优势，把所学的科学知识转化为现实科技成果。李克强总理在《政府工作报告》中提出要“充分释放全社会创业创新的潜能”“着力实施创新驱动发展战略”“提升高校教学水平和创新能力”，这也从国家层面上对高校创新创业教育提出了重要的战略要求和战略期待。高校创新创业教育也由此具有了非同寻常的重大战略意义。

与西方发达国家相比，我国创新创业教育起步较晚，尚未形成完备的创新创业教育结构体系。近年来，我国高校创新创业教育取得了积极进展，尤其是在教育部发布的诸如《关于大力推进高等学校创新创业教育和大学生自主创业工作的意见》《关于深化高等教育创新创业教育的实施意见》中指出在高等学校中大力推进创新创业教育，对提升高校在创新创业教育中的地位和作用发挥了重要作用。

（三）高校得天独厚的教育资源优势

高校被视为创新的引领者，而创新又恰恰是引领发展的第一动力，也是创新创业教育的核心价值导向。高校承担着培育国家拔尖创新人才的重大使命，这是我国高等教育发展必须承担的国家使命和时代重任。以创新为核心素养的拔尖创新人才到底从何而来，又该如何培养？高校通过实施创新创业教育无疑是在落实创新驱动发展战略下的一大重要举措。因此，新形势下，高校应切实提高创新创业教育的认识高度、整合校内外各类双创的资源力量、完善创新创业教育的体制机制，不断探索创新创业教育模式。

三、高校主导型创新创业教育模式的特征

（一）创新创业教育充分依托学科资源优势

高校具有得天独厚的学科资源，多学科的优势能够让高校在实施创新创业教育的过程中充分发挥学科的集聚和协同作用，打破学科界限，充分利用高校

学科专业资源进行创新创业教育的充分对接。高校中的学科组织能够在创新和创业的目标驱动下，形成自主自愿的结合与协同，在竞争中协同、在协同中竞争，真正激发创造性，释放和激发学术活力，形成协同创新的长效机制。

（二）以教学模式改革为创新创业教育的重要抓手

创业型大学研究有助于构建创新创业教育的优质平台。基于创业型大学的创业教育平台打破了传统的商学院模式，将这一平台扩展到整个大学体系中；创业型大学体系将大学置于市场主体的地位，这让创业教育得以在更为宏观的市场背景下展开，在这一背景下，企业、政府和大学都成为创业教育的重要平台，这改变了“仅就大学办教育”的尴尬局面，拓展了创业教育体系运作的资源基础和广度；创业型大学体系彰显了创业精神、创业素质和创业能力，改变了创业教育原本只注重创业意识传授的缺陷，这与广谱式创新创业教育是相符合的。

（三）注重创新创业教育与专业教育的有机融合

高校创新创业教育既独立成体系，又贯穿在专业教学体系中，与专业教育紧密结合，互为补充。创新创业教育的本质要求就是要以学生创新精神、创业意识与创业能力培养为根本旨归。高校实施创新创业教育中需始终关注如何将专业教育中涉及本学科专业领域的前沿知识同创新创业的培养相嫁接，让学生及时了解能够反映本学科专业的最前沿信息。同时，还要进行专业教育的延伸，让学生及时掌握反映与学科专业密切相关的行业、产业发展现状和最迫切的创新需求，让学生的专业学习因高校的创新创业教育而更具有实效。

建立在通识教育基础上的专业教育，是创新创业教育理论与实践的基础，即专业教育的基础知识与基本理论是学生创新精神、创业意识与创业能力生成的深层根基。强调创新创业教育与专业教育的充分融合，以创新创业作为重要因子融入专业教育之中，“走出创新创业教育脱离专业教育的误区，使大学生创新精神、创业意识与创业能力的获得根植于专业教育之中”①。创新创业教

① 杨晓倩.科学发展观视域下的高校创业教育课程建设研究[J].扬州教育学院学报，2012(11).

育与专业教育的有机结合不能忽略人才培养方案这一重要抓手。作为大学生专业学习的总纲领，人才培养方案凝聚着高校的教育思想和人才培养的目标，承担着专业培养的重要职能。因此，人才培养方案的建设也是从源头上把握创新创业教育发展脉络的重要保障。

唯有如此，高校的创新创业教育才不会出现“创新”与“创业”的断裂，避免创新创业教育与专业教育的脱节，更能够避免专业教育的游离，真正将创新创业教育寓于专业教育的人才培养方案之中。

（四）实现创新创业教育与人才培养高度统一

人的全面发展是国家现代化进程的重要组成部分，人力资本的提升能够为国家经济社会的发展提供坚实的智力支撑。创新创业教育具有浓厚的全人教育的色彩，其核心始终离不开培养大学生创新精神和创业能力的关照。高校唯有通过不断更新教育理念，着力于人才培养模式的改革，推动教育教学内容和方法的变革，秉承人才培养、科学研究、社会服务的一体化思维。在这个过程中，高校的创新创业教育需要实现一个转变，即实现从注重知识向更加重视能力和素质的转变，这也是高校提高人才培养质量的必由之路。高校通过依托创新创业教育，增强大学生的社会责任感、理想信念和服务意识，在国家现代化征程中树立创事立业，将勇于探索的创新精神转化为解决问题的实践能力。因此，高校大力推进创新创业教育，无论对于经济社会发展，还是对于高等教育发展，或者人的全面发展，都具有重大且深远的意义。

总之，创新创业教育需要重新审视知识在教育中的地位和价值，忖度如何卓有成效地面对多元创新需求，在推进创新创业教育中敏锐把握知识生产模式的转化，在产业需求、人才培养、科学研究、学科发展所形成的矩阵结构中找到自身最佳支撑点和平衡点。具体而言，一方面高校要依托国家和区域产业发展需求有针对性地培养学生的创新意识，另一方面要着力推进创新创业教育体系建设，推动教育教学由“知识传授型”为主向“知识创新型”为主转变，实行课堂教学与创业实践训练的无缝对接，在应对和满足外部需求中提升学生的创新精神和创业能力。

四、高校主导型创新创业教育的不足及优化

（一）高校主导型创新创业教育模式的现实问题

一是创新与创业缺乏高效统筹。高校主导型的创新创业教育极易走向对创新的追捧或对创业的偏执之中。一方面，有的高校在实施创新创业教育中走向了创新端，让创新创业教育变得虚无化。从创新和创业的关系来看，创新是创业的前提；创业是创新的体现。另一方面，有的高校创新创业教育走向了创业端，窄化了创新创业教育的应有之意。有学者提出，创新创业教育的价值，不是“企业家速成教育”，使在校学生成为大大小小的老板；创新创业教育的成果，也不是大大小小的“学生创业公司”，而是要为学生注入创新创业的基因，埋下创新创业的种子。

二是创新创业教育同专业教育的割裂。高校主导型的创新创业教育应努力规避的问题是将创新创业教育窄化为创新教育、创业教育。高校主导型的创新创业教育要有机统合创新、创业和教育的三个要素，防止三要素的割裂和走向单一化。在创新创业教育过程中，成果评价也存在一定的争议，大学生科技作品作为一些学校对创新创业教育成果的表现形式，也不尽全面。“学科课程”的主导模式，没有或较少采用“活动课程”适用于创新创业教育经验和行动。教师按照书本、课堂和讲授的方式，注重知识传授，较少采用情境教学的方式。学生缺乏自主性，只知道是什么，但不知道为什么，如在变化较多的创业实际中，起初的应变能力不高。课内外、校内外、社区和产业界之间的相互联系有待提高。由于创新创业教育的成果多为隐性化且具有延时性，也给教育评价增添了难度。从国内高校创新创业教育的课程实施情况来看，即使在已经开办创业教育课程的一些国内高水平大学中，其创新创业教育课程也不规范，缺乏系统的教育规划，导致学生创业能力不足、创新意识匮乏，创业观念的培育也存在着很大缺陷。虽然学校的创新创业教育已经从竞赛、学生社团和实践活动，升级到有固定的场所活动，不断优化管理和教学组织，但仍属于创新创业教育的初级阶段，尚无整合的创新创业教育系列课程，只有引导性课程和学生自主的项目。

三是创新创业教育师资力量整体薄弱。开展创新创业教育，教师是关键。高校创业教育是一个系统性工程，从专业的创业教育教师到科学的创业教育体系，再到先进的教学内容，都是创业教育体系中必不可少的。由于创新创业教育在我国高校的发展尚未达到非常成熟的状态，我国高校无论是对创新创业教育的理念认知，还是高校创新创业教育中的师资队伍建设、课程资源建设等实践层面都还需要不断地探索。如从专职教师群体看，经过创业教育培训的兼职教师基本都是经管学部内教学经验丰富的教师，尚未有经过系统和深入学习的创新创业类专业的教师，并且有创业经验的教师较少。学校也在大力引进此方面的人才，但国内创新创业教育的师资数量和质量相对匮乏。以天津大学为例，该校开展了工程师培养计划，2011—2016 年天津大学的创新创业立项共有 1500 多项，参与的学生有 6600 多人，天津大学 60% 的本科生都有机会在二年级开始参与老师实验室里的科研项目。

四是创新创业教育的资金相对匮乏。高校创新创业教育需要一定的资金保障和项目支撑，而这也恰恰是国内高校开展创新创业教育过程中的一大障碍性因素。虽然近年来我国政府和高校对创新创业教育的支持力度有了大幅增加，但不可否认的是还有很多不足之处。比如高校在进行创新创业教育实践性课程的开展方面往往面临着较大的资金缺口，这使得高校的创新创业教育难以构建完整的创新创业体系。加之观念的滞后，在实施过程中往往将大部分的资金用于支持学生创业活动的开展，从而摊薄了对基础教育设施的资金投入，继而导致大学生创新创业热情有所削减，使得高校的创新创业教育的开展受阻。

（二）高校主导型创新创业教育模式的优化

1. 健全高校创新创业教育的体系，防止过度的“平台建设型”思维。必须从现有的高等教育体系入手培养学生的创新能力，但首先要经过相应的改革与调整。改革要通过两种途径：一是整改、完善现有的大学课程；二是自上而下系统地调整校园文化、创新创业环境及思考问题的固有模式。具体而言，深化创新创业教育，最重要的就是要坚持问题导向。当前，我国大学生创新创业教育与国外发达国家相比，主要差距是尚未形成完备的创新创业教育结构体系。解决这一问题，重点是要健全创新创业教学体系、创新创业实践体系、创新创业训练体系、创新创业指导体系。此外，要注重加强创新创业教育过程中的体验，学校要鼓励在校生积极参加课外实习，搭建校企合作平台，为学生实习提供更多机会。在学校内部可以积极建立创客空间，让学生可以通过多种途径积累工作经验。比如，美国普渡大学近年来筹建的“工程项目为社区服务”便是一个典型的体验式学习项目，参与该项目的学生需要调动自己的创造创新能力，为社区里的残疾人或者行动不便人群设计个性化的辅助仪器，并帮助他们适应新仪器，从而提高他们的自理能力。学生在体验式学习过程中，还提高了自身发现问题、解决问题、与人交流等多方面的能力。该校杜塔校长表示，学校领导一定要极力支持此类项目，由上而下地为学生营造一个创新的学习氛围，同时还要加强对学生的挫折教育，教导他们勇敢面对失败。

2. 全方位加强符合双创要求的师资队伍建设。高校创新创业教育师资队伍是高校创业教育发展的重要动力，作为高校创业教育的一线教师，其自身的专业素养对创业教育的开展有很大影响。高校必须加大对创业教育师资队伍建设投资。

具体而言，首先要做大做强校内教师队伍。注重发挥学术带头人的作用，强化创新创业教育学术带头人的培养，确保高校创新创业教育的理论引领和实践提升，为高校创新创业教育科学深入地开展提供基本保障。其次是提升高校实验教学队伍建设，重视高水平实验教学在引领学生创新性思考方面的独特作用，通过出台专门政策鼓励高水平教师参与到实验教学和学生创新创业实践中来。再次是加强兼职师资队伍建设。通过灵活的师资聘用机制盘活整合一批具有丰富经验的校外师资，尤其是注重聘任与学科专业发展息息相关的行业优秀师资。深入挖掘学校优秀的校友资源，聘为创新创业导师、科技产业孵化方面的导师等。总之，高校要善于打通校内和校外的藩篱，将校内外教师资源进行有机结合，确保学生创新创业教育具有充沛的优秀师资。

3. 重视中心的多元创新创业教育合作。高校的创新创业教育合作的多元化发展可以从以下诸多方面发力：一是持续拓展高校众创空间。注重打造能够与本土经济社会发展和产业规划相契合的中冲平台，使高校的创新创业教育与地方的经济发展高度融通。二是凝聚高校自身双创平台的优势，将高校的学科发展特色和优势集中到众创空间的打造之中，积极探索依托高校创业平台的特点以及优势来开展适合高校自身特色的创新创业教育。三是高校众创空间要重视横向联合，充分发挥地方创新企业、本土科研机构等多方社会力量，以合作共赢的理念搭建起互惠互益的创新创业教育平台。高校众创空间在明确优势和特点，清楚不足与短板的基础上实现共同发展。此外，高校还可以创新思维方式，如高校在实施创新创业教育中应释放理事会在创新创业教育中的作用，加强地方政府与高校共建的创业型大学等。

4. 持续培育校园创新创业教育文化。在创新和创业文化氛围营造方面，高校还有很多工作需要做。其一，地方高校要注重培育“尚新求变”的创新精神。创新创业教育最终的“输出产品”人才应具有如此的特质，即除了专业背景的差别之外，还应当拥有极具鲜明的共同点：学校的创新精神深深内化于每一个学生的灵魂深处，成为师生共有的文化基因。从制度文化建设方面，在高校运行的方方面面创设鼓励创新、尊重差异、勇于求新等制度生态。在行为文化建设方面，在关涉人才培养成效的各个环节培养学生创新精神与创业能力，并激发教师和学生的创新活力和创业激情，广泛组织创新创业教育和实践活动。比如，大学可以依托学校特色，精心组织竞赛、展览、沙龙、社团等各种形式的创新创业活动，邀请创新型企业的管理者参与学校举办的各级各类活动，通过活动的设计营造高校浓郁的创新创业氛围。其二，地方高校要注重培育“经世致用”的创业文化。① 地方高校要在专业设置、培养方式等多方面有意识地聚焦学生创业能力的培养，如在专业设置上打破传统的院系藩篱，打破因专业界限带来的区隔，以此来激发学生个体内在的创业精神和创业特质，真正实现“不顾及现有资源限制追逐机会的精神”②。如上海理工大学与上海市创造学会建立的合作关系，通过安排专家开展“四创”讲座，定期开展“尚理”校友论坛、励志讲坛以及“尚理”大讲堂等系列讲座活动，开展创新创业人才素质评估方面的实践等一系列扎实有效的主题活动，努力打造符合学校特色的鲜明的创新创业校园文化。天津大学精心设计和组织开展科普节、机器人大赛、北洋创新创业

---

① 李喆. 地方高校建设创新创业型大学的路径探索[J]. 临沂大学学报,2018(5).

② 毕德全. J高职院大学生创业能力提升策略研究[D]. 江苏大学,2013.

讲坛等活动，激发学生创意，构建覆盖创新全链条各环节的人才培养模式；按照兴趣导向、学科交叉、探索未知、校企合作的模式，建设黎明创新实验室和39个院级学生创新实验室，开放实验教学示范中心、虚拟仿真实验中心、学院创新实验室等科技创新资源，鼓励本科生参与研究；打造“理论教学—竞赛模拟—创业苗圃—创业基地”四级培养体系，举办首届“未来30年”创新创想大赛，广泛发动和组织学生参与“互联网+”“挑战杯”“创青春”等创新创业赛事，修订《天津大学创业者典范》，开展创业沙龙等多种形式的培训交流活动，营造引导学生积极投身创新创业的良好氛围。

除此之外，地方高校应强化内部成员对于创业价值认知的一致性，通过一系列内隐方式宣传创业态度，以达到师生群体对于创业的高度认可，最终将创新创业内化为师生共同体的价值共识和行为自觉。

第四节　多元治理型创新创业教育的运行模式

一、多元治理型创新创业教育的内涵分析

“治理”一词最早来源于经济领域。随着治理理论和实践从企业向非营利性部门和公共机构领域的深入发展，治理逐渐成为一个席卷全球政府改革、公共组织变革、私人部门管理等领域的热点问题。1995年，全球治理委员会正式将治理定义为“个人或组织、公共部门或私有部门管理其一般事务的多种方式的总和，它是一个使得冲突和多元利益得到妥协并采取合作行为的持续过程”。2000年以来，治理研究和实践进一步深化，“治理”逐渐成为影响一个组织或一个国家、一个社会群体如何运用权威或权力维持秩序，引导、控制和规范公民活动，增进公共利益的新思维，“不仅反映了任何国家都不具有独立解决社会问题的能力，揭示了任何组织不能单靠行政手段解决所有问题的局限性，而且强调了应建立必要的制度以保证社会或组织应有的秩序和公正”。多元治理型创新创业教育模式基本可以理解为高校在实施创新创业教育中以治理为行为规约，通过高校、政府、产业等多方力量有效参与，实现高校在创新创

业教育中的多元价值追求。

多元治理型的创新创业教育最早从亨利·埃茨科威兹的“高校—产业—政府”的“三螺旋”理论得到若干启示。多元治理型的创新创业教育模式大致可以从三个方面进行有效解读：第一，确立了市场（产业）在该模式中的应然地位，能够切实按照使市场在资源配置中起决定性作用的要求，进一步释放政府对高等教育的管理权力，加大政府对高校的直接“分权”。第二，该模式旨在有效突破高校对政府的依赖、依附的基础上，重构高校与产业、政府的关系，形成官产学研紧密结合的伙伴关系发展格局，使高校的创新创业型发展得到政府、产（企）业的大力支持，从而形成良好的发展外围。第三，“拆除了大学校园的围墙”，搭建若干“三螺旋”平台，如大学科技园、企业孵化器等，使高校的创业型发展有适宜可靠的载体。另外，还需要社会形成支持高校创业型发展的舆论氛围和社会环境。该模式通过多方主体的有力均衡达到彼此目标诉求的相对满足，有效缓解高校为创业而创业的压力。

二、多元治理型创新创业教育模式的特征

（一）具有鲜明的开放性特征

从实践观之，任何一个单方主体都很难以完全胜任创新创业教育的要求，多元治理能够确保创新创业教育的所需资源在开放性的系统之中得以整合。以往高校作为专业的知识生产和科技创新的专门机构，可以与社会生产保持一定程度的疏离，那么在创新创业的时代背景下正在改变这一状态。创新创业教育需要高校从边缘走进社会中心，逐渐从封闭状态走向开放状态，并与其他社会主体密切开展合作。大学的创新创业教育也唯独在开放的系统中、在与外界的紧密结合中才能产生事半功倍的效果。坚持以学校为主体，通过市场化机制、专业化服务、资本化途径构建低成本、便利化、全要素、开放式的学生创新创业服务平台。如天津大学近年来每年划拨专项资金支持创新创业教育，与企业、政府联合设立创新创业基金，发起设立众创空间种子基金，支持种子阶段创业项目；联合政府、社会团体、各地孵化器、校友企业、兄弟高校建设15个创新创业实践基地，成立天津大学创新创业服务联盟、北洋创业俱乐部、学

生创业协会，为学生创业团队提供全过程、全方位的指导和服务。

（二）具有强烈的实践性特征

美国普渡大学副校长迪巴·杜塔曾经抛出这样的疑问：创业教育到底应该如何做？当第一波美国高校创业大潮首度掀起，杜塔校长负责一个全新项目的筹备：将工科与商科结合，把在校的科研人才培养成商人。新项目进展得较为顺利，杜塔校长发现通过给工程学院学生教授商学院知识，学生的确掌握了如何将研发的新产品投入市场。但是他同时发现高校创业教育存在一个重大的疏漏——只关注创业却忽略了创新。创新是创业的基础，没有创新何来创业？这两者之间的关系密不可分。用杜塔校长的话解释，创新是创造新的价值，创业则是实现这个价值。不幸的是，高校现有的创业教育几乎都在教授学生创业，比如学些商业理论、客户心理或者销售技巧，而创新教育却是盲区，没有“如何创新 101”这样的课程存在。如若没有创新的基础，创业的发展必然难以为继。

创新创业教育不仅仅是知识的传授和教学内容的更新，更是学习者通过情境性学习和实践活动提高综合素质和能力。① 创新创业能力培养是大学创新创业教育的中心环节，更是创新创业成功的重要因素。从专业的创新创业知识，到创新性思考、独立判断、团队合作，乃至持续学习思考等能力，都需要在具体的创新创业实践活动中得以提升。

（三）具有显著的社会性特征

创新创业教育与传统教育的样态有着非常大的区别，传统教师所涉及的诸要素如师资、媒介（课程、实验材料、场所）基本可以在高校内部实现，创新创业教育则很难指望高校自身的资源整合来完成。从师资方面看，绝大多数高校都缺乏既具有创业知识，又可以从事创业研究和教育的师资。这就意味着高校创新创业教育的实施需要借助外力，大力依托具有成功创业经历的实业家、高级管理人才、风险投资家等业界人士来弥补师资短板问题。此外，创新创业教育需要科技孵化、资金运作等条件支撑，而这些已远非高校本身所能实

① 董世洪，等. 社会参与：构建开放式的大学创新创业教育模式[J]. 中国高教研究，2010(01).

现的。高校需要走出象牙塔，走向社会，寻求在科技应用“最后一公里”上的突破。

社会性特征还集中体现在另外一点，那就是与其他领域的同事合作时学到另一领域的新知识，这些更能激发他们的创造力和想象力。“环境”是创新者技能与阅历的培育土壤，开放型办公室更利于同事间交流沟通，他们时常在讨论中擦出创意的火花。高校的实验室、创客空间或者创业中心皆可以借鉴企业中开放空间的做法，避免将学生封锁在独立的空间中。调查发现，创新者极为看重所处环境的价值，他们认为创业环境对个人创新的影响等同于儿童成长环境对其成才的影响，甚至可以说环境直接决定着创新的成败。因此，大学创新创业教育需要走出高校的象牙塔，从封闭运作的学校教育模式转向开放的多方参与的合作教育模式。如美国大学的创新创业教育已纳入国民教育体系之中，依靠“民、官、学”等多方力量，建立起政府、民间组织（包括企业）、教育机构等多层次联动的创新创业教育支持体系。

三、多元治理型创新创业教育的优势

（一）破解创新创业教育的资金难题

创业资金短缺被公认为是大学生创新创业道路上的一只“拦路虎”。解决资金难题，高校难以“一枝独秀”，需要政府、学校、企业、社会“四位一体”共同筹措。多方力量的参与能够有效破解创新创业教育的资金难题。包括可以通过各项软硬资源的导入减轻资金支付的压力，又可以通过协作共建赢得社会各界的资金支持；可以通过设立创新创业专项基金、专项奖学金、项目扶持基金，引入共建资金等。还比如财政部、教育部等部门通过设立大学生创新创业教育专项资金，对创新创业教育作出贡献的单位实施奖励。人力资源和社会保障部等部门简化大学生创业程序，提供创新创业方面的专项贷款，帮助大学生更便捷地享受创业税收等相关优惠政策等。学校可与地方政府共建优质创业孵化器，与地方组织部门共建大学生村官创业实践基地，与地方人社部门共建就业创业工作站，与优秀创新创业企业共建研究生科技创新工作站和科技创业协作联合体，等等。

（二）有利于构建创新创业教育的合作互助机制

创新创业教育涉及面较广，往往非一方力量所能胜任，一方面需要高校在推进创新创业教育时秉承社会需求导向，而不能忽视社会需求进行闭门造车，另一方面高校需要打造立体化、多层面的创新创业教育体系，实现政府、高校、企业三方的通力合作，规避“学校热，企业冷”和“学校热，政府冷”的创新创业教育困境。

在合作互助机制方面，最典型的优势乃是该模式有利于优化师资资源配置和创新创业实践平台配置。从目前我国高校的师资队伍来看，能够提供富有成效的创新创业教育课程的师资，基本上来自经济、工商管理等跟创新创业直接相关领域的教师。而且，在整体上，与高校旺盛的创新创业教育发展需求相对比，创新创业教育师资缺口依然巨大，远不能满足教学任务的需求。同时，创新创业教育不同于传统高校的学术型教育，大学生最终创业能力的形成与素质的提高不可能在书本与理论上得到实现①。从目前我国高校创新创业教育的实践平台来看，对于我国的绝大多数高校来说，在较长时间内依靠自身的力量无法实现为大学生提供符合质量标准的创业实践基地的条件。然而，创新创业教育与职业教育对实践基地的强调与重视类似，需要为学生提供必要的创新创业实践的基地与平台。这就需要高校尤其是地方高校向政府的相关部门呼吁不断强化在此方面的政策扶持力度，另一方面也需要企业充分利用得天独厚的实践平台优势，在多元治理的行动框架下最大化地满足学生创新创业实践的需要。

（三）有效统筹创新与创业两大要素，防止创新与创业的脱节

创新创业教育的重点在于通过创新和创业实现教育的根本目的，创新和创业堪称创新创业教育的两翼。同样地，创新与创业彼此之间也有一个主次之分。跟创业相比，创新则表现得更为根本，前者为“里”，后者为“表”。因此，创新创业教育既不等同于创新教育或者是创业教育，亦非二者的简单叠加，而是在理念和内容上都实现了对创新教育和创业教育的超越。亦即创新创业教育是一种全新的教育理念，是以“培养学生首创精神和创业意识、创业

① 王慧.新形势下我国高校创业教育的现状与对策研究[D].内蒙古农业大学,2012.

能力”为基本价值导向的全面教育理念。在这一理念指导下，创新创业教育的实践也呈现出非同寻常的特征，如注重学生的实践性探索，注重实践性课程的开设，真正将“创新创业视为一种行为上的创新，而不是停留在观念与思维上，创业是创新的行动化和体现形式”。①

四、善治视角下多元治理的理想模式建构

作为一项系统工程，创新创业教育需要高校、政府和社会等多方力量的共同参与。高校的创新创业教育应秉承协同式思维，把高校创新创业教育同经济社会发展以及区域、国家创新发展战略紧密融合在一起，充分发挥大学在经济社会发展中服务支撑和引领作用。国务院在《关于深化高等学校创新创业教育改革的实施意见》中也曾专门提出高校的创新创业教育要“坚持协同推进，汇聚培养合力”的协作模式，注重集聚优势的创新创业教育资源和要素，形成全社会关心支持创新创业教育和学生创新创业的良好生态环境，构建起“统一领导、齐抓共管、开放合作、全员参与”的创新创业教育新思路，调动一切积极因素助力高校创业教育向前推进。

创新创业教育是提高大学生社会适应和持续发展能力的必由之路，需要高校与社会协同创建互惠互利、资源共享、优势互补的机制，共同营造有利于创新创业人才培养的良好环境。更需要教育工作者进一步转变教育观念，不断加强教学内容和教学方法的改革，打破学科壁垒，实现课程内在的融通及立体化教学，将创新创业教育与专业教育深度融合，强化创新创业的实践训练，为大学生提供优良的创新创业发展空间，推进学生知识、能力和素质全面协调发展。

（一）依托高校创新创业园区

依托高校创新创业园区，为创新创业教育的多元治理模式提供了极大的便利和现实基础。创业园的建立、管理和运营是一项系统性工程，包括项目计划的制定、政策咨询的采纳、信息提供的渠道、风险投资和风险控制等诸多方面。这意味着这些工作的展开和完成需要创业园的管理者们拥有完备的知识储

① 刘伟.高校创新创业教育人才培养体系构建的思考[J].教育科学,2011(09).

备、丰富的市场运营经验，还要富有创新精神和创新能力，此外还需要有一个完善的内部工作机制。而我国高校创新创业园自上而下以行政为导向的发展路径决定了其管理者的局限性，他们由政府或者高校行政人员委派，缺乏市场运营经验，有的创业园仅是拥有理论知识的教师代为管理，不能从实践上保证创业园的良性运作；有的创业园则是由学生自主管理，缺乏必要的统筹、协调能力，无法将创业园的资源与社会上的资源有效统筹整合运用。凡此种种，导致创业园处于封闭的状态，对社会的需求知之甚少，缺乏开放共享的机制体制。

从国际经验来看，美国的研究型大学普遍重视创新创业园区的发展，以便在实践层面上与高科技产业部门、州及地方政府之间形成以技术转移和合作为关联的创新联盟。在大部分情况下，推动区域经济发展是大学创新创业园区形成的一个主要理由。美国的大学创新创业园区是支撑知识经济发展的一个组成部分。除了为区域创新系统内部提供各种物质保障外，更重要的是强化了研究型大学与产业部门之间的互动，而这也必将有助于大学将原创知识迁移到新的技术创新领域。同时，也可以为不同领域的人们提供一个在特定区域内合作的环境，通过分享科研设施、建立交流平台与合作网络来引发更多的创新思维。

（二）明晰多元主体责任

明晰多元主体责任，构建政府、高校、企业良性互动开放式发展的创新创业治理机制。多元治理模式下的创新创业教育应实现“三位一体”的治理格局。所谓“三位一体”，即政府、高校、企业组成高校创新创业教育策划、实施、检验的共同体，通过创新创业集中管理，统筹校内外资源，建立起政府—高校—企业良性互动的创新创业教育治理机制，从而有效地开发和整合社会各类创业资源，可以极大地促进创新创业教育的发展。政府从政策制定、决策建议、平台搭建等方面，扮演创新创业教育的监督者和推动者角色。企业作为市场经济主体，掌握最前沿的实践经验和市场信息，是高校创新创业教育的引导者和接受者。高校是创新创业教育的主战场，是创新创业教育的核心和主角，应从师资配置、院系调整、部门职责、意识培养等方面着手。具体而言：

第一，政府在创新创业教育中扮演保障者角色。政府作为公共政策的制定者和推动者，在公共事务管理中发挥着重大作用。目前，由于我国创新创业教育仍有很多不足之处，而且起步较晚，政府需要发挥在创新创业教育引领方面的“主导者”作用。如政府要善于通过政策创新引领将创新创业教育纳入区域乃至国家产业发展的整体战略之中，并且在政策扶持、资金支持、保障体系方面提供大力的支持。

第二，高校在创新创业教育中扮演实施者角色。高校要加强与不同利益相关者之间的合作，对政府、社会、企业、创业师资、创业课程、创业项目组织和中心、孵化园等与创业教育相关的所有资源进行整合，同时要注重其他利益主体的需求满足。

第三，企业在创新创业教育中扮演赞助者和平台提供者角色。企业能够补全高校创新创业教育所面临的资金短板，发挥强有力的资本保障优势。此外，企业还应在双创实践平台建设、校外优秀师资保障以及创新创业项目孵化等方面提供高质量的保障，在创新创业教育中发挥不可替代的独特作用。

（三）细化课程分类

细化课程分类，形成功能多元、结构优化的创新创业教育课程体系。多元治理模式下的创新创业教育课程体系呈现出更加多元繁杂的样态，课程体系更加多元，涵盖的类型更加全面。以美国高校创新创业教育课程体系为例，由于其更加注重企业界的力量，其课程体系中就包含了创业能力素质类、创业精神意识类、创业实务操作类、创业管理知识类四大类。就创新精神类而言，包括创新精神培育、创新意识激发、创造性开发、机会评估等。创业管理知识类，包括电子商务、市场营销、合同交易、税务制度、资本市场以及供应链管理等诸多方面的管理类内容。创业实务操作类，包括创业团队的组建、商业机会的选择、商业计划书的制定、风险管理等实务类内容。创业能力素质类，包括管理沟通、产品开发、战略预判以及市场信息搜集与处理等。

多元治理下的创新创业教育模式恰恰需要通过创新创业教育师资的多样化来有效弥合当前创新创业教育存在的课程体系不够完善、师资力量薄弱且单一、教育目标偏位等问题。多元治理模式强调创新创业教育中的多方力量的参与与有效补充，能够灵活采用“走出去”和“引进来”相结合的模式，一方面选派部分教师参与创业实践、提高创新创业的实践水平，同时灵活吸纳社会中的优质师资资源，通过多种形式的联合形成高校、政府、社会、企业的多方互动机制。

当然，以“善治”为目标的高校创新创业教育要走上良性发展的道路，需要从以下几个方面入手：政府层面，各个相关部门做好协调工作，统一制定政策；加强政策的制定论证和执行监管，促进政策落实。学校层面，将创新创业教育与专业教育深度融合，实行“专业 + 创业”的人才培养模式；将创新创业教育纳入专业教师的绩效评价，鼓励专业教师参与创新创业教育；加强学科交叉，促进跨学科的团队合作；开展校际合作，搭建交流平台，实现资源的互利共享；合理安排创新创业课程时间，让它惠及更多的学生。学生层面，积极与老师同学沟通交流，以正确的态度看待创新创业教育；积极参与创新创业社会实践，增进理解，积累实践经验。

纵观未来高校创新创业教育的发展趋势，可以预测在今后十几年，我国高校的创新创业教育将会在招生规模与师资力量上得到较大的提升，但是在短时间内还是较难形成与社会经济发展相适应的教育体系，高校、政府与企业机构仍将在摸索与试验中共同构筑具有中国特色的高校创新创业教育模式，但是高校创新创业教育的多元治理模式无论是在理念认知、模式推进和多方投入、配套条件等方面都谈不上成熟和乐观，这一模式仍处于理想主义的想象之中，未来的发展仍将任重而道远。

第四章
高校创新创业教育成功经验的萃取与提炼

进入 21 世纪，国外创业型高校的成功经验开始逐步引起国内学者的关注，我国相关的研究出现在 2005 年以后，但将其真正落实到办学层面则在 2012 年以后。李克强总理于 2014 年 9 月首次提出“大众创业、万众创新”。自此，创新创业日益引起各界的重视，创新创业活动也成为创新驱动发展、经济增长方式转变等的重要动力，而创新创业教育及实践也成为高等教育改革、高校人才培养的关键。2015 年 5 月，国务院《关于深化高等学校创新创业教育改革的实施意见》再次明确了“创新创业教育普及性”的要求，并确定了其总体目标：“2015 年全面深化高校创新创业教育改革，2017 年取得重要进展，到 2020 年建立健全课堂教学、自主学习、结合实践、指导帮扶、文化引领融为一体的高校创新创业教育体系。”

基于国家的政策引导，高校通过改革示范、大赛与培育孵化、产学研合作等逐步推动创新创业教育。教育部自 2016 年开始举办“互联网 +”创新创业大赛，为高校大学生搭建了双创实践平台，极大地激活了大学生的创新创业热情，并对接产学研资源；2016 年 12 月，为贯彻落实《国务院办公厅关于深化高等学校创新创业教育改革的实施意见》（国办发〔2015〕36 号）精神，“教育部认定北京大学等 99 所高校为‘全国首批深化创新创业教育改革示范高校’”。2017 年 7 月，教育部认定“中国人民大学等 101 所高校为第二批深化创新创业教育改革示范高校”，同月，教育部公布了首批 50 所“全国创新创业典型经验高校”名单，并于 9 月在陕西西安召开 2017 年度全国创新创业典型经验高校座谈会。

随着政府、高校、企业的多方参与和共同努力，我国的高校创新创业教育改革持续推进，创新创业体系及其平台日益完善，创新创业理念与创新创业热情得到了很大的提升①。基于院校层次分类的不同，结合创新创业教育的运行模式，选取有代表性的院校创新创业教育经验进行梳理分析，以期为各高校的创新创业教育的发展提供参考与借鉴。

第一节　重点院校的创新创业教育经验

重点院校的创新创业教育主要是依托高水平的研究，能对国家利益和国家目标做出最敏锐的反应；利用自己的知识创新成果，开展知识转移和学术创业，以创办高新技术企业为典型，加速原创性科技成果转化、孵化，催生、兴办新的产业，承担着促进经济发展和提升国家竞争力的重任；致力于培养有创造性的学术英才和技术创新高手②。这一类院校也被称为“引领式”大学。

一、人才培养模式

人才培养方面坚持国家“立德树人”的基本导向，通过开展人才培养观

---

① 刘颖琦，等. 中国高校创新创业教育理念与实践的创新——以北京交通大学为例[J]. 现代教育技术，2017(10).

② 陈汉聪，等. 发展中的创业型大学：国际视野与实施策略[J]. 比较教育研究，2011(01).

念主题大讨论，来明确创新创业的教育目标，以期完善创新创业教育的课程体系。不断嫁接人才培养与社会需求，促进高校与高校，高校与政府、社会间的协同，推进不同学科专业间的协同，以建立结构完整、多方合作、交叉培养的新体制。

（一）课程体系

培养创新创业型人才，提升大学生创新创业实践活动能力，须建立与之相匹配的课程体系。而加强课程体系建设，亦是创新创业教育亟待解决的关键问题。要在注重大学生专业理论知识的基础上，增加实践能力提升方面的授课，配套设置大学生就业与创业指导方面的课程，实现大学生创新创业实践教育和专业理论知识相互融合与补充。积极聘请有实战经验的优秀创业成功人士，特别是一些优秀校友，可对学生创新创业实践教育提供示范。同时要大力开展与企业的产教合作，使学生有机会至企业和工厂中进行实练。

在开发大学生创新创业课程时，要积极采用经典案例、模拟演练、专题讨论等教学模式，倡导启发式、探究式、讨论式、参与式等方法，突出学生学习的主体，启迪学生的创新精神与想象思维。可通过多院校联合举办的大学生创新创业计划大赛、MBA 或 EMBA 研修班以及社会创新创业教育培训机构等单位收集经典案例素材，既要注重创新创业的成功案例，也要有创新创业的失败案例，以供大学生创新创业借鉴、参考，以达到更好的教学效果。

针对大学学习阶段的特点，形成覆盖通识教育、创新创业管理式课程、创新创业管理的学位培养等多层次的创新创业课程教育体系。一方面，学校向全校学生开放通识教育，培养基本常识；另一方面，学校开发“创新与创业管理”等优质课程。将课程设置中的实践学分提高，凸显实践教学在实践育人中的重要性，将创新创业教育纳入课程教育体系，并设定学分。

创新创业教育体系主要由学校教务处为主导的通识教育和各学院各学科为主导的专业教育两大方面组成。主要开设的通识教育选修课核心课程有：“大学生职业生涯发展与规划”“创业与管理咨询实践”“创业管理”“创业训练营”“综合能力提升计划”“职前网络课堂”等。同时，在专业培养方案中，将创新创业教育融入专业教育。在人才培养目标和学生毕业要求中体现创新创业能力，要求各专业在课程体系中至少设置1门与专业结合的创新创业教育必修课程、1个创新创业实践实训环节，每个学生在通识选修课中至少选修1门创新创业类课程。面向全校大三、大四学生开设“创业课程模块”，以培养学生的创业意识和创业能力。完善学籍管理和学分认定政策，学生修读“创业管理模块”课程、参与创业实践活动，经考核合格，可以替代本专业相关课程学分①。

（二）教学改革

推进教学改革，丰富创业型人才培养模式。开办创业管理专业，开设创业教育辅修双学位试点班，探索“专业 + 创业”培养模式，采取小班化、项目制、导师制、小学期制教学方式，建立全新课程体系，联合企业专家和创业成功人士共同组织各教学环节，着力培养创业型专业人才②。

贯彻人才培养模式还应建立健全教学中各项规章制度，实现开放式的实验教学。试点学院实施开放式教学新模式，将必修与选修相结合，课堂教学与课外的科技创新活动相联系，其中的开放式主要针对基础实验、综合实验及设计研究性实验开放，而“开放”主要是指“教学内容开放、实验室开放及教学设备的开放”。为了验证实验教学的效果，学院积极鼓励学生将实验课堂教学延伸到课外活动中，使有兴趣、有能力的学生通过业余时间继续探究，引导其以第二课堂、科学探究小组形式对其感兴趣的内容深入探究，以培养学生的创新能力。此外，为确保开放型实验教学模式的高效运行，学院将出台实验室开放的相关规章制度，将实验室的开放管理纳入实验中心人员的岗位职责范围，设有专人负责监督和审查管理制度，学生进入实验室需提前预约，实验完毕学生须做好相应记录。

（三）师资队伍

目前多数高校教师理论水平较强，但实践指导能力有限，无法为大学生创

---

① 余润兰.创新创业教育与大学科类专业教育融合课程的构建与实践——以“现代生物技术前沿与创新创业课程”为例[J].创新与创业教育,2017(12).

② 余润兰.创新创业教育与大学科类专业教育融合课程的构建与实践——以“现代生物技术前沿与创新创业课程”为例[J].创新与创业教育,2017(12).

新创业型人才提供有力的指导，急需加强创新创业方面的师资队伍建设。高校可通过创新创业师资队伍培训、鼓励教师多组织学生到企业调研实践、积极承担企业委托的横向项目、联合开展课题攻关等方式，提升教师的实践教学能力。学校要积极培养、引进或聘用具有丰富创新创业实践经验的专业人才作为兼职教师，从而为培养创新创业型人才提供师资保障。

学校遵循学生发展规律构建了创业意识觉醒、创业知识储备、创业能力培养、创业项目孵化的“四步走”培养路径，并为学生提供有力的指导教师队伍和学生社团等服务团队，保障学生创新创业活动的顺利开展①。

为组建大团队，构筑大平台、争取大项目，创造大成果，学院还需加强创新创业教育骨干教师队伍建设，引导教师参与创新创业实践基地建设和指导大学生开展创新创业活动，建设一支结构合理、实践教学能力强、创新创业活动经验丰富的师资队伍②。应建立健全开放式、动态化的创新创业指导教师的聘用机制，建立校外创新创业教育导师库，建立专职与兼职相结合的师资团队，聘请创业成功者、企业家、风险投资人等担任指导教师，以全力打造创新创业的教学团队。积极推进创新创业教育骨干师资队伍的建设，构建科学合理的教学质量控制与评价体系③。学院还应注意在已有教学团队基础上，进一步优化结构，充分发挥学术带头人和学术骨干的作用，采用“学科带头人 + 创新团队”的人才队伍组织模式，为创新创业教育打下坚实的基础，实现创新创业人才培养质量的稳步提高。

加强骨干师资队伍建设，首先，应使教师充分认识创新创业教育在高校教育中的重要地位。加强专职教师创新创业教育的专业培训，通过多种形式培育、提升教师的创造力和创新创业的能力。其次，学院应积极提供条件，加强创新创业专职教师的对外交流学习。教师通过国际交流学习，可共享创新创业

---

① 姜泓. 600 多所高校齐聚西安共商创新创业教育大计[N]. 西安日报,2018-12-18.

② 华智锐. 转型发展背景下地方本科院校创新创业实践与总结——以商洛学院为例[J]. 价值工程,2017(10).

③ 华智锐. 转型发展背景下地方本科院校创新创业实践与总结——以商洛学院为例[J]. 价值工程,2017(10).

资源平台，互通有无，相互促进，相互提高。最后，学院应努力提升教师创新创业实践指导能力，将创新创业专职教师输送到企业、政府创新创业职能部门交流、学习，可通过兼职或挂职的形式。

（四）质量评价

科学、规范、明确的创业教育评价指标体系是指导高校教育改革与发展的准则与风向标，这就要求各高校在开展教育评价机制与体系结构的时候，要充分地建立起互联网信息平台，做到评价机制的多元化、分层化、分专业化，既要重视每一个学科专业、每一个学校部门的创新创业成果，又要重视大学生动手实践创新能力与综合素质能力的培养成效①。

把创新创业教育与学时、学分、学程、学位以及教师工作量结合起来。将创新创业实践教育纳入公共必修和选修课，列入教学计划，将“大众创业、万众创新”列为“形势与政策课”专题教学内容，将创新创业实践活动纳入学生素质拓展学分。

对学生的考核评价以创新实践能力为重。摆脱成绩的束缚，积极引导学生，合理评价学生，针对学生的不同个性，制订不同的教育方案，注重学生学习的整个过程。考查学生创新创业素质的综合发展，关注学生创新精神和实践能力的发展，教会学生运用所学创新创业的知识分析、解决与之相关的问题，探索多形式非结构化的考试形式。尝试建立创新创业学分累计与转换的制度。努力实施弹性学制，允许学生根据自己的学习情况适当地调整学业进程、保留学籍以辅修创新创业课程。

为提高实验教学质量，逐步培养学生创新创业精神和创新创业能力。学院应遵循发展的方针，努力建立以技术、方法为主线，突出其综合应用性和专业知识系统性的实验教学体系。主要通过必修实验、选修实验及探索实验三条教学途径，运用实验预习、实验操作、实验报告、实验考试的考核方式，进行真实有效的评价，其中，创新创业考核还包含确定基础实验、综合实验、设计实

---

① 崔仲远，等. 国内外高校创新创业教育经验分析及其启示[J]. 齐齐哈尔师范高等专科学校学报，2017(12).

验、研究实验的四种实验类型，设计课程综合性实验板块、专业综合性实验板块、自主设计性实验板块及科研创新性四大板块①。

二、学术创新

（一）学科建设

尝试构建新型三层次实践教学平台，支撑创新创业教育的发展。学校着力整合各方资源，构建了依托各级实验教学示范中心、不同学科实践创新平台和校外实践育人平台的新型三层次实践教学平台，为创新创业教育的改革和发展提供了强有力的支撑。

新型三层次实践教学平台更加重视现代人才综合能力、创新创业能力的培养。第一层为学科层面，整合资源，夯实各级各类实验室建设；第二层为学科间，构建学科间的交叉实践创新平台，培养跨学科学生的协同创新能力；第三层为学校层面，深化校企的合作与科教融合，探索多元化联合培养新模式②。新型三层次实践教学体系，通过学科内—学科间—校内外三个层次的系统支持，培养学生良好的综合实践素养和创新创业能力，提升了人才培养的质量，推动了新形势新背景下教育教学的改革和发展。

对于有研究生的专业，搭建学术交流平台，营造学术创新氛围，组织开展各类学术报告、科研讲座，不断拓宽他们的学术视野，提高他们创新能力。刘晔、黄语素等认为，“研究生创新能力的培养是高校研究生教育的核心。为启迪研究生的创新思维，提升其创新能力，启动实施了生源质量提升工程、教学质量提升工程、创新能力提升工程，充分发挥教育在创新人才培养中的引领作用，支持研究生共同承担或积极参与科研项目，在创新实践中培养其探索兴趣和科学精神。构建系统化研究生教育创新体系，培养学生的创新实践思维”。

---

① 华智锐.转型发展背景下地方本科院校创新创业实践与总结——以商洛学院为例[J].价值工程,2017(10).

② 姜泓.600多所高校齐聚西安共商创新创业教育大计[N].西安日报,2018-12-18.

（二）创新平台

构建三级创新训练项目和三级学科竞赛创新能力培养体系。通过学校大力投入，形成以校级、省级、国家级三级创新训练项目及重点、一般、校院两级资助的三级学科竞赛为载体的分层次、结构化的创新能力培养体系。

搭建实训平台，支持学生的创新创业实践训练。建立专业实践训练、创新创业训练、创业实践相衔接的创新创业实践训练平台，改善专业实验教学条件，丰富专业实验教学内容，培养学生的实践创新能力。通过开展“大学生的创新创业训练计划”“互联网 +”创业大赛等系列活动，支持学生参与兴趣驱动的创新创业实践训练。加大投入，每年投入学生自主创新研究基金专项经费、国家级大学生创新创业训练计划专项经费、各级各类学科竞赛专项经费。建设学科综合性大学生创新创业训练基地（创客空间）、大学生创新创业中心、大学生创新创业园区，为学生在创新基地上开展创业训练与实践搭建支撑服务平台①。

针对学生行动阶段的诉求，搭建丰富多样、层次分明的创新创业实践内容，覆盖知识分享交流、实践基地、学科竞赛、基金与企业孵化、高端办学等多个方面，主要包括：

1. 创新创业论坛：学校通过校友交流与庆典、企业家校友论坛、创新创业创投论坛等形式，为学生开辟与知名校友的交流平台，开阔视野。如北京交通大学在周年校庆之际，开办了创新创业创投论坛，旨在为学生提供创业交流、创业导师等方面的帮助。

2. 实践平台与校企合作：为学生建立大学生创新创业活动中心、大学生创业园，设立国家级工程实践教育中心、国家及市级校外实习基地等。与此同时，学校还积极与企业合作建立实践基地，如建立大学生创新联合实验室，与公司、企业等共同建立大学生创业实践基地，每年输送优秀大学生参与实践项目，共同提升校企合作的高度和广度。

---

① 余润兰. 创新创业教育与大学科类专业教育融合课程的构建与实践——以“现代生物技术前沿与创新创业课程”为例[J]. 创新与创业教育, 2017(12).

3. 创业扶持与基金资助：学校提供包括创新创业基金、校友基金、学科发展基金等多种基金，同时各个学院分别设立具有学院和学科特色的各类基金。学校教育基金会筹集创新创业基金等；同时，学校设置创新创业专项经费，并给予每个入驻大学生创业园的大学生企业提供相应的扶持基金、为大学生创业提供免费使用的场地等①。

此外，加强学校——学院两级创新创业实践平台建设。以学校优势资源为集成，依托国家大学生校外实践教育基地、国家工程实践教育中心、上海市创新创业实验基地开展创新创业实践教育，加强大学生工程实训建设；加强特色院系平台的辐射作用，如对外开放的创新创业活动平台、学科交叉创新创业教育平台等。

三、社会服务

全过程创新创业教育与实践为创新创业人才和团队提供了学习、行动、塑造的最佳土壤，形成了诸多典型的实践案例，涌现出了一批成功的创业项目与团队。

“盲人电子书”项目：依靠学科优势与特长的“干中学”。项目团队成功研制了一种成本更加低廉、实用性更高的盲文点显器，并荣获 2015 年中美青年创客大赛总决赛全球第二名。项目团队依托学校在电气机械相关专业领域的学科优势，借助实验室和平台、专业师资等，将所学所想应用到创业项目中去。通过贯彻“干中学”教育理念与实践方法，项目团队实现了创新创业教育与学科专业教育的有机结合。

“耳朵树”听力医疗项目：从公益出发的创业行动。“耳朵树”这一创业项目的服务宗旨是给听障群体带去一双“耳朵”，让他们可以通过声音感知世界、聆听世界的美妙。该项目正式成立于 2014 年 1 月 8 日，项目团队通过学校给予的“第二课堂”平台，识别听力医疗领域的市场机遇，并通过“干中

---

① 刘颖琦，等. 中国高校创新创业教育理念与实践的创新——以北京交通大学为例[J]. 现代教育技术，2017(10).

学”理念展开创业行动；同时，在创业初期，团队在全国首届“互联网+”大学生创新创业大赛中获得银奖，从而借助校企合作打开了融资渠道。不仅如此，整个项目从最初的想法、到边学习边实践、再到初成规模后的再学习再反思，形成了“学习—行动—塑造”的逻辑体系和反馈机制，并为团队后续发展提供了进一步的学习和决策支持①。

星火映画项目：“专业所长—工作室—创业公司”。成立于2011年的星火映画（北京）文化创意有限公司，一直致力于新兴拍摄制作技术的研究和应用，和多家大型影视企业、高校、政府建立了长期合作关系。在影视文化产业百家争鸣的时代背景下，星火映画极具创意的制作精良的作品在行业内发出自己的声音。这一项目也是基于专业所长，运用学校社团活动、专业竞赛等机会进行应用与尝试；然后逐步依托学校的创新创业资源建立工作室，并不断反思、接受再学习；之后进一步成立创业公司，与学校、企业、政府建立长期合作。

全面提升学生的创新精神、创业意识和创新创业能力，致力于培养富有责任感、使命感和企业家精神，崇尚科学、求实创新的杰出人才。

总体来说，重点院校已逐渐开始实施办学理念的变革、学术的资本化、协同创新以及成立混合组织等。

第二节　地方院校的创新创业教育经验

地方院校为了应对环境的变化而采取大胆革新行为，对开展的创新创业教育具有明显成效。这类院校主要是年轻但发展迅速的新型大学，它们的显著特征是：全面开展培训工作，主动建立与工业界的联系，创办制造业集团，建立科学园，积极开展社会服务。这一类院校也被称为“革新式”大学。

地方院校的创新创业教育的典型特征表现为：在人才培养上，以专业为取

---

① 刘颖琦，等. 中国高校创新创业教育理念与实践的创新——以北京交通大学为例[J]. 现代教育技术，2017(10).

向面向全体学生，把创新创业理念融入创新教育的全过程，以改革课程教学为重点，注重培养学生的创新创业意识、创新创业精神与创新创业能力；在科研与社会服务方面，促进知识资源向知识资本的转化，注重学术创新和学术创业，坚持需求和问题相协同，以搭建实践平台为核心，以建立社会服务保障体系为关键，主动服务于区域经济社会的发展；在学校办学精神与组织管理方面，注重培育经世致用的创新创业文化，注重构建坚强有力的领导核心，实现创新管理与资源配置优化，不断深入开展适合高校特点的大学生创新实践教育。

一、人才培养

基于创新创业人才培养的要求，秉承“面向全体、基于专业、分类培养、强化实践”的原则，将创新创业理论与创新创业实践相结合，课内理论学习与课外实践活动相结合以及校内校外实践相结合等方式，依据年级、类别、阶段分别制定创新创业教育的实施计划，以培养具有独立、自信、不断创新、责任感强的人才。

（一）课程体系

创新创业教育根据教育对象的不同分为3个层次目标：一是针对所有学生的基本素质的培养教育，所有大学生接受创新创业的普及教育；二是针对不同专业学生的教育，通过与其所学的具体专业的结合，使其学有所长，根据自己的专业特长发挥独特的作用，培养学生独立工作能力以及技术、管理能力；三是针对少数学生所进行个别化教育，对部分具有特殊素质，敢于创新、勇于承担风险的学生，通过精英式的专业教育，推动、扶持帮助学生实现自主创业。

根据上述教育对象分类目标的3个层次，构建与之相关的系列训练课程。将创新创业教育纳入学校的培养计划之中。因此，学校基于不同需求主要设置了3个不同层级的课程计划，实现了创新创业教育的全覆盖及有自主创业选择意向的个体模块化课程。学校应灵活运用环境认知、实践模拟及案例分析等多种教学方法和手段，并积极引导各专业将其独有的新理论、新技术、新产品、新工具、新应用融入专业教学之中，将社会需求与实际需要相联系、理论与实际联系，实现课内外创新创业的一体化有机结合，并通过深度的产教融合激发师生的创新创业潜力，引导学生在专业学习中培养创新创业的素质。

（二）师资队伍

对地方性高校来说，学校在“双师型”教师团队建设政策的灵活性是关键。作为本科院校，我们认为“双师型”教师团队可以采取以下三种方式组建：一是引进，学校应制定相关政策，允许引进有相关经验的，从事相关工作的硕士学位以上人员；二是自身的培养，学校应在不影响正常教学计划的前提下允许专任教师到相应企业顶岗挂职1年以上；三是“外援”支持，即聘请行业中有丰富工作经验的人员担任兼职教师。以此积极推进创新创业活动的师资队伍建设工作，通过组建优势团队、定期培训、招募“外援”等途径，提高指导教师的综合素养，促进大学生在创新创造实践过程中取得更好的成绩。

加强创新创业教育师资队伍的培训。确保各院系有一批经验丰富、积极热心的专职或兼职优秀教师能为学生创新创业实践活动提供常态化、有针对性的服务和指导。运用“请进来，走出去”的方式，对全体教师开展通识性教育培训，将学生的专业学习与创新创业学习有机结合起来，并将其贯穿到教学活动的细节之中，从而实现创新创业教育贯穿人才培养全过程的教育教学宗旨。

此外，还应培养一批优秀的辅导员，深入学生日常创新创业活动之中，对其进行的引导。总之，学校致力于建立稳定的创新创业师资队伍。为入驻创业园和众创空间的学生提供免费的办公空间、办公桌椅、网络、公共的洽谈室、会议室、活动室等场所，协助办理工商、税务等手续。提供免费的创新创业培训、实训，为大学生提供政策咨询、信息服务、融资服务等，破除创新创业发展中的障碍，使其更好更快的发展。学校不断加强创新创业工作研究，为创新创业工作提供理论支撑。

（三）质量评价

建立创新创业教育的教学评价机制有助于提升实践教学质量。

一是健全实践教学质量信息反馈系统，允许学生、教师、实践教育基地人事部工作人员参与专任教师的教学质量评价，避免学生这一单一主体的评价；二是实现实践教育教学的全面质量管理，鼓励全员（学生、教师、实践教育基地人事部工作人员等）、全过程（从教学计划制订直至毕业工作后5年即前后10年的周期）参与，实现专业实践教学质量管理的制度化和规范化；三是改革课程考核办法，加大实践能力在课程综合评定中的比例，例如可将期末成绩与平时成绩的比例由“7:3”改为“6:4”甚至是“5:5”。

另外，学校牵头成立大学生创新创业中心，专门负责全校大学生创新创业工作，并在各学院成立创新创业工作领导小组，围绕前后衔接、左右联动、上下配套、齐抓共管的工作机制，由教师辅助，学生总体负责，各个班级需由学生负责增设创新创业委员会，形成学校、学院、班级的三级管理体系。首先，在学校层面，出台深化创新创业教育改革的具体实施方案及规章制度，对大学生创新创业团队的入驻与退出、管理与服务、考核与奖惩等做出全面的规定；制定处级领导班子和领导干部的创新创业工作的综合考评办法，围绕创新创业工作训练计划项目、创新创业的相关比赛、学生创新创业实践活动等方面设定分值考核二级学院的创新创业工作。

二、创新平台建设

搭建开放性的创新创业实践平台，包括科技创新比赛、创新创业教育的培训及创业实践实训三大平台，以激发学生创新创业的活力，为全面开展大学生创新创业活动保驾护航。

学校大力倡导大学生参与科研创新活动，积极倡导创新精神，以大学生创新创业训练计划项目为抓手，大力培养创新意识，以大学生科技创意节为载体，努力发展创新文化。科研创新活动主要以学院为依托，注重培养与引导学生的兴趣，以学校创新基地建设为保障，以科技创新为主体，以科技创意节和创新创业训练计划项目为两翼，搭建大学生科技创新竞赛平台。通过加强校院两级学术科技创新基地建设，积极开展大学生科研创新和学术竞赛活动，增加大学生参与学科创新活动的机会，提升大学生获奖数量。

学校牵头为学生搭建创新创业教育培训平台以满足不同学生对创新创业知识的多元需求。学校应始终坚持“分层次推进和分类别引导”的理念，建成从必修课、选修课到技能培训课一脉相承的课程体系以提升创新创业教育的质量。在必修课方面，学校依托优秀的师资队伍在全校范围全面普及创新创业知识；在选修课方面，学校根据教师的特长开设了相应的学科，诸如《成功创业学》《企业文化学》等12门大学生创新创业公选课，每门课都制定了相应的评价方式并赋予相应的学分，以提升学生的选课积极性；在技能培训方面，学校开展创业培训以便能照顾到有一定创业基础的学生，有效提高学生的创新创业技能；此外，学校还与“智慧树网”携手开设了《创新工程实践》网络共享课程，逐步探索互联网+大学生创新创业教育的新模式。

此外，学校建设了功能全面、设施齐备、环境优良的大学生创新创业孵化园以服务于学生，为学生搭建创业实践实训的平台。该平台以技术创新和“互联网+”理念创建自身的品牌，通过链式发展务求工作实效初步形成了从苗圃到孵化到实践的链式发展模式。学校依托实践实训平台积极组织学生开展校内创业大赛，积极参加“互联网+”“挑战杯”“中国创翼”“梦想杯”等各级各类的创业比赛，通过比赛训练提升自身的创业素养，提高学生创业能力和水平。

关于创新教学的平台。学校建立培养工程实践能力的“大学生工程训练中心”。建立以学生为主体的“大学生创新创业基地”。学校主要依托国家大学生创新性实验计划项目开展创新性活动。而课外科技平台主要包括大学生科技协会、大学生竞赛训练基地和大学生创新训练基地等。学校充分利用网络资源，在校园中营造浓厚的科技学术、创新创业氛围，全方位为大学生创新创业教育提供信息化资讯服务，以加强学生创业社团建设，组织模拟创业活动。为响应时代发展，学校依托互联网建立创新在线、大学生求索网等校园科技网站，为爱好科技活动的大学生学习交流提供一个便利的网络平台。学校还积极邀请校内外、国内外、社会各界知名学者和成功人士来校以讲座的形式与广大在校师生“面对面”交流，使文化教育的思想内涵全方位、有针对性地融入校园文化。

学校借鉴国外创新创业经验，努力搭建“创新创业普适教育+创新创业项目实践+虚拟公司运营+创业成果孵化+资源政策扶持”的渐进式培养、螺旋式上升的SOVO实践平台。

学校可根据自身的硬件设备情况，建设创新创业实训机房，努力打造创新创业基础实训平台。其中，创新创业基础实训平台主要以培养学生创新创业的能力为核心目标，通过对学生创业思维以及创业技能的培养，提高学生的创新创业能力。鼓励学生在专业教师指导下参加“挑战杯”、数学建模、电子商务大赛等各级各类的创新创业比赛；同时学校积极承办“创意、创新、创业”大赛，参加全国“互联网＋”大赛。开设创新创业理论与实践相结合的实验班，通过情景模拟、实战演练、企业考察等教学方式，线上线下相结合，学生修满全部课程规定的学分后获得结业证书，以切实提高创新创业实验班学员的创新创业意识和创新创业能力。建设微观实验室，逐步实现从作品—产品—商品的转化。

三、成果转化

积极推进大学生从创新创业的苗圃（形成团队和项目）、孵化器（模拟经营）到创新创业实践（创新创业孵化园实操）的体系建设，注意总结积累、梯队建设、衍生开发和协同立项，为大学生创新创业活动的持续发展提供有力保障；使大学生科研创新活动能够争取更多的学术成果、体现更大的科研价值并尽早服务于社会。

为给大学生创新创业项目走向社会提供机会。学院建有稳定的实习基地，并与地方政府、社会各行业建立了良好的合作关系，诸如大学生创业园、众创空间等，均是学院通过多方面联合共同建立的校外创新创业实践基地，由此逐渐形成了“一园多基地”的大格局。在校内为大学生创新创业建立了专门的工作室，形成了“社会、学校、二级学院”三级的创新创业孵化体系，以加速大学生创新创业的成果转化。学生创新创业的成果转化还可通过校企合作的模式进行。校企合作较为注重培养质量及在校学习与企业实践，主要是指学校与企业建立的一种合作模式，将学校与企业资源、信息共享达到“双赢”的合作模式。校企合作模式主要包括学校引进企业模式、工学交替模式、校企互动式模式、“订单”式合作模式。校企合作尤其适用于物流管理这种要求实践性很强的专业。

此外，学校应鼓励和支持学生组建创新创业类社团，打造“创新创业大讲堂”“创客咖啡”“校友企业家论坛”等一批校园创新创业文化品牌，以营造一种创新创业文化氛围。学校还可邀请国内知名创业教育专家、名师和名企业家来校作报告，以此来激发学生创新创业的热情，促进创新创业文化氛围的建设。培养选树创新创业典型，发挥示范引领作用。设立大学生创业新星宣传栏、大学生创新创业成果展示墙、创新创业橱窗和大学生创新创业文化长廊等，通过自媒体、报纸、杂志、电台、电视台等多种渠道宣传，推选出多个市级以上的创新创业典型。构建“作品—产品—商品—人品”的创新创业文化。学生通过创新创业课程的学习，形成创意及作品；然后通过创新创业实验平台，制作出自己的产品；经过用户验证，科学试错，推向市场，实现利润。这个过程也逐步培养了大学生创业者勇于担当、奉献社会的责任意识，提升人文素养，从而完成“四品”教育过程①。

目前，地方院校基本形成了理论研究与实践探索相结合、机制保障与运行管理相结合、创新创业教育和能力提升相结合的大学生创新创业教育体系。学院通过对创新创业教育内容的研究、教育形式的探讨、教育方向的把握和教育理念的更新，积极推进大学生创新创业教育理论的研究工作，以努力探索出适合地方院校创新创业工作的理论体系，通过理论来指导实践，使实践活动在理论上有所支撑，使创新创业教育总体规划、政策制定、教育培养等方面呈现出前瞻性、可操作性和较好的实效性，确保创新创业工作的可持续发展。

第三节　职业技术院校的创新创业教育经验

近年来，越来越多的高职院校大学生积极参加各类课外创新创业竞赛，如“‘挑战杯’全国大学生课外学术科技作品竞赛和创业计划大赛”“全国职业院校技能大赛”等，大学生的作品充分体现了高职特色，已经引起高职教育界

① 张东虎. 包头师范学院创新创业教育的模式探索[J]. 阴山学刊(自然科学版)，2018(12).

的重视和社会的关注。然而，各类竞赛的局限性也很明显：学生参赛自主性不高、“为比赛而比赛”等现象普遍存在，技能大赛的结果是将学生训练成一个熟练技工而已，高校大学生的创业呈现出不太理想的现状，学生的创新意识、创新精神和创新能力并没有得到有效提升，比赛并未达到教育主管部门所要求的“以赛促学、以赛促教”的目标。

大学生创新创业与社会发展趋势高度吻合，是构建创业型经济体系的重要基础，职业技术类院校在推进学生创新创业教育的过程中应以人才培养目标为起点，以培养目标确定教学内容，以教学内容选择教学方法和导师，切忌操之过急。大学生创新创业是一种选择，更是一种生活状态，对于高校而言，选择合适的方法和途径，提升学生综合素质才是努力的方面和工作的重点。

一、人才培育模式

（一）课程体系建设

打造适合高职学生的创业课程体系。学校专业教育要与创新创业能力的教育相融合，将创新意识与创新思维的培养纳入专业的培养目标，贯彻到人才培养方案里，使得创新创业能力培养成为人才培养的关键点。培养方案中课程建设是强化教学内容的重点，突出专业特点，根据人才发展规律进行递进式能力培养。学生的专业能力及创新创业能力随着课程学习和实践的深入呈递进式状态，合理设置专业课程及实践的时间构架联系。大一进行创新意识培养、创新思维训练；大二进行创业意识培养、创业素质提升；大三进行创新创业综合能力训练。针对职业技术院校创新创业课程体系过于单一的问题，可尝试设计阶段式、推进式、筛选式课程体系。

在构思职业技术类院校创新创业课程体系的过程中需要根据授课对象的成长特点和信息接收特性进行阶段性、推进性设计。大一阶段应面向全校学生开设“创新思维训练”之类的课程，对学生进行头脑的“预热”。同时聘请企业界代表或大学生创业典型进行经验分享，保证学生对于创业有一个正确的认知。大二阶段应面向学生开设“创业基础”课程，同时组建创业论坛，维持学生对创业的热情。大三阶段需开设“创业管理”“商业模式”“项目价值”

“市场营销”“路演技巧”等创新创业类选修课程，同时鼓励学生参加“互联网+”“双创”“三创”等创新创业类竞赛，增长见识，拓宽视野。大四阶段主要任务是创业模拟和项目孵化，而且此时针对的已经不再是全体学生，而是经历过层层筛选的创业苗子。创新创业课程的整体结构应该呈现阶梯状，前期以公选为主，讲座为辅；后期以专修为主，模拟为辅，不做大众化培养，只做精英化塑造。

针对学生对创新创业在不同阶段的认识程度，可开设不同类型的课程。例如，首先，针对职业技术类学生初始阶段对创业概念和思路较模糊的情形，最好的方法是案例示范法，通过身边的案例讲授、引导其掌握合适的创业方式。其次，精选知名企业的成功和失败案例，在课堂分析、讨论，使学生吸取其中的经验教训，从案例出发结合自身所处的环境，帮助学生找到新的创业思维和模式。此外，为了使学生近距离接触创业成功人士，学校可以聘请校外创业成功人士，尤其是曾经受过大学生创业孵化基地训练的成功人士来校分享创业经验，激发学生的创业兴趣，使学生能从成功创业者身上学到对自己有用的创业知识和经验。最后，深入一线实习。为提高大学生创新创业能力，学校应引导学生到优秀企业进行顶岗实习，借机带领在校学生到创业成功的企业考察学习，直观地了解企业创业成功的经历。唯有全面了解了创业过程中可能面临的风险和问题，才能做好充分的准备迎接未来的创业挑战。

（二）教学改革

创新创业人才培养模式应能满足现代高职教育的发展需求，强调教师主导，学生主体，通过参与项目实践来巩固理论知识。“学生有什么样的专业特长，需要什么样的创新创业教育”是职业技术类院校各专业设置创新创业教育的出发点。这就要求教师在课堂中重点引导学生挖掘自己的潜力，摆正自己的位置，最大限度发挥自己的特长。建立工作制与学徒制，例如工作室制、现代学徒制、项目参与制等。工作室制与现代学徒制的主要区别在实施主体不同，工作室制更侧重于以学校为主，企业参与。而项目参与制培养方式较容易忽略人才能力培养规律，拔苗助长。

改革人才培养模式主要是为了突出学生的主体作用，强调教师在人才培养方面的主导性，提高学生的实践能力。通过突出学生的主体性，激发学生主动创新创业的意识，将传统的封闭式学校教学转化为面向生产实际的开放式的创新创业教学。依据学生的能力递进规律，从烘托熏陶学生的创业意识、教师带领跟进项目深入学习，再由学生主持项目统筹全局，最后自发性创业。工作室制是培养设计类应用型、实践型人才重要方式之一。工作室作为学生参与实践的平台，通过“项目导向、任务驱动”的项目化教学模式来组织教学。

此外，面向学生开展特殊的创业教育，通过实践达到育人的目标，培养高素质的微企业创办者。学校可通过院、系两级“创新创业教学工场”，努力搭建“系部＋工场”“专业＋公司”的“双创”教学实践平台，构建“教企一体化”创业教育教学模式。基于企业生命周期的考虑，开设创业管理专业，凭借“师导生创”模式，着力培养有强烈创业意愿的学生成为高素质复合型人才。

（三）师资队伍

目前，职业技术类院校的创新创业教师团队主要是以经济管理专业教师、思想政治辅导员、就业指导部门教师和校外导师为主，这样的团队看似合理，但是在实际教学操作中存在问题。这种团队的专业性是以经济管理为主，缺少非商科专业的支撑，从创业项目的挖掘和落地的角度讲是存在欠缺的。所以，应该尝试跨专业组建不同专业的教师团队，在学校经济管理以外的各个专业抽选1—2名具有创新意识的专业教师填充到创新创业教师团队之中，构建包含商科专业教师、非商科专业教师、就业指导教师、学生管理人员、政府部门职员、企业代表、创业代表等多元素的更为饱满的跨领域创业导师团队。

学校可定期举办创业教育及职业生涯规划师资队伍培训班，将教师的个人发展与院系的长远发展融为一体，不断提升导师队伍的综合水平，如此，既带动了教师的创新精神，也达到了提高人才培养质量的目标。学校还可定期聘请国内外知名专家授课，借鉴国外先进的经验，传递最前沿的创新创业资讯。同时，定期选送导师外出培训，以取得国际公认的创业导师资格证书，增加创业导师团队成员的实力。

在实训内容方面，学校应充分依托大学生创业孵化基地和本校的国家级实训基地场所，将本校的特色专业与大学生创业项目进行巧妙融合，需要注意的是，导师要转化角色，使自己由导师变成教练，根据各自所擅长的领域带领相关团队进行实践模拟创业，引导和帮助学员组建创业团队，制定创业计划，确定创业方向，规避各类可能遇到的创业风险，实现创业预期目标。

此外，还可基于“师研生随、师导生创、师生共创”的培养模式，以教师的科研项目带动学生参与研发，激发和引导学生兴趣，建立学生与老师共同创业机制，让更多学生参与创新创业。

（四）质量评价

评价是对学生学习效果是否有效的评判。由于创新创业教育与普通的专业教育不同，其实施成效若用传统的考试方式则很难加以评判。因此，对学生的创新创业能力与专业技能的考核，应该改变传统的考查方式，努力建立多样化的考核评价制度，真实、客观、有效地反映学生的学习效果。

基于创新创业教育的考虑，创新创业考核的内容与方式应侧重于培养学生的创新思维、创业能力，注重考查学生运用专业的创业知识分析、解决问题的能力，避免出现“高分低能”的现象。专业课程的考评具体包括以下几个方面：基础分，即传统考核中包括的课堂表现情况、期末理论测试以及基础实验技能测试。双创分，该成绩主要包括创新实验设计方案和创业计划书的撰写。学生通过专业课程基础实验的学习完成创新型实验设计方案，同时撰写一份与专业知识相关的创业计划书，以考查学生将专业知识融入创新创业学习的能力。附加分，主要考查学生参与课外双创活动的积极程度，对于结合专业知识参加双创活动的同学给予附加分。以上考评方式旨在使学生的考评成绩更加全面、客观和科学，也更符合专业教育中融合创新创业教育的要求。

二、创新平台建设

目前，社会各界对于创新创业的认识存在严重的两极分化现象，有的学者认为一味鼓励大学生创业是一种不负责任的行为，另有一些学者则认为创业是给学生开启了一扇通往新世界的大门，学生可以通过这样一种尝试发现自己生命里更多种的可能。社会各界之所以会对大学生创业存在截然不同的两种看法，主要是因为我国还没有构建出一个客观、理性、智能的创业环境。社会各界人士、各类组织接收到的有关大学生创新创业方面的信息非常有限，自然就会根据各自的理解进行猜测，甚至妄下定论。所以，职业技术类院校可以尝试构建大学生创新创业信息共享平台，平台中可包括“创业课程”“创客风采”“创业资讯”“创业政策”“竞赛信息”“创投要闻”等多类信息，平台信息要及时更新，保证大学生、专业教师、校外导师等各类人群均可以在第一时间获取创业资讯，只有做到了信息对称化才能避免认知上的偏差。

创新创业需要学校与外部社会团体、企业等多方的共同合作，通过校企合作平台、创业企划平台、创业孵化平台搭建等途径，营造浓厚的创业氛围，强化学生创新创业教学效果。

创业实践基地的指导实行“三师制”主要包括指导实践、校内指导教师及校外创业导师。即项目师长带领学生实践创业项目，由指导教师对项目成员开展专业指导，并对项目整体把控，在此基础上，充分发挥校外创业导师的优势，使其对行业规范、市场现状及实际项目运营方面予以全方位指导。在“三师制”指导下的创业实践实现了创业教育的理论指导实践，实践验证理论。学生在“实践——学习——再实践”的过程中不断提升创业成功的概率。

创业教育依托学院创业孵化中心，发挥中心的法律服务平台、创业导师和企业专家服务平台、信息服务平台、宣传服务平台的积极作用，利用学院社会媒体资源宣传、推广高职大学生创业。帮助创业大学生低成本获得社会资源，提供及时准确的行业信息、开展法律和经营策略上的咨询服务。此外，学院每年定期组织校级优秀创业团队评审，针对项目开展情况提供资金、场地、导师、培训、订单等不同形式的扶持，以保证高职大学生创业效果，提高创业成功率。

为提升项目竞争力，学院依托创业培训课、创业项目和创业计划大赛申报遴选，实施不同等级的比赛，包括市赛与国赛，形成“校赛—市赛—国赛”三级赛事选培模式，依靠创业导师全程指导、校外行业专家评选，帮助优秀项目脱颖而出。

此外，学院还要重视社团的作用。一般情况，普通本科院校学生社团偏重于营造校园文化氛围，而高职院校的学生社团则更偏重于复合式创新型高素质、高技能的培养目标。因此，学校应鼓励学生组建专业社团，特别是与学生所学专业紧密相关的创新型社团。依托学习创新型社团组织技能竞赛，依托社团教师开展创新型项目课程教学，依托企行（企业或者行业协会）联办社团，组织学习创新型社团依托专业技能开展义工服务，依托社团骨干开设选修课实施创新创业的教学实践等 5 种组织模式。

第五章
地方高校创新创业教育关键问题分析

创新创业教育在我国发展的时间不长，加上受到传统教育观念的影响，当前我国创新创业教育仍处于初级的探索阶段。由于对其发展过程缺乏应有的关注，创新创业教育已沦为单纯解决就业的一种形式，存在诸多问题。虽然政府、高校和社会都已认识到创新创业教育的重要性，并且出台了一系列的扶持政策，在就业形势日趋严峻的今天，大学生已经意识到投入创新创业中来的重要意义，但是当前大学生参与创新创业的现状仍令人担忧。

为全面贯彻党的十九大精神，切实落实“创新驱动发展战略”，大力推行“大众创业、万众创新”，政府不断推出有利政策促进广大青年积极参与到创新创业中来，地方高校有责任和义务为学生这一主力军提供良好的创新创业教育的环境。当前我国经济正处于往创业驱动方式转变的过程中，经济的新增长方式需要大批的人才投入到创新创业中来，地方高校的创新创业教育应当顺应时代和经济发展的要求，进行全方式改革。最为紧迫的是，目前毕业生就业形势极为严峻，地方高校创新创业教育能提高学生的创新意识、创业能力，缓解就业压力。受高校特殊环境、区域特点、学校办学经历等因素的影响，地方高校的创新创业教育面临着一些独特的问题。地方高校要发展出一套成熟的创新创业教育体系，必须对自身存在的问题进行精准定位，找到问题出现的原因。以下从三个关键方面对当前地方高校在创新创业教育中存在的问题进行分析。

第一节　创新创业教育师资力量存在的问题分析

众多研究表明，我国高校学生创业意向虽然逐渐增强，但实际创业率仍旧处于较低水平，并且出现创业失败率居高不下的情况。造成这一现象的原因包括以下两个方面：第一，受目前我国创业环境的影响；第二，当前创业教育资源的制约。

在众多影响高校创新创业教育质量的原因当中，教师是最为关键的一个。高校教师自身的创新创业能力和水平，在很大程度上决定了学校创新创业教育的品牌和效果。

高校创新创业教育注重培养大学生的创新精神、创业意识。在这一过程中一些先进的教育理念、人才培养模式以及教学方法会被应用其中。在具体的教育内容上包括创新能力、领导能力、协调沟通能力以及风险承受能力等。由此可见，创新创业能力的培养涉及多学科的综合支撑。在具体实施过程中，创新创业也是一个涉及面相当广泛的系统工作。要实施这一高难度、系统化的工程，教师水平是重要的前提条件之一，也是保证整个系统完成的关键所在。我国的创新创业教育探索虽然开展得比较早，也有一定的基础，但从总体上看，仍然处于起步阶段，存在着课程与教材建设滞后、缺乏创业实践平台和政策支持体系有待加强等问题。

目前，高校在创新创业教育方面基本处于开设课程以及相关创业培训的初级阶段，发展程度不够深入。在具体的课程设置上缺乏足够的深度以及创造性，同时存在可操作性不强的情况。另外，一些高校在具体的教学中存在理论教学与实践教学相脱节的情况。发生以上情况的根本原因在于高校目前投入创新创业教育中的师资不足，缺乏专业的从事创新创业教育的教师，在具体的工作当中不能根据本学校的实际情况以及学生们的实际创业需求开展相应的活动。因此，在未来创新创业活动中，合格的师资队伍是首先需要考虑的问题。只有培养出一批具有创新创业精神的教师，才能将相应的知识传授给学生，完成既定的创新创业教育的目标。

一、教师的创新创业教育思想观念不强

创新创业教育具有多学科、综合性以及理论与实践并举的特点，强调个体的创新意识和创业能力。因此，要求创新创业型教师既要具备学术知识的积累，同时也需要丰富的新知识、新理念的储备。同时，创新创业型教师必须具有创新精神，才能在教学中有的放矢、因材施教。基于教师的综合素质在创新创业教育中的重要意义，改变目前普遍存在的教师创新能力不足、创新意识不够的情况迫在眉睫。

目前，在教师的教学理念方面，主要存在三方面的问题：一是大学教育中普遍存在教师为中心的问题，学生的感受和体验很难得到反馈。二是在教学中只重视对基础理论的教学，忽视了操作技能的培养。在传统的填鸭式教学中，由于找不到创新的点和创新的方向，造成了学生的无所适从。三是高校大部分课程的考核仍然停留在书本知识的掌握方面，忽视了学生创新思维及创新能力的评估。① 外加教师自身创新训练不够，缺乏创业意识，对学生的创新创业的指导十分有限。作为教学活动中的组织者及引导者，采用陈旧的教学思想、单一的教学方法、滞后的教学内容的教师，不仅无法对学生创新思维和创新能力的提高起到应有的引领作用，反而在一定程度上对其发展造成了阻碍。

二、教师的创新创业教育胜任力不足

目前，在创新创业教师队伍中，具备创新创业教育学科背景的人才缺乏，

---

① 张朝珍.教师教学决策的运行机制研究[M].北京:中国社会科学出版社,2016:226—227.

教育胜任力不足的问题普遍存在。

（一）创新创业型教师数量不能满足需求

社会发展对复合型人才的要求越来越高，需要学生们掌握更多的知识和技能，创新创业教育对复合型人才的培养具有重要的作用。经过20世纪90年代以来大规模的扩招，当前绝大多数高校的生师比例严重超标。繁重的教学任务，使得教师将主要精力耗费在教学事务上，基本的教学质量很难得到保证，其参与科研项目、创新创业训练的时间与精力自然有限。基于上述原因导致高校教师的创新创业意识不强。自2002年教育部确立8所院校作为创新创业教育试点单位，到党中央发出“大众创业，万众创新”的号召，十余年来，国内大多数高校都没有形成一支业务能力过硬、素质优良的创新创业型教师队伍。

《教育部关于大力推进高等学校创新创业教育和大学生自主创业工作的意见》指出，创新创业教育是面向全体学生的人才培养计划，但创新创业型师资队伍显得捉襟见肘。目前，在我国的大学中，主要是大学生就业指导中心承担创新创业课程教育，而师资不足的情况则一直存在。2009年《高校毕业生自主创业研究报告》通过对117所高校进行调研，发现31.62%的高校认为师资不足成为开展创业教育的瓶颈。

创新创业型师资的充足与否，直接关系到创新创业教育能否顺利开展。随着教育部鼓励各地高校开展创新创业教育，创新创业教育的项目遍地开花，可以预见未来的几年里，创新创业的培训教育项目依然是高校工作的重点。伴随着创业教育的扩大，一些潜在的问题被放大，特别是近几年，创业教育鼓励课堂采用小班化、“项目式”的教学模式，创业教育教师数量匮乏的问题更加突出。例如，对北航举办的三期创业教育骨干教师培训班调查发现，派出教师参与培训的高校数量不到全国高校总量的1/10。另外一些调研发现，高校中负责创新创业课程的教师数量不能满足学生的需求，面向全体学生开设创新创业课程成为一纸空谈。由此可见，专业的创新创业教育师资力量在大多数院校中仍然十分缺乏，这也直接导致高校的创新创业能力的薄弱。

（二）缺乏创业骨干教师

从事创业教育的高校教师不仅需要具有丰富的知识储备，还需要了解政治学、经济学、管理学、创业学等相关理论，并且还应具备相应的创业实践能力。然而实际能做到具备专业教育与创业教育“双重”能力的骨干教师较少。目前国内大多数高校还未设置创新创业专业，缺乏系统的创新创业型教师培训模式。同时，创新创业教师队伍准入门槛低、组织管理松散、流动性强，导致创新创业教师专业性不强。

调查显示，全国高校专职负责创新创业课程的教师仅占全部教师数量的10.8%，且有很大一部分是其他专业“转行”过来的，团委、招生就业等部门的行政人员和辅导员构成的比例超过66%。[①] 陈春晓对S省64所地方普通高校创业教育师资状况进行调查，发现，截至2015年底，该省具有经济学、管理学等专业背景的创新创业教师仅有12.1%。[②] 无独有偶，据2017年G省公布的“首批大学生创新创业教育导师库”分析，在该省首批802名创新创业导师中，具有管理学或经济学等专业背景的仅有44人，占总导师人数的5.49%，缺少专业的创新创业教育学科带头人以及学术骨干。而且，薄弱的创新创业基础以及创新创业研究的缓慢进展，对形成优秀的创新创业的教学、科研团队也是极为不利的。在教师层面上也存在着一些制约创新创业教育发展的因素。一方面，一些教师没能从思想上端正对创新创业的认识，以个人的主观经历判断创业教育的利弊。另一方面，现实生存压力（如职称的评定）让教师们远离创新创业项目。因而，一部分创新创业的教师既缺乏创业教育的知识储备，也缺乏与本专业对接的动力和意愿。缺乏实际的创业经验是高校教师从事创新创业教育的另一问题，缺乏有效的校企合作机制也制约着创业教育的开展。因此，组建专兼相结合的师资队伍是缓解这一难题的有效途径。在创新创业教师队伍中，创业成功人士或优秀企业管理人士也是创业课堂上的常客。但是这部分教师存在教学经验不足，课堂掌控能力差的问题，不能利用有效的课堂资源和教学机会将自己的实践经验传授给学生。

---

① 陈学军，周益发，邓卫权. 高校创新创业教师队伍建设现状及建设体系建构[J]. 职教论坛 2017(11).

② 陈春晓. 地方高校创业教育师资队伍建设的困境与机制创新[J]. 高等工程教育研究，2017(6).

（三）创新创业型教师的学历结构和年龄结构不合理

目前，我国高校现有的创新创业教育的师资队伍主要由两类人员构成：原来从事经济管理类等专业理论教学的教师以及从事大学生就业指导的政治辅导员和学生工作部门的管理干部。可见，高校现有的创新创业教育的师资队伍的学历结构、专业结构、职称结构、年龄结构都不尽合理。在这两类创新创业教育教师当中，学生辅导员和管理干部居多，多数都是思政专业，硕士研究生比例没有超过30%，博士研究生更是几乎没有。年龄多在40岁左右，具有副高以上职称的人数偏少，中级及以下职称的人数偏多。

根据调查，高校创新创业师资队伍呈现以下几个特点：一是年龄结构断层明显，中年教师占多数；二是高级职称比例偏低；三是学历偏低，占多数的为本科及以下学历者，博士、硕士学历的兼职教师比较少；四是从社会招聘的兼职教师占绝大多数，从企事业单位聘请的兼职教师占少数。① 创新创业教育的发展急需具有实际工作经验的教师，真正做到“业内人士参与职业指导工作”②。而队伍结构不合理制约了新形势下的创新创业教育发展。

（四）创新创业型教师教学资质缺乏统一认证标准

目前，创新创业型教师所获取相关资格证书的种类较多，涉及不同部门，但是尚无统一的认证标准，对从事创新创业的教师职称评审无相应标准支持，如国际劳工组织颁发的SYB培训证书、团中央颁发的KAB师资证书以及全国高等学校学生信息咨询与就业指导中心颁发的高校创业指导师和人力资源与社会保障部门颁发的创业咨询师等③。

（五）创新创业型教育师资队伍管理缺乏规范

当前，创新创业教师队伍存在管理不规范的现象。一是兼职教师所占比例过高，专职教师太少。其中兼职教师分为两种，一种是来自学校其他部分的行政兼职或者教学兼职，相对于其本职工作而言，创新创业教育是其“兼职”。

---

① 孙海燕，崔西展，田道勇. 创新创业教育视角下兼职教师队伍建设的研究——基于政策文本的分析[J]. 中国成人教育，2016(24).

② 张学英. 美国高校促进创新创业的实践及启示[J]. 职教论坛，2016(24).

③ 尉肖帅. 浅谈高校创新创业教师队伍建设[J]. 教育教学论坛，2018(38).

另一种兼职是指学校通过外聘的形式寻找校外的导师作为兼职老师，往往存在校外兼职教师的本职工作与兼职工作相冲突的情况，这一类教师往往没有归属感，因而教学质量不高。更为严重的是很多学校甚至还未设立专门的创新创业教育工作室，导致相应的管理能力不强。这两方面的原因导致很多高校创新创业教育活动难以开展或处于混乱状态。可见，我国高校的创新创业教师教育胜任力严重不足，缺乏以创新能力为基础的教育智慧。①

三、社会参与能力薄弱

为了积极响应“大众创业、万众创新”的号召并满足创新社会的需要，推动大学生以创新创业促进高质量就业，创新创业教育受到各地高校的广泛重视。在高校教授创新创业教育课程的大多是从事经济、管理教学工作或者是负责指导学生就业工作的就业办教师，这些教师往往缺乏实际的创业经验，因此很难将创业知识系统地传递给学生，也很难带动学生的创新创业热情。②

在全国高校中，行政人员和辅导员兼职承担创新创业课程的现象非常普遍。这些人员不仅要完成本职工作，还要完成附加的创新创业教育工作。对这些人员而言，承担创新创业型课程不是他们的“正业”，也不是他们实现职业晋升的“正道”，所以他们不愿意消耗更多的精力去参与创新创业相关的社会事务，社会担当意识严重不足。此外，目前高校多数从事创新创业教学的教师，既缺乏专业知识也缺少实践经验。数据显示，仅有22.89%的教师表示已经开始创业或者创业取得初步成功，其他教师均表示没有任何创业体验。要想实现对学生创新创业的指导，教师自身所具有的创业实践经验是最为直接和宝贵的财富。但是，高校创新创业教师由于缺失创新创业的实践体验，他们既不熟悉企业的运营，更不熟悉市场的需求，社会参与能力不足。

---

① 丁九桃，朱美玲. 建设创业型大学需要创新型的教师队伍[J]. 科技展望，2016(12).

② 马永斌，柏喆. 大学创新创业教育的实践模式研究与探索[J]. 清华大学教育研究，2015(06).

大部分教师缺乏必要的创业实践技能和经验，因而就不能根据学生的特长和爱好，对大学生开展的各种创新创业活动进行有目的、有计划的指导和帮扶。目前高校的创新创业型教师，大多依靠自学为主，在具体的创业以及企业管理上不具备实践经验，很难做到教学与实践相结合、理论联系实际，因而不利于学生的创业素质的培养。

另外，大多数创新创业教师表示自身在创新创业的实践体验方面经验不足，亟须获得社会实践的机会。教师们普遍希望能够通过各种途径，比如指导学生参加国家和省级创业大赛或者参与创业项目得到直接的认知和锻炼，在不断满足学生创新能力的发展需求中提升自己的业务能力，进而快速提升在创新创业实践方面的经验值。

四、自我发展动力需要提升

在创新创业教育过程中，作为参与其中的教师要明确以下观点：首先，创新创业最核心的要素是不同专业之间的融合，而且是基于专业上的创新教育，又发源于创新的创业教育，以创业为载体的职业教育，将创新创业教育脱离专业来看待是源头上的错误；其次，创新创业教育不能是功利的、短视的，既不是职业培训也不是简单的技能培训，应该是以学生的职业发展为导向，贯穿于学生的整个教育中；再次，创新创业教育不是讲励志故事，不是盲目地鼓动学生创业，激发学生不理智的创业热情，而是要将系统的知识传递给学生，包括数理化、经管以及法律知识，同时能结合实际的创业经历。诚然，教师搞好创新创业教育需要有系统的知识积累，但在初期探索阶段，扎实的专业教学水平是首要必备基础。也有很多教师没有认识到创新创业教育的重要性和迫切性，认为这门课还处于摸着石头过河的阶段，没有必要费心尽力去开垦。

当前我国从事创新创业教育的教师比较缺乏，自我发展动力需要提升。我国高校的创新创业教师在管理体制上并未设置相应的门槛准入制度，师资力量较为薄弱。同时，这些创新创业教师更多是兼职教师，他们缺乏创新创业的学科背景，也没有经过系统的创新创业教师培训。这种“先天不足”而“后天未补”的现状造成了许多高校创新创业教师没有形成完整和系统的创新创业学科体系。正是由于缺少创新创业学科的依托，许多创新创业教师缺乏必要的学科“归属感”，更缺少自我发展的专业平台和学术共同体，自我发展动力式微。

第二节　创新创业教育课程与教学系统存在的问题分析

课程是最有效、最便捷的开展创新创业教育的形式之一。作为创新创业教育的核心部分，地方高校都较为重视课程的开设，在课程体系、课程目标与课程内容等方面进行了有效的探索。目前，众多高校主动探索实施创新创业教育，但部分高校仍然存在创新创业教育课程设置和教育模式较为单一、创新创业课程体系不完备的问题，所开展的创新创业教育课程基本上是面向全体学生的创业课程指导讲座，在课程内容上缺乏针对性，更没有与学生的专业教育相结合，课内、课外没有很好地融为一体，缺乏系统性、实践性和针对性，教育效果不佳。

课程的侧重点在于两个方面：第一是普及教育，让学生意识到存在这样的一种教育；第二是侧重创业过程的技巧或者技能，这些课程往往同学生的专业没有直接关系，是独立进行的。所以，创新创业教育成了业余的创新创业体验活动，没有与专业教育融合来提升学生对专业知识的感悟。创新创业意识要融合在学生的知识文化中，通过与知识文化的“化学反应”来引起学生对认知的进一步升华。将知识转化为实际生产力，需要依赖于专业知识才能发挥效力。

一、课程设置存在缺陷

（一）课程设置方面重就业轻创业

大多数高校在创新创业教育课程设计上存在着重就业轻创业的问题，与专业教育结合度低，甚至存在部分教师仅仅将创新创业教育课当作一门一般必修课来看待，致使高校的创新创业教育流于形式。在内容设置方面，许多高校的创新创业教育课程上存在着诸多缺陷，导致创新创业课程对开发训练学生的创新创业思维和能力的效果不明显，课程内容与所学专业的关联度不强。教师的科研成果、创新技术、创业经验等没有充实到教学内容中，学生逐渐产生厌学心理，存在消极应付的现象。

（二）课程目标设置模糊

增强学生的创新精神和创业意识作为创新创业教育的核心，将学生分层分类，培养不同类型学生的创业知识与创业能力是其主要功能。高校管理者和教师对创新创业教育的认识、理解以及创新创业课程建设目标定位不尽相同。例如，一些高校将创新创业教育狭义地理解为培养企业家的教育，并以其为目标，将创新创业教育的重点放在职业生涯规划、职业技巧上；以竞赛为导向的创新创业教育则把重点放在商业计划书撰写、答辩演讲技巧上，教授传统的企业管理类课程，或直接使用西方商学院创业课程体系；有的高校将其泛化为一种素质提升培训，将学生创新实践课程、就业指导课程、职业生涯课程等纳入创新创业教育课程体系。这些创新创业教育只是从技术角度简单地传授给学生一些知识和技巧，而学生的创新精神和创业意识并不能得到有效激发，学生的创业能力也没有真正提高，与创新创业教育的核心要求产生偏差。这些既说明当前高校对创新创业教育的认知理解不深刻，也反映出创新创业教育的课程边界模糊、目标不清晰。因此，高校创新创业教育的培养目标需要从培养多少毕业即创业的自主创业者或在创业竞赛中拿多少奖项向增强学生的创新精神和创业意识、能力的方向转变。

（三）课程模式单一

需要从多学科融合的角度来看待创新创业教育。创新创业教育的课程体系设计首先要考虑如何将创新创业的理念有效融入专业教学体系之中，使创新精神和创业能力的培养成为专业教学的导向之一。在具体实施上还应重视学科的互补性和课程教学的特点，强调理论课程和实践课程的有机结合，建立可操作性强、内容多样化的创新创业教育课程体系。逐步凝练创新创业教育课程体系标准，强调规范化，减少课程设置随意性。与国外大学相比，我国大学的创新创业教育课程体系设计不够合理，存在课程形式单一、课程数量不足、课程细分不够等问题。我国107所211大学中仅有41所大学开设了创新创业相关的课程，而美国有1600所以上的大学提供了2200门以上的创业课程。与美国斯坦福大学、伯克利加州大学（分别开设21门和23门创业课程）等大学相比，我国大学创新创业教育课程设置仍存在课程细分不够（最多不超过10门），对不同类型和层次的学生培养支撑不足。

我国地方高校创新创业教育课程模式单一的问题具体表现为以下两点：第一，课程数量有限，覆盖率不高。调查显示，仅有4.7%的学生认为学校开设的创新创业教育课程很多。① 相对于创新创业教育的发展速度而言，我国高校创新创业教育课程开设的数量远远不够，课程开设情况不容乐观。另外，课程开设形式以公共选修课形式为主。很多高校尚未开设创业相关的必修课程。第二，创业实践类课程效果不佳，未达到预期目标。地方高校均在不同程度上开设如创业计划大赛、大学生创业模拟经营对抗赛等实践类课程。但是，在教学过程中，部分师生常常过于重视结果，轻视赛前的创新创业教育实践培训、赛后的创新创业项目转化与经验积累的过程，难以实现以赛促教、促学的课程目标，导致实践类课程的效果不佳。现有的创业教育课程过于死板，拘泥于理论，缺少实践平台，降低了学生的积极性，学生没有从理论到实践，再从实践到理论的这个过程。所以，学生无法从缺乏系统性的课程体系中得到有效提升。

（四）课程体系不完善

“双创”教育需要建立系统化、标准化、规范化的理论学科，发挥出高校教育资源配置和师资力量建设的合力，为“双创”教育教学提供强大支撑。严格、系统地对创业教育课程进行规划和安排，针对现有创业教育理论与实践脱节现象提出好的、切实可行的解决方案，这些都是我国高校目前在“双创”教育上所欠缺的。我国目前的创新创业教学基本游离于“传统正规教育”之外，大多是利用课余时间进行“业余游击教育”。创新创业教育的科目少、课时短和学分低，不能很好地激发学生参与创新创业的积极性，也不利于提升学生创新创业技能的学习自觉性。

---

① 徐文婷.高校创业教育质量保障机制研究[D].西南大学,2016.

首先，由于创新创业教育未能纳入专业课程体系，教育者和受教育者都未能加以重视，将其仅仅作为一种跟踪热点和追赶时尚的行为，多数高校的创新创业教育课程以任选课的形式出现，在实际教育过程中往往流于形式，存在着被其他课程挤压的现象。

其次，部分高校的创新创业教育与现实的专业知识和专业实践脱节，与瞬息万变的市场信息和市场形势不符。在课程内容的设置上，由于很多高校的“双创”教师“学院派”的出身，对社会经济领域不敏感，对经济社会的变化认识不深刻，很多学校创新创业教育课程没有系统性，与专业课也没有任何衔接，创业教育课程陈旧，理论更新速度慢。其实就是没有系统的教育课程体系，没有相应的教学管理体系，没有配套的创业教育教科书，也没有积累的经验或案例。教育内容相关度小，部分高校的课程直接移用管理学、经济学等相关学科的课程。教学的针对性和实效性不强，开展的创新创业教育仅仅只是一些商科课程中讲授一些描述性的知识，或内容局限于就业指导、政策宣传、面试技巧培训、人际关系处理方法等，只能帮助大学生形成知识而难以形成思维与技能，与中国的创业实践和创业环境相脱节，难以达到“双创”的实践要求。

再次，简单地将创新创业课程纳入人才培养计划、设置创新创业学分，不能够保证创新创业教育真正融入人才培养的全过程。现实中，开设讲座成为各所高校进行创新创业教育的主要手段，导致创新创业教育一直与整体的课程系统疏离。如果理论系统不能及时更新和完善，只是将那些零散、陈旧的信息堆砌在所谓的就业指导课程中，就不会对高校的创业教育有指导意义。创业教育课程讲求的是理论与实践相结合，并能使学生灵活应用，教学方式和课程设置的灵活性和创新性直接影响创业教育被接受的效果。真正的创新创业教育应当与专业教育有机融合，共同服务于创新人才培养的整体目标。在专业课程中，要注重创新意识、创新思维的培养，培养学生发现问题、自主探究、解决问题的创新能力；创新创业类课程设置要与专业课程体系有机融合，应当结合专业发展方向，设计出符合各个专业特性、富有针对性的创新创业类课程；创新创业实践活动要与专业的实践教学、实验教学有效衔接，将实践教学面向行业发展的实际落到实处，赋予、激发实践教学真正的活力。

二、教学模式不够优化

教学对创新创业教育以及人才的培养具有重要的意义，是实施创新创业教育的中心环节。创新创业教育之所以被认为是推进人才培养方式改革的突破口，关键在于其给出了全新的人才培养方式，对个性化的人才培养有重要意义。当然，目前在创新创业教育中仍然存在着“重理论、轻实践”“重传授、轻创新”的现象。因而，创新创业教育并没有发挥其创新的本质内核。

（一）受传统教育模式的影响缺乏创新

高等教育的教学模式在近年来有了很大的革新，在创新创业教育指导思想、课堂教学手段、授课方式和考核形式等方面都做了创新性的有益尝试。由于目前我国在教育领域仍然是应试教育占主导地位，虽然一直在提教学改革，但一切以考试为目的的教育学习理念并没有太大的变化，在教学中教师总是以标准答案为模板，学生学习就是为了期末考试考出高分。高校是一个培养学生创新思想和自主学习能力的场所，但就目前的情况来看，高校仍然以传统教学考试方法为考核学生学习情况的主要手段，教育方式依然封闭、陈旧。标准化考试使学生的创新思想和热情在一次次的备考和考试中消磨得所剩无几。失去了创新精神，独立分析和思考问题的能力，学生就会越来越缺乏活力，也缺乏举一反三、将跨学科知识联系起来应用到实践的能力。

（二）教学缺乏整体设计

现阶段我国地方高校的创新创业教育主要由两个部分构成：一是通过课堂讲授，帮助学生了解和掌握创新创业的基本知识；二是组织和鼓励学生参加创新创业大赛。创新创业教育过程遵循“知、情、意、行”循序渐进的认知规律，是一个认知升华的过程，因而在具体的课程实施过程中也是一个逐步深入的过程，从入门实战，逐步推进。我国大学生创新创业教育的整体设计不足，导致在大学生创新创业教育上的投入也相对有限，创新创业教育定位不清、地位不高、方式单一。在实践方面，多采用类似“职业规划”、校内模拟实训的方式，创业实践仅仅局限于社团活动的层面，流于形式。受此影响，一些教师将创新创业教育定义为针对少数学生的创业实践和就业培育行为，忽略了学生创业思维的锻炼和培养。个别教师由于缺乏创新创业教学管理经验，教学方法单一，教学形式落后，主要采用传统的教师教、学生学、期末考核的形式，缺乏创新创业理论与创业社会实践的考核。总而言之，我国地方高校在创新创业课程的教学内容的安排上存在针对性不强的问题，往往将就业和择业教育糅合其中，而且课时安排的限制，与创新创业相关的重要内容被简单化处理，甚至一笔带过，导致学生无法从教师的讲授中学习到涉及创新方法及市场运作、风险投资等一系列的知识。在开展的大学生创业计划大赛中，大多数学生只是为比赛而比赛，鲜见以比赛为契机，顺利实现科技成果转化或者创业成功的案例。

（三）教学内容缺乏针对性

《国务院办公厅关于深化高等学校创新创业教育改革的实施意见》明确指出："教师开展创新创业教育的教学方式陈旧单一，针对性、实效性较弱。"虽然创新创业教育试点院校在开展创业教育教学过程中，也结合了案例教学、小组研讨的方式，但仍以课堂讲授为主，以课本为中心，授课形式单一，教学内容的学科交叉性、前沿性、实用性明显不够。教学是学生与教师的双向互动过程。作为学习的主体，学生应积极参与到教学过程中，发挥其主动性。然而，这种以课堂讲授为主的方式忽视了创新创业教育课程的特性与学生自身的特点，不仅使学生难以直观地学习创新创业方法、创新创业技能等实践方面的知识，更难有效激发学生的创新创业动机与意向，培养其创新创业素质，在一定程度上影响了创新创业教育的实际效果。创新创业教育不能流于知识的传授，而应当着重培养学生的创新能力、动手能力，创新创业类课程应该是能够激发学生探究兴趣的实践性课程。目前专门的创新创业课程还仅仅停留在知识化的创业培训阶段，教师也只是照本宣科地进行创业知识讲授，教师上课以传播理论知识为主，仅限于教材内容，很少涉及当今就业政策、获取企业就业信息方法、制作简历技巧以及实践工作经验等实际内容。实践教学环节系统性不强，多以参观、讲座等形式开展。这让创新创业教育走进了迷途，也让学生对创新创业课程失去了兴趣。

开展各种讲座和创新创业竞赛是大学中最为普遍的创新创业教育形式，其着眼点是加强创新创业的技能训练，弥补学生只学习创新创业理论知识的不足。一项关于“学校采用的创新创业教育形式”问题的调查结果显示，选择“开设选修课程”的学校占27.2%，选择“开设专业课程”的占11.1%，选择“成立创新创业教育指导机构”的占18.8%，选择“建立创新创业实践基地”的占15.5%、“开展创新创业教育讲座”的占63.1%。调查中发现目前创新创业教育在大学教育中的学科地位呈边缘化现象，创新创业教育与专业教育结合不够紧密，独立设置的创新创业教育课程较少，且与专业课程关系不大。另外，大学创新创业教育机构和实践基地很多没有落到实处，没有发挥应有的作用和效果。学生的活动参与面不大，积极性不高，创新创业教育容易流于形式。可见，不完善的教育实践体系，制约了高校创新创业教育的质量水平。

(四) 高校创新创业教育教材开发落后

创新创业教育课程体系的建设需要以教材为支撑。目前，创新创业教育开展较早的一批国外大学已经开发出一些优质适用的创新创业教育教材，这是我国在开展同类型的教育中可以借鉴的非常好的内容。目前，我国的创新创业教育的教材还不够完善，缺乏系统化，教材编制比较随意。创新创业教育在我国开展的时间较短，因而在相关理论以及教材编写上经验不足。教材是课程内容的载体，当前，高校使用的创新创业教育教材普遍是根据英文改编而成，如《大学生创业基础》。由于思维、方法等方面的差异，该类教材并不完全适用于我国的大学生，难以满足他们学习创新创业理论知识的诉求。虽然近几年我国自主研发的创新创业教材日益增多，如清华大学出版了《创业管理学》《高技术创业管理》等教材，但总体而言，权威性的教材依然缺乏，教材的数量与质量都有待提高。教育主管部门和高校应该加强创新创业领域相关理论的研究，通过加大课题立项和经费资助的方式形成一批有特色的创新创业教材，在此基础上探索有效的教育模式和方法，为我国特色的创新创业教育提供参考，而不仅仅是照搬西方的理论和教育模式。

第三节　创新创业教育支持环境存在的问题分析

在多年来计划经济和传统教育模式影响下，大多数高校对创新创业教育理念认识不到位。当前我国高校开展创新创业教育的观念培养偏重引导学生适应职业和岗位，而没有对学生进行有效的开发新职业和岗位的教育。创新创业教育尚停留在一味地指引学生在大学学习期间扎实学好专业文化知识，毕业时强调面试技巧和入职后如何踏实做好本职工作以及入职初、中、后期的职位晋升规划的阶段，缺乏对学生进行创办企业、创造就业岗位的引导。传统的高校教学管理者认为，学校只要重视学生专业知识的传授，就可以帮助他们在毕业后找到不错的工作，在创新创业教育过程中，只是浅显地讲授创新创业的基本知识，有的甚至还强调毕业后找工作时面临的各种问题的解决应对措施，而将大学生创新创业过程中出现的政策困惑、创新和创业应注意的各种具体现实问题忽略不谈。家长和学生本身的传统就业观念认为，获得扎实的专业理论知识意味着学生在毕业后便能找到一份合适的工作，将来就可以出人头地。因此学生和教师都一味盲目地强调专业课的重要性，从而忽略了创新创业教育，极大地削弱了创新创业教育应带来的观念变革和创业实操训练。

最初实施“双创”教育的目的是有效缓解大学生就业难的问题。从实际效果看，创新创业教育的开展确实为大学生创造了更多的就业机会。但是，随着社会经济的发展，仍然以就业为导向的创业教育显然不能完全满足人的自由全面发展的需要。这种以就业为导向的创业教育在价值取向上带有明显的功利性，容易造成大学生目光短浅、急功近利、社会责任感缺失、发展后劲不足、企业发展缺乏战略性目标等问题。创新创业教育需要一个战略性的指导目标，而不能短视地以当前的利益为主，这样才能真正地实现可持续发展。

作为联合国公布的“第三本教育护照”①，创新创业教育享有与学术教育

① 1989 年，联合国教科文组织在“面向 21 世纪教育发展趋势国际研讨会”中提出创新创业教育是“第三本教育护照”。

和职业教育同等重要的地位，但是这种地位目前并未被学校和社会广泛接受。当前，社会整体对创新创业的内涵理解不深入，更多的人只重视创业或将其仅仅视为是缓解就业压力的一种途径。在创新创业教育发展的保障体系层面，地方高校存在着包括人文环境在内的重视度不高、软硬设施不足、体制机制不完善、评价体系不合理等问题。

一、对创新创业教育缺乏重视

创新创业教育应以提升大学生创新能力为核心，以提高大学生的综合能力与素养为己任，鼓励大学生勇于进行创业的尝试与探索，而不只是单纯地追求创业的结果。① 虽然学界、各高校都认为应该加强创新创业教育的资源配置，而且对大学生的创新创业宣传力度也在逐渐加大。但是，目前在课程设计、教材编排上仍然存在一些问题。过于强调对理论的教学，导致学生们的实践能力不足，缺乏足够的分析问题、解决问题的能力，不利于“双创”人才的培养。很多学校没有把创新创业教育作为一项战略来布局，使“双创”教育沦为小众化的教育或者形式教育，教育质量大打折扣。同时，师生内部和高校领导者对“双创”教育也存在一定的误解。第一误解是认为创新创业教育只是针对少数人的教育，与大部分学生的关系不大。这直接导致了师生投入的热情不高。第二误解是简单地以创业成功率作为评价创新创业教育的指标。这也使得高校在创新创业教育工作中热衷于打造成功的学生创业典型，而忽略了创新教学改革，可谓舍本逐末。

（一）高校对创新创业教育缺乏重视

创新创业教育是当前形势下在高校中重点实施和推广的一类教育内容。目前有许多高校对创新创业教育重视程度不够，不少高校创新创业教育的实施仍停留在大学生职业生涯规划的补充范围，又或是作为就业指导中心工作的一项新的内容，并没有把大学生创新创业教育提升到一个新的高度。多数

① 刘隽颖. 高校创新创业教育的背景、现状与突出问题[J]. 南昌工程学院学报，2016(02).

地方高校虽然将创新创业教育纳入课程体系建设中，但整体层次太低，多数是以讲座等形式展开。个别学校建立有创新创业中心，但缺乏真实项目载体和创新环境氛围。一些高校教师和管理人员对开展创新创业教育的意义和内涵认识不深刻，缺乏实质的了解甚至在观念上存在误区，需要进一步打破这些固有的认识。

（二）大学生的创新创业主观能动性不足

《麦可思2014年中国大学生就业报告》的数据表明，有创业意愿的毕业生占全体毕业生的55%左右，但是真正投入创业的人数只占1%。这一数据与发达国家动辄20%—30%的毕业生创业比例相差甚远。而且，目前我国的高校创新创业教育缺乏成功案例。

第一，学生创新创业意识淡薄，缺乏行动自觉。创业创新教育的主体是具有创新创业思维和意识，并具有创新创业能力的青年才俊。目前，很多大学生对创新的信心不足，动手能力不强，缺乏创新创业意识，只愿意毕业后找一份稳定的工作，认为创新创业教育是为少数准备创业的学生进行指导。还有的学生简单地将创新创业教育与职业生涯规划类比，对创新创业教育理解不够。近年来，国家和各地方纷纷提出要推动"大众创业、万众创新"，并出台了一系列扶持创新创业的政策。高校也纷纷提供专项资金，推动高校创业孵化园的制度建设，加大对大学生创新创业意识和能力的培养。但是，创业的成本很高，而且存在着极大的风险，而毕业生面临的就业压力也空前巨大。据统计，我国2017年各类高等教育的在校生已经高达3729万人，高等教育的毛入学率达到45.7%，毕业生就业压力增大已成为必然结果。然而对于部分大学生来说，他们还没有意识到未来就业难题对自己的影响，所以大多没有创业意识，接受创新创业教育的主观能动性不强。25岁左右的学生在毕业后再去尝试风险巨大的创业就会遇到极大的阻碍。这些现实问题导致很多学校、学生的创新创业意识不强。国家或是各地方、学校举行的各种科技比赛、创业设计大赛、实践活动等也在很大程度上是流于形式，难以通过竞赛帮助大学生创新创业教育取得实效。纵然有以上所述的客观现实问题，但很多大学生缺乏创新意识、不敢创新创业、风险意识淡薄等，才是导致创新创业教育难以取得实效的根本原因。

另外，学生只能从书本上学到粗浅的办公司、开企业的一些理念、方式、方法，大部分得不到科学的创业理论来支撑，得不到充足的创业实训条件、设备，得不到有丰富创业实践经验的教师的引导和带领等，其结果是浪费了学校、企业和社会的创业资源、扼杀了学生的创新创业热情，学生没有成为高校创新创业教育的实际受益者。

第二，学生对创新创业课程安排不感兴趣。根据教育部出台的《普通本科学校创业教育教学基本要求（试行）》，高校开设的创业基础课程应不少于32 学时、不低于 2 学分，有条件的高校可以结合专业特点开发、开设选修类的课程。在教育部的要求和号召下，全国各高校的创新创业课程如雨后春笋般出现，形式也多种多样。尽管如此却没能充分调动学生们对课程的学习热情，很多学生仅仅把创新创业课程当作一门普通的专业课用以获得相应的学分，对课程并没有深刻的认识，更没有创业方面的打算，创业的意愿并不强烈，因而，其在课堂上的表现不甚积极。在授课过程中，教师发现有创业想法或对创业感兴趣的学生仍占少数；主动与教师取得联系，课下探讨，希望得到创业的有关知识及相应实践指导的学生不到 1/10。而且，在课堂表现上存在明显的性别差异，男生往往更加活跃，注重如何实现项目目标，对问题的回答详细、精准、有针对性；而女生尽管能积极地上课，保持较高的出勤率，但是对教师的问题比较冷漠，课堂参与度不高。

（三）家庭对创新创业教育的认识不到位

社会是由各个基本的单元按照一定规则组合而成，家庭是社会单元中最基本的组成单位，各种社会思潮、品德、规范和社会习俗都在家庭中集中体现，直接影响着大学生创业意识的培养和创新能力的提高。受中国传统文化的影响，很多家庭经济条件优越的学生家长，他们大多本身也接受过良好的教育并且拥有一份不错的职业，这些学生家长可以给孩子更多的指导和帮助，从而使这些学生更容易获得有益的信息，能够较为准确地对自己的人生目标进行定位，能够更有勇气去面对和解决遇到的困难和挑战，结交到对自己产生重要影响的朋友。

那些家庭经济条件一般和不富裕的学生家长，他们受教育的程度不是很高，一直在为生计拼搏和劳累，把对轻松、稳定工作的渴望寄托在下一代，希望自己的孩子在将来能够选择和获得一份具有不错收入、有一定的社会声望和地位、稳定的工作。这些都在无形当中扼杀了学生进行创业的愿望，让他们一门心思搞好专业文化课的学习，丧失了创业的原动力。我国的大学生大部分都对创新创业有一定的兴趣并愿意尝试，但由于长期的应试教育严重束缚住了他们发散思维和创业意识的开发，更喜欢循规蹈矩，并且在面对挫折和困难时往往容易退缩，缺乏坚毅的品质和坚持不懈的作风。创业实践中一旦遇到困难就容易打退堂鼓，缺乏面对困难的勇气和胆量，更缺少攻坚克难的魄力，严重阻碍了创业创新能力的培养。

二、创新创业教育保障体系亟待完善

创新创业教育的实践性在高校工作和社会层面都十分突出。从政府的政策支持层面到企业机会和资金支持，以及高校层面的教学资源支持上，目前我国的创新创业教育保障体系亟待完善，离“双创”教育的目标还有较大距离。虽然政府和全社会都认识到了创新创业对于民族进步和人的全面发展的重要性，但是整体的创新创业的大环境还是不理想，在政策和资金支持上不到位。在大学生创业得不到足够的资金支持和优惠的条件时，如果相应的教育硬件和软件设施也不配套，那么创新创业教育成效必然受到影响。

（一）相关政策落实不到位

高校创新创业教育的迅速发展，对我国高等教育的深化改革以及创新型国家的建立具有重要的现实意义。若想真正发挥高校创新创业教育的功效，关键在于制定和实施一系列科学、合理，适应高等教育改革与发展的政策。对政府而言，为高校创新创业教育的开展保驾护航，出台创新创业教育的相关保障政策是其应有之义。

国外创新创业教育的发展很大程度上得益于政府部门的政策引导，美国、日本、英国等创新创业教育较为发达的国家都采取了积极措施去鼓励、引导创新创业教育的开展。如美国颁布的《贝多法案》《史蒂文森—魏德勒技术创新法》《小企业创新发展法》等支持科技创新转化和小企业发展的政策法案，为创新创业教育提供了良好的政策环境和制度环境。日本颁布了《推动具有创新创业精神的人才培养报告》《大学技术转移促进法》《中小企业有责法》以及《中小企业新事业活动促进法》等政策文件。英国则通过启动“大学生创业项目”，设立“科学创业挑战基金”以及“高等教育创新基金”等方式促进创新创业教育发展。

当前，我国高校创新创业教育政策在具体落实过程中的效果有限，对创新创业教育并没有起到良好的指导作用，对大学生创新创业的支持政策不完善，落实不到位。鼓励高校开展创新创业教育的文件、规定下发不少，但落实检查不到位，落地不及时，奖罚力度不大，造成我国高校开展创新创业教育“雷声大、雨点小”的现象比较普遍。中央、地方各级政府都针对创新创业给予了不少支持政策，但是在高等教育领域的大学生“双创”实践的扶持政策并不完善，尚未对高校与相关企业合作的政策指明方向，对大学生创业有针对性的支持政策过少，在创新创业实践中，高校、企业、学生三者之间的联动不足。

大学生创新创业教育被推为高校的单方面责任，弱化了政府与社会的责任与角色。例如政府制定的方针政策中，没有关注大学生创新创业的实际困难与诉求，对大学生自主创新创业的扶持力度不够。其中资金匮乏问题导致很多创新创业想法被扼杀在萌芽阶段，即使大学生创业成功，也很难达到理想的规模效益，创业的质量水平有待提高。主要表现在以下四个方面：第一，创新创业教育政策缺乏整合性、系统性。在政策制定上，近5年来虽然在国家层面颁布了一系列创新创业教育相关政策，对创新创业教育的各方面出台了相应的规定，但整体而言，政策之间缺乏相互联系，并没有很好地实现衔接，政策的系统性、可操作性不强。第二，创新创业教育政策的普及度不高，大学生对政策的掌握程度较低，导致政策未发挥应有的效果。目前大部分学生并不了解创新创业教育的相关政策，除大学生自身因素外，一些地方政府与高校并未充分利用网络等新兴媒体大力宣传相关政策也是造成此问题的原因。第三，创新创业教育政策的执行力弱。创新创业教育政策在具体落实到相关地区、部门、高校中时存在执行力度不够的问题。导致创业教育政策执行力弱的原因是多样的，例如，部分地方政府与高校未认真学习与贯彻执行各项政策，工作人员的创新创业服务专业化水平也有待提高。另外，创新创业教育政策并未明确规定国家、社会与高校在创新创业教育中应当承担的职责，也是导致政策执行力弱的原因之一。第四，高校创新创业教育政策指导与政策扶持不够配套。尽管在国家颁布的政策指导下，部分高校根据自身实际情况制定了一系列具体的政策，如西南大学出台了《西南大学深化创新创业教育改革实施方案》，在课程体系、教师资源、经费保障等方面做出了规定。但由于种种条件的限制，高校给予的相关扶持政策十分有限，尚待进一步加强。

（二）创新创业教育的经费投入不足

足够的经费是保障创新创业教育质量的基本要素之一，在一定程度上还影响着创新创业教育的水平与发展方向。目前，我国高校创新创业教育的经费投入不足，严重制约了大学生创新创业活动的顺利开展以及我国创新创业教育的长远发展。在国外，除政府资金资助外，创新创业教育的经费还包括社会捐赠基金以及高校通过诸如校友会等组织筹集的资金。反观国内，高校创新创业教育经费来源单一，主要资金来源于政府拨款。近年来尽管政府日益重视创新创业教育，给予了大量的资金支持，并出台了配套的优惠政策，但仅仅依靠政府这一渠道获取的经费难以保障创新创业教育在高校的深入推进。由于创新创业教育的成本较高，政府真正给予高校进行创新创业教育的专项资金较为有限，这也是大学生创新创业教育发展中的一个重要瓶颈。

另外，在创新创业教育的实践环节和资金来源方面，地方高校与部属高校之间存在明显的差距。创新、创业与实践的联系紧密，对高校大学生来讲，其与专业课学习、产学研实习以及假期实践并不相同。与以上几种学习实践相比，创新创业需要有资金的投入，并且通过科技成果转化或者创业孵化经受来自市场的检验和洗礼。这意味着，来自教师的理论知识学习并不是创新创业的关键，还需要创新创业的氛围、创新创业孵化基地以及与市场相关的网络和资源、风险投资机构、金融市场的支持等等。以上提到的各种资源，在目前高校的创新创业教育中相对缺乏。

在社会层面，企事业单位、行业协会、公益团体和私人等捐助的创新创业基金仍未成为主流，这些机构所提供的经费也远远不够。在高校内部，虽然高校积极通过多渠道筹措资金，如联合优秀校友建立创新创业种子基金等，但相对于大学生寻找资金帮助的需求，所投入的资金十分有限。综上所述，目前开展创新创业教育的资金额度远远不够，在一定程度上影响了创新创业活动的有效开展。

（三）高校软硬条件有限

当前创新创业教育的主要承担者是学校，由于创业资金的来源渠道单一，鲜有丰盈的社会资金或民间资金注入，因此，学校要采取有效措施，提供创新创业教育的空间和平台，供学生实践创业创新。对高校自身而言，其目前的条件不利于创新创业教育的发展。多数学校尚未真正建章立制，对国家创新创业教育的政策和有关的规定落实不到位；创新创业教育的师资力量匮乏、水平有限；开展创新创业教育的实训条件、设备和软环境不完善等。以上这些都是制约高校开展创新创业教育的主要瓶颈。创新创业教育也需要良好的软硬条件，虽然多数高校已经进行了课程体系改革，而多数学校对创新创业教育资金扶持不够，导致资源要素薄弱，平台建设滞后，氛围营造不足，缺少对师生创新创业的政策激励。当前，绝大多数高校都通过提供专项资金来创建大学生创新创业孵化园，在学校内为学生提供专门的创业启动资金、创业孵化场地以及相关技术，在创业孵化园获取收入的项目，可以在一定期限内享受税收减免政策。但是从实际调研情况来看，很多高校的创业孵化园运行情况并不好，学生的创业积极性不太高，创业层次也比较低，大多数创业项目都还停留在卖小商品的初级层面。

实践培训是提高大学生创新创业能力的重要路径，有利于将创业意向转化为实际创业行动。然而当前大多数高校的创新创业教育重视理论讲授，实践培训相对不足，缺乏实践的平台，不能很好地与经济社会接轨，与行业企业的联系不密切，不能根据学生的创新创业反馈、区域经济发展动态制订更加清晰合理的、科学有效的教育方案。

（四）组织管理机构设置不够健全

未设立专门的创新创业教育管理部门和研究部门，分工不明、工作混淆的现象普遍存在于全国范围内大部分高校中。有研究者在梳理与总结的基础上指出，创新创业教育大部分是由学生管理部门、就业指导部门、团委或者思想政治研究部来负责授课、组织活动，并且创新创业教育多数是由主管学生工作的校领导分管，而主管教学的校领导很少涉及有关创新创业教育的课程设立和施行，教务部门对创新创业教育的管理也有所缺失，非教育教学管理部门却作为创新创业教育教学主体来管理或过多参与课程教学工作，创新创业教育这种比较零乱的管理局面需要改善。可以看出，高校的相关部门之间并没有进行整合，“学”与“践”无法紧密相连并相得益彰，因此创新创业教育工作的实际成效大打折扣，甚至事倍功半，迟滞了创新创业教育体系完善的速率。同时，各大高校之间针对创新创业教育的交流、互动与联系也是寥寥无几。

总之，对创新创业教育理念的理解程度不高、管理制度不够完善、行动落实不到位，已成为困扰当下创新创业教育管理的实际难题。地方高校创新创业教育的设施缺乏，教育实验、教学设施建设比较滞后。多数院校还没有建立起相关的实验室和实训室；媒体教学也没有跟上时代的步伐；实践基地的建设尚不完善，多采用企业参观等形式，缺乏实效性；校企协作教学对多数院校来讲还只是探索。

（五）社会和企业执行不乐观

第一，大学生创新创业的社会帮扶力度不够。在政府政策指引和大力号召下，越来越多的大学生加入创新创业的队伍，但是大学生创新创业教育仍处于起步阶段，需要得到社会各界更多关注和支持。创业启动资金是制约大学生创新创业的最主要因素，社会各界的支持成为大学生创新创业的重要保障，也直接影响大学生创新创业的积极性与创新创业热情。经济新常态背景下，社会经济环境相对复杂，社会经济状况和国家经济政策的变更将影响着企业的生存和发展，制约着投资人的投资积极性，特别是大学生创新创业项目由于经验匮乏、储备资本薄弱，往往难以获得投资者的青睐，社会各界组织机构及个人投资行为较为被动，大学生创新创业参与度不高，造成大学生创新创业融资存在一定困难。同时，大学生创新创业技能上的学习和实践机会有限，其企业的运营与管理与专业技能均需要得到进一步指导和培训，创新创业综合能力存在诸多不足，加之缺乏社会经验与人脉资源，大学生的创新创业实践面临诸多阻碍，需要社会各界的帮扶与指导。目前，社会与高校的链接资源匮乏，社会范围内的创新创业技术指导和相关业务培训缺乏，互动学习机会不足，社会组织参与大学生创新创业积极性不高，帮扶力度不够。作为社会和企业，对政府出台的创业政策、规定解读和执行要精准到位，对高校开展的创业教育要给予正面积极的回应和支持并提供帮助，全社会要营造鼓励大学生创业、尊重大学生创业的氛围和环境，而现实情况很不乐观，存在方方面面的问题，需要我们提出解决办法和应对策略。

第二，实践培训平台建设不足，保障不力。由于高校与企业间缺乏深度合作，大学生到企业进行顶岗实习、进一步创业孵化的实践平台体系建设不完善，不能使创业理论知识在实践中得以锻炼和升华。一方面，实践培训资金投入不足。部分高校缺少对创新创业教育的资金投入，未能最大限度地吸引社会和企业外部资金，实践培训平台运作资金不足。另一方面，高校、企业、社会和政府间的合力育人机制未能形成。政府政策支撑力度不够，社会团体力量的参与度低，未能建立校企协同合作的教育模式，没有形成支持大学生“双创”实践的社会合力。封闭式办学的传统模式下，企业与市场的沟通不畅，合作、融合、共享的平台和机制缺失，在其他的项目、政策、资金以及人才保障上更是无法充分调动资源。基于以上几种原因，很多高校很难在创新创业方面有所建树，甚至在与政府共享此类资源的机制都没有；在政策上完善的同时，如何将政策“落地”也同样值得关注。

三、创新创业教育的服务保障体系亟待完善

创新创业教育是一项系统性的工程，需要政府、高校、社会、学生等共同努力、相互配合。目前创新创业教育得不到有效推进，主要在于政府引导不到位。近年来，虽然政府出台了促进创新创业的相关政策、制度，但是在具体的支持措施上依然存在很大局限性，如大学生创新创业的法律法规以及激励、扶持政策不够健全。阻碍大学毕业生创业最大的障碍是创业启动资金不足及创业后无力承担风险，这也是创业初期和创业过程中大学生创业者面对的最大挑

战。在校大学生以及刚毕业的大学生无经济收入，属于创业场上的弱势群体，需要政府和相关部门以及高校的大力支持与帮助。同时，初出校园的大学生社会经验不足、创新创业技能较为缺乏，需要政府及相关部门的指导和帮扶。

然而，尽管我国大学生创业引领计划提出了“提供工商登记和银行开户便利、提供多渠道资金支持”等具体措施，并制定了发放小额贷款、降低贷款门槛和减免营业执照注册费用等优惠政策，社会融资渠道也日渐丰富，但是目前在创新创业活动中大学生的权益保护方面，我国尚无明确的法律法规支持，针对大学生创业失败风险的管理办法尚未出台。我国的《就业促进法》为创新创业提供了法律依据，但条文规定过于笼统，缺少针对大学生创新创业的条文规定，一旦出现因大学生创业失败造成的权益纠纷，大学生无疑将承受巨大经济负担和心理压力，导致很多大学生选择回避创新创业，以最大程度规避风险。

另外，当前大学生创新创业的帮扶力度不足，创新创业项目选择、创业政策咨询、创业启动资金、风险评估和技术指导、风险资金保障、技术指导与跟踪扶持缺乏，大学生创新创业激励政策有待进一步健全。再加上政府创新创业政策宣传力度不足，政策普及方式与途径较为零散，大学生创业服务网等官方权威网站影响力不够，大学生创新创业绿色通道等诸多惠及大学生的政策措施无法被大学生熟知，导致大学生在选择创业时顾虑重重。同时，创新创业政策普及范围较小，除有志创业的大学生外，主动进行政策学习的为数极少，因此政策宣传落入被动局面。这种由于宣传力度不足造成的信息不畅，无形之中造成了政策资源的浪费，无法实现大学生创新创业政策常识的广泛覆盖，诸多优惠政策无法惠及广大学生。同时，创新创业教育在高校中依然属于边缘状态，在各个部门中仍然处于不受重视的状态，甚至很少被领导提及。创新创业教育大多是由教务处、就业指导部门等来组织创新创业理论授课，团委、学生管理部门等来组织创业赛事等相关活动，有部分院校建立了创新创业领导小组或办公室，但下设在教务处或其他部门，由校领导和各个部门共同管理。部门之间不能很好地协作，导致各部门各自为政，管理秩序混乱。教务处未发挥主体作用，导致创新创业教育与专业、学科脱节，很难得到纵向发展，由此导致了在创新创业教育方面机制上的落后。更有甚者，一些学校缺乏对创新创业教育的长期规划，只停留在举办创新创业讲座或者创业大赛的初级层面，没有将创新创业纳入整体的教育管理体系中。没有完善的创新创业教育体系，创新创业教育就会成为没有实效的形式化教育，也就不能真正地提高学生的创新能力和创业能力。

创新创业教育质量的保障，需要相关服务保障体系的支撑与协作。创新创业教育的服务保障体系可以为创新创业教育活动的开展提供良好的生态环境。当前地方高校创新创业教育的服务保障体系并不完善。具体而言，表现在以下三个方面：

第一，创新创业指导服务中心的缺失。根据《国务院办公厅关于深化高等学校创新创业教育改革的实施意见》要求，需要在学生创新创业上给予一定的便利政策，例如允许休学创业、设立创业奖学金等，为学生创新创业提供制度保障。在具体的制度实施中，仍然需要具体的组织机构的支持，因而大学生创新创业的指导服务中心就显得尤为重要。指导服务中心不仅负责对创新创业的大学生进行跟踪与帮扶，为大学生创新创业提供全程支持与服务，同时也是大学与社会、企业之间有效沟通的平台。就目前情况看，很多高校仍然没有专门的部门负责创新创业工作，虽然就业指导中心也承担着指导学生就业、创新创业的职能，但多数处在新创阶段，人员配备不齐，工作目标定位不明确，工作尚未捋顺，难以系统、全面地做好创新创业教育的宣传引导工作，对于学生在创新创业过程中遇到的诸如融资、财务管理等一系列问题很难给予及时、有效的指导。另外，值得注意的是，尽管一些高校为创新创业的大学生建立了创新创业咨询服务中心，然而，调查结果显示不少学生并不清楚有此机构，在一定程度上反映出机构在管理运行中存在诸如宣传力度不足的弊端。

第二，创新创业教育实践平台普及率不高，未发挥其应有的作用。不同于一般的教育活动，创新创业教育的突出特征在于实践性、创新性。因此，为保障创新创业教育活动的顺利开展，需要为师生提供平台，保障他们进行创新创业项目的开发、研究与实践。调查发现，仅有少数学生真正参与到创新创业教育的实践平台中去。造成这一问题的原因是多样的，除大学生自身因素外，创新创业实践平台的发展存在一定的盲目性与随意性，以及在管理过程中存在问题，如学生进入创新创业园区或孵化基地要求过高，都影响了创新创业实践平台的普及。

第三，缺乏必要的创新创业教育信息服务。目前，高校自身的网络服务平台建设不足，缺乏与全国大学生创新创业服务网与地方创新创业服务网的对接，难以较好地为学生提供创新创业课程学习、创新创业资源申请等在线信息服务。调查显示，学生主要依靠网络获取创新创业政策等相关信息，却较少依靠学校图书馆获取，说明学校图书馆在为学生提供信息服务方面存在不足，并没有充分发挥其在创新创业教育中的应有作用。而且，规定的制定需要有不同部门通力协作完成，仅仅在学分的计算与转换上就需要教务处、学工处以及学院的配合。正是因为规定的制定复杂且周期长，因而在经验不足的情况下，需要相当长的协调与配合时间。

四、创新创业教育评价体系不合理

创新创业教育具有综合性、实践性的特点，其培养目标侧重精神和能力，与专业教育所强调的理论知识有所区别。创新创业教育质量评价，不仅是对“教育质量”必不可少的价值判断，同时亦是对“教育条件”“教育管理”等创新创业教育实际运行状况的重要检验。科学、客观的创新创业教育质量评价体系，是衡量我国高校创新创业教育实施效果与发展水平的关键。本研究结合已有的研究成果与目前高校创新创业教育的质量评价现状，发现创新创业教育质量评价体系存在以下问题。

（一）评价主体单一、评价标准片面

首先，评价主体单一。目前对高校创新创业教育质量评价主要由政府与高校进行，社会上的中介机构、企事业单位较少参与。层次单一、不够多元的评价主体难以做到全方位、客观衡量高校创新创业教育的质量。其次，评价标准具有片面性。当前的评价标准主要有数据指向、能力指向、锦标指向，尽管这三种评价指标指向都在一定程度上客观反映了创新创业教育的效果，但对于具有长期性与复杂性特征的创新创业教育而言，这三种评价指标指向无疑具有片面性，难以真正衡量其效果。最后，对创新创业教育质量评价工作的重视程度不够。多所高校建构的创新创业教育的评价体系及评价指标不够完善，在实施之后的质量报告中，也没有将创新创业教育的情况进行重点说明。另外，评价指标体系也未实现对创新创业教育的系统评价。

（二）创新创业教育评价导向存在偏差

一方面，我国高校开展创新创业教育起步较晚，与国外发达国家相比仍然处于滞后状态，尚未形成由社会、政府、高校及学生组建的多元一体化“双创”教育体系，尤其是社会与政府未能充分发挥预期的角色作用。另一方面，在选拔大学生创新创业项目时过于侧重前期可行性分析，对于立项之后的运行状况则放任自流，一定程度上影响了创业成功率。

（三）创新创业教育评估体系不合理

高校的创新创业的成果评估存在脱离社会经济发展实际的问题仍然严重。评价体系的不完善，导致评价指标、方式、结果反馈等不够公开，无法反映创新创业教育的独特性。同时，在对大学生组织的创新创业项目的评价过程中，对前期的可行性进行过度的论证，在此后的执行部分则相对松懈，使得对“双创”项目的评估流于表面化。

（四）创新创业教育考核制度滞后

高校针对创新创业大学生的考评制度直接影响大学生创新创业的积极性和参与度。大学生创新创业需要一定的时间，甚至可能要占用理论学习和学校统一安排的实践学习时间。尽管各高校对于创新创业的学生都给予了一定的鼓励，采取了一定的奖励措施，但学生不能按时到课，在任课教师的课堂考核中往往会因为缺席达到学校规定的次数，致使学生无法参加课程的期末考试，不能获得相应的学分。在创新创业过程中，这些学生不仅要承担创业失败的风险，而且要面临学业不合格而不能顺利毕业的困境。因此，高校对于创新创业大学生的支持还应建立在完备的制度上。高校应致力完善相应的学生考核和评价制度，落实大学生创新创业学籍管理有关政策，建立健全休学创业、弹性学制管理办法，以保证学生能够在创业的过程中保留学籍或者能够延期毕业，为大学生创新创业提供完善的管理制度保障。

据《2017 中国大学生创业报告》的数据显示，仅有 54% 的高校对创业教育满意度实施了跟踪调查，这反映出高校对学生意见反馈仍不够重视，体现了高校对创新创业课程存在着重开设、轻闭环改进的问题。高校应加强对创新创业课程教育质量及成果的跟踪分析，根据学生反馈及意见进行持续改进，以提供更加符合学生需求、更具有实践意义的创新创业教育。高校创新创业教育需要一套更健全的面向学生及教育自身的考核评价体系。转变教育思想、更新教育观念、树立正确的创新创业理念，是地方高校创新创业教育的应有之义，同时需要兼顾提升学生的社会责任感、时代使命感，培养学生的创新精神和创新能力，以探索符合地方高校特点的创新创业教育模式。同时，加强“双师型”创新创业教育师资队伍建设、打造全方位的创新创业实践和促进大学生自主创业支撑平台为保障，构建适应地方经济社会发展需要和高等教育自身发展需要的创新创业教育体系，大力推进创新创业教育实践和研究工作，不断提高人才培养的社会适应性和质量。

第六章
创新创业教育的国际比较

创新创业教育是理论研究和实践研究的双重热点。自 20 世纪六七十年代以来，信息科技和知识经济冲击着传统产业，世界各国为了提高就业率，保持经济发展的活力，增强国家竞争力，日渐重视创新创业。在时代背景和国家的号召下，各国高校也日益将创新创业教育的发展作为高校发展转型的方向。自此，各国或由政府“自上而下”推动高校开展创新创业教育，或由高校“自下而上”创设开展创新创业教育，引领整个社会国家的创新创业风尚。美国、加拿大、英国、法国、德国、日本、韩国、新加坡、澳大利亚、芬兰等国家纷纷开展了颇具成效的创新创业教育，本章节主要选取具有代表性的典型国家，根据这些开展创新创业教育国家的特点，将美英、法德、日韩六个国家分成三组，在比较中凸显三组国家创新创业教育的特色，找出我国高校创新创业教育可借鉴的有益经验。

综观创新创业教育发展比较成熟的国家，它们都秉持着明确的战略性创新创业教育的发展理念，以高校作为创新创业教育的主阵地，设立理论性与实践性相结合的课程体系，再通过系统完善的课程体系把高校同专职的国家管理机构、社会企业、研究所联系起来，在课程建设过程中打造高素质的跨领域、跨学科的师资团队，同时，从法律政策、财政资金、社会服务等方面予以支持与落实。在这些具有共性的发展经验基础上，每个国家在推动高校创新创业教育的过程中又有所侧重，形成了特色鲜明的高校创新创业教育体系。

第一节　英美高校创新创业教育经验与借鉴

创新创业教育起源于西方发达国家，美国、英国是最具有代表性的、最早开始研究、发展创新创业教育的国家。经过几十年的发展，英美逐渐形成了比较完整、系统的创新创业教育体系，其理论和实践均走在世界前列，对我国乃至世界其他国家有极大的借鉴意义。

一、英美高校创新创业教育概况

（一）英美高校创新创业教育起步阶段

创新创业教育始于美国，1847 年 Myles. Mace 教授于哈佛商学院开设《新创企业管理》课程，这是美国第一门创新创业学课程。1876 年沃克尔出版《工资问题》，这是第一部关于创业教育的著作，凯兹（Katz）则将这一书的出版作为创新创业教育的开端。20 世纪六七十年代，第三次科技革命的兴起与开展致使美国大量企业破产，就业问题变得异常严峻，这推动了美国创新创业教育的进一步探索与发展。1967 年，斯坦福大学和纽约大学通过不断的探索和革新，逐步创立了 MBA 创业教育课程体系。同一年，美国教育家蒂蒙斯在百森商学院以独特的创业教育理念与方式推出全球首门创业管理的研究生课程，其所在的百森商学院于次年首次在本科教育中开设创业课程，而蒂蒙斯教授将其对创新创业教育的研究与实践成果整理出版了《New Venture Creation》一书，这是美国创新创业史上具有里程碑意义的事件。此后，创新创业教育课程体系逐步在美国各大高校建设起来。

20世纪六七十年代，创新创业教育在美国兴起发展，而此时英国的创新创业教育也开始萌芽。1963年，英国政府颁布《罗宾斯报告》，报告中建议除政府外，大学应加强与企业间的联系，聘请企业人员到学校任职兼职讲师，同时高校也要为社会发展提供服务。《罗宾斯报告》为英国创新创业教育的发展起到了奠基作用。70年代，英国的开放大学和科学技术学院迅速发展，开放大学聘请部分时间制工作人员负责指导学生，规定学生必须参加一周的暑期住校学习，到实际的工作环境中去实习，这些特殊的管理方式为创业教育萌生提供了载体。

（二）英美高校创新创业教育正规发展阶段

到了20世纪八九十年代，公司规模不断扩大的趋势受到遏制，美国传统的大公司发展开始放缓，政府逐渐意识到中小企业在提供就业、增加税收等方面的作用，鼓励创新创业。在此背景下，创新创业教育在美国获得迅速发展，设置相关课程的学校从1997年的400所增加到1999年的1100多所。一大批创新创业教育中心开始成立，创新创业教育的师资培训开始展开，相关的全国创业计划大赛开始筹办。截至2004年，美国已有1800多所高校设置了2500多门课程，100多个创业教育研究中心以及40多种创业教育学术刊物。此外，美国还有数目可观的科技园、创新创业研究中心、解化器和风险投资机构等，这些机构形成一个庞大的创新创业网络，成为大学与外界保持联系的重要纽带。

80年代初英国政府实行削减大学经费的政策，在这一政策下，大学积极同工业企业开展合作，形式也日渐多样化，层次也逐渐提高。削减经费开支政策对于大学发展带来了阻力，一定程度上也为校企合作带来了推动力。在各种合作方式中，令人瞩目的形式就是成立科学园，虽然英国的科学园成立较迟，但是发展却十分迅速。这可以说是英国创业教育兴起的真正根源。在1982年英国发起了“大学生创业”项目，标志着英国创新创业教育正式开始。该项目首先在斯特林大学启动，起初为解决毕业生的就业问题，此后由于就业问题的缓解及项目成本的增加于1990年停止。到80年代中后期，英国高校创新创业教育的目标逐步转变为培养创业者的创业意识和个人素质。1987年出台的

"高等教育创业计划"明确提出要使接受创新创业教育的学生形成创新创业品质，包括创新精神、就业机会识别能力、人际交往能力等。1996 年 2 月，高等教育调查委员会通过对英国、欧洲、澳大利亚高等教育的全面调查后，最终在 1997 年 7 月发表了《学习社会中的高等教育》(即《迪尔英报告》) 的咨询报告。报告中提出应该扩大创业教育的规模，并以创业精神的培养为核心。21 世纪初，英国的创新创业教育逐渐走向成熟，并成为整个社会参与的一项活动。

(三) 英美高校创新创业教育体系完备阶段

步入 21 世纪，美国创新创业教育呈现飞速发展。到目前，全美高校在创业教育课程设置、教育内容及教学目标等方面已趋完善。在课程设置上，改变了先前单一面向经济管理类学生的模式，现在已经面向所有专业的学生。在创业教育内容上，不简单以企业教学为主，而是实行创业知识、技能、意识、思维的综合培养。在教育目标上，注重对学生创业技能和创业精神的全面培养，实现创业精神培养的目标。在法律保证上，通过《青年就业与示范教育计划法》《就业培训合作法》等法律保证高校创业教育开展。另外，美国管理学会通过设立并推进创业学博士项目，培养了一支具有创新性和高效率的创业教师队伍。

英国的创新创业教育逐渐走向成熟，设立的创业中心逐步发展为官方化的全国组织。英国还启动了创业基金项目，成立了官方组织的创业委员会，进一步推动了多元化的英国创新创业教育的发展。

二、英美高校创新创业教育经验分析

(一) 以培养创新精神和创业能力为普适性目标

英美两国创新创业教育兴起之初，都是基于一种功利性的目标即培养快速成功的企业主。教学过程中，是以传统管理学的形式并以专门创业技术知识为主要内容。随着创新创业教育的发展，教育工作者逐步意识到直接培养企业主的弊端，逐渐将创新创业教育的目标转为受教育者整体素质的提高，重在培养学生的创新精神和创业能力，将创新创业教育贯穿于从小学至大学甚至终身教育的体系之中。例如，美国百森商学院的创新创业教育目标在全球具有战略性、指导性意义。“百森商学院的一位教授认为，顺应‘创业革命’时代的大学生创新创业教育，不应当以追求眼前的功利为目的，而应当着眼于为美国的大学生‘设定创业遗传代码’，以造就‘最具革命性的创业新生代’为目的的创新创业新机制”。① 这种教育模式是将比尔·盖茨式的创新创业意识和能力，创新创业的特质作为大学生自主创新创业精神树立的模型，并将此创新创业教育理念内化成为一种独特的素质。将创新创业教育的战线延长至未来，注重受教育者综合素质的提高，这种非功利性的创新创业教育理念是美国创新创业教育体系的完善和发展的思想基础。

（二）搭建创新创业教育生态系统

英美两国创新创业教育起步较早，经过长期探索，已经搭建了相对完善的创新创业教育生态系统。项目和课程是贯穿于整个生态系统中的关键要素，政府、社会对创新创业教育的成果培育、转化提供系统的支持。例如，美国麻省理工学院就在统筹校内外创新创业资源的基础上，搭建起一个从“创意创新概念的诞生”到“商业化雏形”再到“原型产品制造”最后到“初创公司建立”这样一个发展脉络，形成了具有自身特色的教育生态系统。凯瑟琳·邓恩（Katharine Dunn）在2005年发表了一篇以《创业生态系统》为题的文章。她认为，“麻省理工学院的创业教育和培训已经不仅限于斯隆管理学院，而是发展成了培养学生创业精神的几十个项目中心，它们共同致力于创业生态系统的延绵发展”。②

1. 形成具有特色的创新创业教育项目

英美的创新创业教育的生态体系，主要是靠各种教育项目带动的。在创新创业教育生态体系建设上颇有成果的麻省理工学院，开设了多种创新创业项目，例如创新创业硕士学位项目和创新创业辅修专业项目。通过创设精品的创

---

① 庞勃. 中美大学生创业教育比较[D]. 东北师范大学,2008.

② Katharine Dunn. *The Entrepreneurship Ecosystem* [EB/OL]. (2005-9-1) [2013-1-2] http://www.technologyreview.com/article/14761/page1/.

新创业课程，将学院各专业中具有创新创业意愿和热情的师生汇聚起来，共同打造具有创新思想、创新产品的企业。麻省理工学院创业实习项目是一项带薪暑期实习计划，它面向所有本科生开放，深入麻省理工学院校友创办的企业团队，体验创新创业过程，在这一过程中感受个人是否适合创业生涯。麻省理工学院的“影响力项目”招收麻省理工学院、哈佛大学等名校的学生以及麻省眼耳鼻医院、麻省大学医疗中心等医疗机构的博士后或博士预备生，采用每周一次的培训形式，实现学生和导师的一对一交流，规划未来职业发展路径，提高创新创业的个人技能。

此外，为了提高大学生的创新能力和实践能力，美国20多所世界一流大学每年都会举办商业计划竞赛项目，进而对竞赛中表现突出的商业计划进行孵化。而美国高校的商业计划竞赛已成促进美国经济的直接驱动力量之一。单以麻省理工学院的“五万美金商业计划竞赛”为例，从20世纪90年代以来，这项赛事每年都会诞生5—6家新的优秀企业，惠普、谷歌、雅虎等知名企业皆由斯坦福大学在商业计划竞赛项目中创办。目前，该校校友开办了4000家公司，年销售收入达2300亿美元。而区域创业加速器项目（Regional Entrepreneurship Acceleration Program）是在两年时间内进行多次研讨，集合企业家、大公司高管、政府官员、大学教授和风险投资人等利益相关者，交流和讨论如何通过创新创业活动，增强区域经济活力，促进区域经济发展为主题，麻省理工学院为这一项目提供教育、实践活动方面的经验，为上述利益相关者提供独特的、切实可行的区域经济发展在路径和模式上的启示。该项目已成为麻省理工学院创业中心传播其创新创业理念、知识和技能，扩大并增强其在创新创业教育和实践活动领域影响力的有效方式，也成为其引领国际创新创业教育趋势的一个范式。

英国牛津大学赛德商学院重在培养学生在商业方面的所有核心能力，积极围绕创业组织各种大规模项目和活动。例如，战略性参考项目中，学生根据自己的兴趣进入多种企业，完成时长为2个月的各有侧重的立足于企业发展的小组项目工作。这些工作要求学生进行切合实际的学习研究，有的要求评估公司新产品的销售前景，有的要求制定提高经济效益的战略计划，有的要求作出关于企业创立以及发展的市场调查。

自2002年开始，英国每年都会举办一次“硅谷走进牛津大学”的活动。在活动中，赛德商学院邀请来自硅谷的世界顶尖高科技公司领导者，他们为学生传授创业经验、经商经验，讲解最前沿的创业理念和实践案例，并且这些领袖人物还会就创业、商业的相关问题同英国高校的师生展开讨论，为有创业意向的学生提供单独的指导。

2. 系统而完整的创新创业课程体系

英美两国针对不同的培养对象和培养目标开设不同类型、不同层次的课程，已经形成较为完整的创新创业教育课程体系。

以美国为例，从小学开始，美国就比较注重对学生创新创业意识的培养和熏陶，创新创业教育的课程设置涵盖了小学、中学、大学以及硕博士研究生。据调查显示，美国有37%的大学在其本科教育中开设创新创业教育课程，23.7%的大学在其研究生教育中开设创新创业教育课程，有38.7%的大学同时在本科和研究生教育中开设了至少一门创业课程。开设的课程有各种选、必修课程，并将创新创业学作为辅修专业、主修专业或设立创业学系。

英美两国的创新创业教育课程可分为学科理论课程和实践操作课程两类。学科课程主要关于创新创业的理论知识，注重同专业学科的结合，与商业实践相结合，重视案例教学法的运用。以创业者的思维展开思考，重视培养学生在创新创业中解决实际问题的能力。实践课程则以理论知识为基础，通过参加创业计划大赛、撰写商业计划书、参与创业实践项目、实习实训等，体验创新创业教育实践的整个过程。这种系统而清晰的课程设计，有利于学生由点到面，由表及里的体验整个创新创业教育过程。

麻省理工学院的学生为了取得创新创业硕士学位，需要完成相关的MBA课程以及系统的创新创业课程，参与课程配套活动及赛事。其中《技术创新概述》课程就是由参与创新创业实践的企业家讲授的一门创新创业课程，学生通过这门课程培养创新意识，学习公司创办的历程以及相关的政策制度。在向企业家学习的过程中，学生与成功的创新创业者、天使或风险投资人、创新创业导师建立起社交网络，从而获得创新创业的社会资源和机会。

美国的百森商学院的本科创新创业课程，设置了层次鲜明的三级课程。初级课程培养学生创新创业的基本素质和构思能力、反思能力及批判逻辑思维等；中级创新创业教育课程向学生传授金融、市场营销、组织行为管理等方面的知识，并着重锻炼学生解决实际问题的能力及在复杂的环境中的组织管理能力；高级创新创业教育课程则是更进一步的深化，学生可以根据自己的职业生涯规划选择感兴趣的课程，同时还可以参加诸如百森商会、美国企业家俱乐部这样的组织来锻炼自己的实践能力。在第一学年，百森商学院比较注重对学生基础创业知识的培养，让学生对创业知识、企业管理等有一个基本了解。第二学年，则开始涉及对与创业有关的创业技能、商学原理的了解。第三、四学年更多的是提供选修课程，在此阶段学生可以根据自己的意愿选择课程，并有更多参加实训实践的机会。此外，百森商学院的本科创新创业教育课程较为系统全面，文科、法学、艺术等课程涵盖在课程体系当中。由此可见，百森商学院注重学生整体素质的培养。

表 6－1　　百森商学院本科生课程设置内容及目标

学年	课程内容及目标
1—2 学年 机会识别	明确自身目标并学习商业及文科的基础课程，为未来职业奠定基础。到商界的基础管理部门、创业和职业发展中心体验一年，通过诸如第一年研讨会，建立和同龄人、教师、校友及员工的有利关系
3—4 学年 探究课程	拓展文科知识，包括学习语言如西班牙语或汉语，强化分析和沟通技巧。学习一系列主题商业课程，如信息技术和营销，提升洞察力和战略挑战能力
5—6 学年 专注学习	通过实习和咨询项目提供更加真实的体验，为以后的职业选择提供帮助；参加高级课程来获得个人体验，并在本土及海外项目上获得特定学分

英国的斯特拉斯克莱德大学实施创新创业教育的专门机构为亨特创业中心，它不仅为本科学生、研究生提供创新创业的相关课程和项目，同时为企业、创新创业组织机构提供相应的对策建议。亨特创业中心提供的创新创业课程大体可分为三类：一是通识类创新创业教育选修课，主要针对不同专业的本科生；二是专业创新创业课程，主要针对专业教育的本科生；三是融入式创新创业课程和选修课程，主要针对研究生。除此之外，斯特拉斯克莱德大学通过

创业俱乐部、创业论坛和创业节目，向有创业想法的学生和校友提供相关服务和设施，提高学生的创新创业实践能力。

牛津大学赛德商学院在培养为期一年 MBA 专业的学生时，将创业课程作为培养学生创业的基础，开设了三类创新创业课程：8 门核心课程（金融、决策科学、财务报表、战略、经济学、培养有效率的经理人、运作管理、市场调研）、27 门选修课程以及创业项目、战略性参考项目在内的项目实践课程，形成了系统的课程体系，为学生提供一个良好的创业环境，致力于把学生培养成为未来商业的领导者。

3. 课程建设注重跨学科合作

大量创新创业教育研究和实践表明，最成功的初创公司，其创新创业团队的成员如果来自互补或不同学科，公司由技术人员与有市场或销售经验的个人联合创立，有助于初创企业的成功和长期发展。基于这一经验，麻省理工学院积极组织“跨学科合作”，成立了“不分学科”的麻省理工创业中心。

麻省理工创业中心建设跨学科、多领域的指导教师团队，联合 Deshpande Center 共同创建了创新团队项目和课程，广泛吸引各专业学生参与到创新创业课程和活动中。从最初的以管理学院和工程学院学生为主，拓展到包括能源、神经和脑科学等在内的所有学科、专业，多年来，取得了显著成果，孕育出大量创新驱动的初创公司。

4. 创新创业教学方式注重灵活多样

英美两国创业教育的教学方法具有灵活性、多样化的特点，如工作访问、师徒学习、实习工作项目、头脑风暴法、模拟和游戏、竞赛等多种方式。当下，英国全日制成人学生数量减少而学费上涨，大量“慕课”（MOOCs）即网络公开课程越来越受到大众的追捧，成为一种吸引成人学生的好办法，其弹性学分的积累为成人在工作之余进行学习提供了便利。

为了保证课程资源与评估和认证之间的链接，以使学生拿到必须的学分达到及格，很多高校的创业教育课程采用计分卡的形式来进行评估。“计分卡包含所有与战略领导方法相关的问题，即将创业和创业教育嵌入大学。它已被用于综合审查大学的创业潜力，透视读者集中感兴趣的领域和勘探大学不同活动领域的潜在协同。‘创业型大学领导计划’的参与者也使用这种方式。有的创业导师在发展计划中也利用计分卡来测试自身对创业活动的知识掌握，这不仅为他们的发展状况提供了一种主观评价，也为创业教育嵌入大学提供了坚实的基础”①。

5. 以创新创业为主题组织学术交流

为了促进创业教育的发展，为创业教育工作的教师和学者提供互相交流的机会，英国教育领域的各种协会组织以及高校还经常组织一些以创业教育为议题的国内或国际学术会议，致力于传播相关研究成果，以促进创业教育实践水平的提高。如在2009年4月，英国高等教育学会的商业、管理、会计和金融学科中心（BMAF）在卡迪夫举办第四届年会，会议的主题是“关注雇主”，具体内容就涉及企业经营与创业问题；2009年9月，爱丁堡的赫瑞—瓦特大学举办第四届国际创业教育者年会，会议的主题是“加强创业教育”，具体包括四个问题，即“提高认识”“创业教育的教学方法”“行动策略”和“学习途径”等；2009年10月，英国的小企业与创业研究所在利物浦举办第三十二届年会，邀请研究者、教育工作者、实践工作者和政策制定者共同讨论有关小企业和创业的问题，以应对经济危机的挑战。

（三）融入人才培养全过程的支撑体系

创新创业教育的顺利开展是政府、社会、高校方面共同参与的一项系统性工程。在英美两国，创新创业教育的意识已深入国民教育体系，政府、社会为创新创业教育提供了便利的条件，形成了比较系统的创新创业教育支撑体系，为创新创业教育顺利开展创造了良好的条件。

1. 政策支持中小企业和高校

美国政府对创新创业教育高度重视，从企业与高校两大领域出台了一系列推动创新创业的政策，支持大学生创业。大学生创立的企业起步阶段多是中小企业，所以美国在扶持中小企业方面出台了中小企业免税法，成立了专门的中

① 黄兆信，张中秋，赵国靖，王志强. 英国高校创业教育的现状、特色及启示[J]. 华东师范大学学报（教育科学版），2016，34(02).

小企业管理机构——小企业管理局（SBA），为中小企业提供技术、咨询、融资的需求；针对各大高校，美国也给予百森商学院等高校一系列利好政策，促进其创新创业教育的发展。而在高校内部，斯坦福大学也形成了一套成熟的科技成果转化政策，这些政策对师生专利权、许可费、市场价值评估等都做了明确规定，保障师生专利权等切身权益。20 世纪 80 年代以来，英国政府也发现了中小企业对经济增长的意义，因此更加重视中小企业的发展。为了鼓励中小企业的创建和建立创业型社会，英国政府通过修改公司法，设立了英国中小企业法案以及一些中小企业的扶持政策等，鼓励中小企业的创建，建立创业型社会。在大学生知识产权问题上也做了更为细化的规定，如校方和学生建立协议，明确学生专利收入的比例等。此外，英国政府还通过优税政策和援助服务等来鼓励有创新创业意愿的大学生创业。

2. 资金来源广泛而多样

英美两国的创新创业教育资金保障体系较为完善。资金来源多样化，渠道广泛，除校友捐赠外，社会捐赠、创业基金会、民间组织等的捐赠也是重要途径。斯坦福大学的创新创业教育基金除来自科尔曼基金会和考夫曼基金会两个基金会的基金外，学校本身也有众多的基金会，政府和企业也会给学校提供大量资助。例如，2011 年，国家科学基金会为斯坦福创业技术中心提供了一份为期 5 年，总价值 1000 万美元的资助，并合作成立了工程创新之路国家研究中心。这些基金和平台为斯坦福创新创业教育提供了坚实的后盾。麻省理工学院在基金来源方面，主要通过以下几个渠道：（1）政府资助。通过考夫曼基金会和科尔曼基金会为学校提供资金支持。（2）学校创业技术中心。麻省理工学院有多个创新创业教育研究中心和风险投资中心，这些机构每年都会以技术转让许可费或赞助的形式提供大量经费。（3）社会及校友捐赠。麻省理工学院每年通过校友或社会捐助获得的资金也为学校发展创新创业教育提供了支持。

英国高校内的资助渠道主要来自校友捐助，有些企业也会为高校提供资金。例如牛津大学赛德商学院有自己的校友基金会，这些基金会每年给优秀的学生提供奖学金，支持学院相关研究，为创新创业提供保障。

3. 基础设施建设注重实践

为促进创新创业教育的发展，英美两国还建立起完善的创新创业教育平台和实习基地，这些以实训基地、实验场所、创业园区等为主的科学系统的实训实践体系促进了科技成果转化、产业化，推动了高校创新创业教育的发展。

美国14家研究院与政府、企业进行合作，组成“美国先进制造技术创新研究院”。这一平台积极开展先进制造技术和技能培训，实现先进制造业、政府和学术研究机构的无缝衔接，从而推动先进制造技术的创新向创业方向发展，实现技术转移，促进美国先进制造业创新生态系统的持续发展。

英国高校创业基础设施体现为五个要素，即大学驾驭核心、拓宽的发展外围、多元化的资助基地、激活的学术心脏地带、整合的创业文化的建立。大学驾驭核心是高校实施创新创业教育的基础，它负责协调各部门的资源和利益。拓展的发展外围是高校所建立的一系列现代化基地、科技园和创业教育中心等，这些外围负责产学研的合理转化，加强与企业的联系。

百森商学院的实践平台主要包括女性创业实验室、百森创业思想和行动挑战、质量挑战、免费研讨会、百森校友创业支持协会、百森创业经验实验室、火箭节等，这些项目或实验室为百森商学院提供创新创业教育交流、实施或实验的场所。此外，一些社会媒体资源也有助于创业者扩展自己的人脉圈。如百森企业家联系组、百森企业家博客等。在百森商学院内部，有许多创新创业教育研究中心和实践基地为学生提供创业支持。斯蒂芬·D. 卡特勒投资和金融中心通过提供项目和资源来支持百森商学院的师生金融实践和创新，进一步推动创新创业投资。

4. 积极推动新兴技术促进创新创业

为了推动创新创业，英美政府大力投资新兴技术。例如，英国大力投资国内具有优势的新兴技术，打造世界级的技术与创新中心；同时积极寻求未来的新兴技术，提前布局，抢占技术制高点。综合英国科学界、研究理事会和技术战略委员会的多方意见，积极识别和判断未来的新兴技术领域，英国最终选定了大数据和高能效计算、合成生物学、再生医学、农业科技、储能、先进材料和纳米技术、自动机器人、卫星与航天技术应用等8个前瞻技术领域进行重点投资。2013 年 1 月英国政府为这些领域分配了 6 亿英镑的额外资金，2013 年 7 月再次宣布向合成生物学增加 6000 万英镑投资。

在 2011—2014 年的 4 年里，英国政府委托技术战略委员会，投资 2 亿多英镑打造 9 个技术与创新中心，使科技更好地服务于经济发展，促进研究成果向生产力的转化，目前已经在高附加值制造、海洋可再生能源、细胞治疗、卫星应用、互联数字经济、未来城市和交通系统等领域建立了 7 个中心，还将在能源系统、分层医学诊断方面设立两个新的技术与创新中心。

5. 提供教学资源建设与支持

在创业教育方面，英国的许多学科中心都根据本学科的实际情况，提供一些有关创业教育的教学资源，如地理、地球与环境学科中心就开发了一个企业、技能与创业资源包，专门用来促进地理、地球与环境学科课程中的创业教育。这个资源包包含了大量的综合信息、观点、创业教育实践案例与案例研究，旨在帮助大学地理、地球与环境学科的教师在自己的课程中融入创业教育的要素。为了促进英国大学课程教学发展，英国成立了英国高等教育学会，这是一个重要的专业协会组织，它围绕高校的专业设置，成立了各种学科中心，专门负责为相应的学科和专业提供教学方面的支持。

（四）师资选拔注重教师创新创业能力

师资队伍建设是创新创业教育中最重要的一环，要培养有创新精神、创业能力的学生，一项重要工作即是建设师资队伍。英美两国在创新创业师资队伍建设上颇有建树。以英国牛津大学赛德商学院为例，其教学师资队伍不容小觑。他们的教师队伍来源多样化，其选拔任用的教师涉及各个专业领域专业水平高、有威望而且研究能力强的人。其教师队伍里有本校的优秀教师、教授，也有来自其他著名学府例如剑桥大学、伦敦大学的教师，有职业完全和教师无关的如美国空军的现役军官、企业家。任用的教师覆盖会计、业务发展、商业税务、企业商誉、经济和税务、金融、管理科学、市场营销、运营管理、组织行为学等多个学科专业。

美国高校不仅注重师资队伍的多样化建设，而且注重调动教师参与创新创业教育的积极性，鼓励教师创办企业，允许教师到硅谷的公司兼职或从事创新研发工作。这种开放政策下，教师为学生的创新创业起到了表率和引领作用，也有效地推动学生参与教师的研发项目。例如，在师资力量方面，百森商学院的教师大多有从事创业教育和研究或者企业见习或参与创业的亲身体验，积极与企业保持联系，这些在职的教师能够为学生提供模拟创业实践的机会，培养学生对创业问题的分析与判断能力，激发他们的创新与创业思维。美国斯坦福大学的大部分教师也都有企业实训经历，甚至不少教师自己创办公司，因此教师积累了丰富的创新创业经验，掌握着企业经营管理的前沿资讯，能够在大学生创新创业教育中为学生提供充分而切实有效的指导。麻省理工学院的教授凡尼佛·布什的职业生涯历程，就是从教授、企业咨询师发展到公司创建者，在教学研究的业余时间将自己的研究成果推向市场。对于创业教育教师的角色，他总结道："我曾经是一个教授，也是公司的顾问。两者相结合可以让我走出象牙塔，为我的教学注入一股全新的活力，并且也能够帮助增加我的家庭积蓄。"① 同时，鼓励教师进行创新创业不仅让教师和学生的研究成果能够快速转化到实际应用中，还进一步增强了大学与硅谷企业的有效融合，形成良好的创新创业互动效应。

此外，美国的师资体系中还有很多兼职教师。这一类的教师大多是企业家、政府官员或是公司高管，由他们结合自身的经历或创业经验，通过举办讲座或是参加创业论坛的形式给学生上课。例如英特尔前任首席执行官安德鲁·格罗夫自 1991 年担任斯坦福大学的兼职讲师，以亲身经历对学生进行示范教学。

第二节　法德高校创新创业教育经验与借鉴

从高校创新创业教育发展的历程来看，虽然德国远远早于法国开展创新创业，但是两国创新创业教育发展的重要时期都在 20 世纪 90 年代，并且两国的创新创业教育都在 21 世纪迸发出巨大的活力与迅猛的发展势头。与体系完善

---

① Vannevar Bush. *Pieces of the Action* [M]. New York: Morrow, 1970: 159.

的英美国家创新创业教育相比，法德两国的创新创业教育紧随时代发展的潮流，形成了值得我们学习、颇具个性的教育经验。

一、法德高校创新创业教育概况

（一）法德高校创新创业教育的萌芽期

德国（联邦德国）的创新创业教育萌芽于20世纪50年代，德国（联邦德国）为有效解决职业学校中经济类专业出现的实践教学环节薄弱的问题，开设了“模拟公司”课程。在“模拟公司”中，学生可以熟悉业务流程，进行全方位的实践操作。于是，这种创业及创新性的教育逐渐被推广至其他专业。“模拟公司”便成为创业教育的雏形。

20世纪70年代，德国的创新创业教育由职业学校推广到高校，斯图加特大学等高校开始创设了零散性的创新创业研究及日常教学。到了20世纪80年代，多特蒙德设立了首个创新创业研究性的教学中心，有效推动了德国创新创业教育的发展。

1976年，法国巴黎高等商学院成为第一所开设创业教育的法国高等学府，此后几所大学在硕士研究生阶段开设了管理课程。20世纪80年代，法国开始进行创业教育培训活动，形成了浓厚的创业教育氛围，例如建立了创业计划培训中心（CEPAC）、成人职业培训协会（AFPA），成立了“全国农业进步基金”“全国农业推广和进步理事会”，鼓励农民创新农业技术，推动了农业创业教育的发展。

（二）法德高校创新创业教育的发展期

20世纪90年代中期，德国受欧洲经济衰退的影响，失业率激增。以创业带动就业是改善就业环境、改变经济低迷的一剂良策，所以德国政府密切关注高校创新创业教育，致力于提高大学生创业能力，缓解其就业压力。一方面，德国联邦教育和研究部将创业教育引入传统大学课程体系之中，将其作为25所大学的核心课程。德国联邦教研部还于1998年正式启动“EXIST”计划，支持德累斯顿、哈根、耶拿－魏玛、卡斯鲁厄、斯图加特5个地区的大学与政府部门、科学界和经济界建立伙伴关系，这一计划致力于增加创新性工作岗位、提高科研成果转化率、支持大学、研究所创立新企业。另一方面，德国在大学成立了“德国提高大学创业能力研究协会”等专门机构，系统研究创业教育，这是德国大学生创业教育发展史上一座重要的里程碑。

这一时期，法国巴黎高等商学院在1976年开设了创业教育课程，这是法国第一所进行创业教育的高等学府，此后仅有几所大学在硕士研究生阶段开设了管理课程。在1997年，法国组建了创业学院，这一机构隶属于法国国家企业管理教育基金会，机构组成人员为创业教育领域的教师和研究人员。创业学院自成立以来，在各个层次乃至终身教育领域开发并推广创业教育的教学法，促进各类教育机构开设创业课程；鼓励各个层次的人创业，促进科技发展及科技成果转化和国际创业教育机构之间的交流；刺激政府出台相关的公共政策，例如鼓励大学教职人员、博士生及技术人员积极参与科技创新的《创新与科技法》，将研究成果转化为生产力。

同一年，法国成立创新企业基金（FCPI），通过信托投资公司购买高新技术公司的股票，鼓励个人投资高新技术企业。同时，法国设立创新投资公共基金，该基金总额的60%以上用于购买未上市的中小型高新技术企业（规模500人以下）发行的有价证券。通过认购创新投资公共基金的方式进行的投资可以享受投资税收25%的减免。创新企业基金到2001年达到了高峰，在法国投资体制中占据着重要地位，在中小型高新技术企业起步阶段为其提供必要的资金支持。1998年，法国政府设立第一批风险投资公共基金，出资6亿法郎，欧洲投资银行出资3亿法郎。

（三）法德高校创新创业教育发展的体系完善期

进入21世纪，法德两国的创新创业教育取得突飞猛进的发展，大量的高校开始开设创新创业课程，为创新创业从教教师提供教授职位，进而形成完善、科学的创新创业教育课程体系，形成了浓厚的创业文化和良好的创业环境，打造其创立、管理与融资为一体的创新创业生态系统。在这一时期，法德两国创新创业教育发展的稳健快速，主要得益于这两个国家加大了对创新创业的支持力度，实施了大规模、完善的跨区域、跨领域的支持创新创业教育的政策，扶持大学生创业为其提供金融支持。

具体来说，德国开设创业课程的高校超过了百所，为所有开设创业教育的大学设立创业教育学教授的职位，形成了包含创立、管理和融资等方面在内的完备课程体系。2001 年德国联邦教育和研究部启动了“EXIST-Ⅱ”计划，2006 年再次推进“EXIST-Ⅲ”计划，这两个计划将创业教育课程推广到更多高等院校，增强了大学生创业意识，提高了学生的创业能力。根据慕尼黑学者查理德·韦伯研究表明，2009 年，德国每年创办的大约45 万家企业中有11 万余家企业能在竞争中存活。而据德国经济与劳工部的统计，德国青年失业率仅为8.6%，不存在严重的大学生就业难等问题。德国青年创业意愿较高，创业已成了大学生就业的重要渠道，这彰显了其创新创业教育的巨大成效。目前德国已基本形成了政策健全、创业文化浓厚、创业教育课程完善、教育管理科学的高校创业教育体系。

德国目前包括大学毕业生在内的青年失业率相当低，即使有部分找工作困难的大学生，但更多的失业青年是去各地、甚至是国外旅游，属于自愿性失业的范畴。因此，德国不存在严重的大学生就业难等问题。这主要得益于德国政府制定了一系列扶持大学生创业的政策，并为其提供金融支持，在不断强化社会和文化规范、完善创业服务的基础上营造良好的环境，从而保障大学生顺利创业。

从2000 年开始，法国风险投资发展非常迅速。在这一时期，法国国家风险投资公共基金首批向19 个风险投资公共基金投入8.16 亿法郎，约占初期国家风险基金的91%。这19 个风险基金另外自筹了65 亿法郎，向205 个起步阶段的高新技术企业投资15 亿法郎。法国政府还与欧洲投资银行和信托投资局合伙建立了第二批风险投资公共基金，三方各认购3.24 亿法郎（5000 万欧元）。公共基金管理公司主要涉及种子基金、风险投资、地方私募股权投资。

法国研究与工业部成立了创业教育实践观察站，在比利时、加拿大等法语国家或地区设立了分站点，为大学师生创业提供服务和资源。2002 年，罗纳·阿尔卑斯行政大区的大学合作创办了“创业之家”。随后，法国利穆赞、加莱海峡、普瓦图·夏朗德、普罗旺斯以及阿尔卑斯·蓝色海岸大区也相继建立了“创业之家”。这一机构连接了地方各个大学和企业，国家为创新创业的师生提供大量资助与政策优惠，每年为它们提供 15000 到 20000 欧元的资助，与其合作的企业还可以享受国家在政策上提供的优惠。这种跨区域的合作极大激发了法国整个国家创新创业的活力。

二、法德高校创新创业教育的经验分析

（一）注重优化创业环境

在开展创新创业教育过程中，法德两国注重从法律政策以及机构建构方面对中小企业创业环境进行建设，鼓励高校大学生及科研机构创业，改善高校创业环境。

为了给中小企业的发展创设公平的竞争机制、优越的外部环境，法德两国政府出台了一系列法律法规，并且推行了大量针对中小企业的税收减免政策，运用贷款、投资补贴、担保和贴息等多种形式的金融支持手段，建设起一个较大规模、资金来源较广泛的创业投资市场。

法德两国的创新创业教育环境建设注重相关机构的完善。为中小企业的发展提供相应的保障与服务。法国设立“创业之家”，为大学教师及学生创业进行服务并提供资源。德国在高校外部为了帮助研究院所、企业和高校的新技术与新产品进入市场，行业学会与技术转移中心组成了科技中介服务组织。在高校内部，为加强高校科研成果管理与科研人员与企业之间的联系，成立了专门的技术转让科室，旨在向工业界推荐高校的新科研成果的同时，以联合研发的形式，为高校争取到更多的科研经费。大部分高校都设立有专门的服务中心，为大学生自主创业提供帮助和指导。

德国为了禁止大企业凭借一些不正当的手段，以其优势地位打击中小企业的发展，专门设立了联邦卡特尔局及托拉斯局。同时，德国在国家中央经济部、财政部、经济技术部等部门乃至各州政府、行业协会、工商会乃至欧盟与驻外使团内都下设了专门机构，负责中小企业事务，促进中小企业的发展。在高校内部设立专门的服务中心或专门的技术转让科室，以高校科研人员与企业联合研发的形式，推广高校的新科研成果，积极帮助与引导大学生自主创业。

（二）注重创业文化的培养

在德国，无论是中小学、大学、还是企业，都十分注重创业文化的培养，旨在为大学毕业生提供更多的就业岗位，创造更多的就业机会。政府为了提高全民素质，对全国各个层面的人群都进行创业知识的培训，从而激发人们的创业精神。尤其是大学生，不仅向他们传授创业知识，还经常开展促使高校的学生和毕业生们自主创业的促进项目。由联邦、各州政府以及企业分摊经费。职业学校在服从企业培训要求的前提之下，实行理论与实践相结合的双轨制教育，分别由企业与学校制定教学内容。同时，德国高校也不遗余力地培养校园创业文化，不少高校成立了各级创业培训中心，免费为有创业意愿的大学生提供培训。

（三）课程培养注重针对性

不同于英美广泛性和普适性的创新创业教育培养方向，法德两国的高校创新创业教育培养对象更具有针对性。德国大学创业教育为节省教育资源、提高教育质量与效率，其创新创业教育主要集中优势重点培养那些具有创业意愿及创业潜能的大学生。例如，慕尼黑工业大学在课程计划中引入入学倾向性测试，通过学生提交书面申请材料以及学校的面试，基于候选人兴趣、禀赋而确定适合学生的特定课程，进而进行专业的有计划地培养，多样化的选拔方式，提高了生源的竞争性。同时德国还对从事创业教育的研究者、科学家以及大学教师进行创业知识的传授。此外，还有一些广告商、需要创办公司或者企业的商业投资者、商业促销人员以及风险投资公司的员工也需要接受创业教育。

法国创新创业教育的针对性主要表现在对于农民这一职业的创新创业教育培训上。“法国政府高度重视农民教育培训，鼓励农村青年创业。在政策制度上，政府规定：凡 18 岁以上的农民，每人需参加为期 1 年（可累计）的农业知识培训。对 18 岁以下者要求更为严格，须先培训 3 个月，再到农场实习 3 年，期满后经过考核，合格者颁发‘绿色’教育证书”。[①] 法国对于农民的培

---

① 沈辉，李洪波. 法国农民创业培训与我国大学生村官创业[J]. 继续教育研究，2011(09).

训机构除了农业中学、农业职业中学和高等农业院校等正规教育机构以外，还创办了多种形式的农民技术培训班，对农民进行职业培训，同时鼓励农民创业。法国的农民创新创业教育形成了从养殖、农产品加工到经营管理再到国土整治、环境保护的多层次、多方位的课程体系，课程涉及理论知识、经营技巧、新技术应用等实践训练。在培训的基础上，为了促进农民创业，法国还形成了一套完善有序的支持农民创业的流程："严格筛选学员，确立学员的主体地位；严格选择教员，精心设计培训内容；进行理论培训，指导学员制定并完善创业计划；成立顾问委员会，组成专家队伍；实施个性化辅导和后续扶持；协助学员申请企业贷款"。①

（四）课程体系建设注重实践性和个性化

德国高校的创新创业课程体系具有实践性和个性化的特点。高校创新创业教育重视课程的实践性，在开设创新创业相关理论课程的基础上，德国高校更重视开设实践操作类课程。高校与当地的政府、企业共同搭建创新创业实践平台，通过举办不同层次的创业大赛，在创新创业实践、商业实践中切实培养大学生的创新创业能力。

德国高校创业教育不仅注重实践性，还有一个显著的特点是高校结合学校的特色开设具有针对性的特色创新创业课程。比如波茨坦大学开设了偏重艺术设计的创新培训课程，柏林洪堡大学开展了高新技术创业理念培训，科特布斯大学开设了专业创新课程等。

法国高校的课程体系也具有这样的特征。例如，在将创业教育融入日常教学的基础上，巴黎中央理工大学设立了专门的创业课程，积极组织学生进行创业实践，在第二学年开设"主题"课和第三学年开设创业课。创业课是巴黎中央理工大学的特色课程，开课时间为每年 9 月和次年 4 月，每次持续两周。教学内容包括：从创办公司和公司管理的角度分析战略决策、了解市场财务，开展有针对性的创业者气质和能力培训，全盘考虑创业者的问题解决能力，搜

---

① 沈辉，李洪波．法国农民创业培训与我国大学生村官创业［J］．继续教育研究，2011（09）．

集处理信息的能力，说服别人的沟通能力，团队管理与协调能力，以及应对挫折的能力等。创业课会特别聘请一些企业总裁，特别是企业的创始人亲自传授经验。课程结束时，学生要向专家评审团陈述其创业计划，1 年之内每个计划都会有 1 名专家跟踪指导。参与该课程的学生往往有三类职业走向：自己创业、在创业型企业工作或者在传统企业的研发部门工作。课程开展 7 年以来已经帮助本校学生在国内外开设了几十家公司，其中 90% 目前运转良好。2001 年，巴黎中央理工大学成立了自己的孵化器，旨在支持本校教师、研究人员、学生及校友的创业计划，孵化器的企业配合学校的创业教育为学生创业计划提供支持。

2007 年，巴黎中央理工大学对其教学大纲进行了修改，进一步明确了其教学培养目标："让学生能够迎接新挑战、具备可持续发展观和社会责任感；接触各国文化；为进入工业界做好准备，在学习中积极参与项目，培养处理具体问题的能力，能够学以致用，尽快进入工作状态。学校非常重视对学生创业与创新能力以及执业能力的培养，并开展了一系列教育创新"。① 例如，新生入学之后并不是马上开课，而是要参加两个星期的研讨会，充分认识当今世界的一些"挑战"，并了解自己的兴趣所在。2007 年，"挑战"课共有 7 个主题，分别是能源、环境、信息与知识、健康与生物技术、城市化、交通与流动、经济变动。基于通用工程师的培养理念，学生在第一年只学习通识课程，自第二年才开始个性化学习。学生在第一学年会被随机分成小组参加实验室或公司的项目，以培养团队精神，学生还可以参加职业发展与领导小组。另外，所有学生在毕业前都应参加公司实习。

（五）师资队伍建设注重跨学科

教师是实施创业教育的主体力量，师资队伍的结构对创业教育的实施效果有着直接的影响。德国为推动创业教育的发展，在大学不仅鼓励学校的教授从事创业管理、实践等活动，从而获取指导经验，还积极吸收一些具有丰富创业经验、成功创业经历，又有一定专业背景的企业主兼职教授。例如，慕尼黑技

---

① 刘敏. 法国创业教育研究及启示[J]. 比较教育研究，2010，32(10).

术大学每年都开展关于成功创业与企业管理方面的讲座，主讲者是作为该学校客座教授的成功企业家及管理者。

德国创新创业教育重视多学科思维的培养，在制定教学计划时，学校要求各个学科专业在课程设置中除了专业基础课程之外，还要设置跨学科的相关课程，不同学院之间注重联合培养学生。学科之间的交叉和融合，使学生思路开阔，逐步形成多学科的思维方式，增强多学科的工作能力。以慕尼黑工业大学为例，电信学院鼓励学生以跨学科的方式思考问题，开设信息和沟通技术、自动控制和工业信息技术、电子、机械和能源系统等高级课程，这些课程除了由本学院的老师授课，还要由数、理、化科学家、机械工程师等人员共同授课。这种人才培养模式，打破了学科之间的界限，教学更具灵活性，跨学科合作教学推进了创新创业人才的培养。

第三节　日韩高校创新创业教育经验与借鉴

在亚洲，日本、韩国、新加坡等国家对大学生的创新创业培养也相当重视。在这些国家中，日本、韩国是比较典型的代表，这两个国家在地域上与中国相近，在文化、经济发展等领域也有着很多相似之处，3 个国家自古以来同属中华文明文化圈，其高等教育不乏共同特点与类似的社会基础，在创新创业教育发展上，日韩两国早于中国开始研究，其成效也格外显著。近现代以来中国学者主要通过日本了解和引进西方教育学理论，通过对日本、韩国创新创业教育的发展历程、现状及特色经验的介绍，有助于提高我国大学生创业教育的科学性与实效性，推动我国创业教育的发展。

一、日韩高校创新创业教育发展概况

20 世纪 70 年代亚洲金融危机背景下，日韩两国的经济受到了巨大冲击，面对企业破产，失业率增长，就业形势严峻的经济低迷局面，大学生就业遇到了前所未有的困难。日韩开始大力促进创新创业活动，充分发挥年轻人的企业家精神，试图改变亚洲金融危机对国家经济的消极影响。

日本的创新创业教育是一个由高校发起的自下而上的过程。20 世纪 80 年代，日本各大高校自发组织起来开办相关的创新创业讲座，培养学生创新精神、提高学生创业能力，这是日本创新创业教育的萌芽。到了 1995 年，日本开始从国家层面重视创新创业教育，出台了《科学技术基本法》，给予创新创业教育强有力的支持，而日本的大学也陆续设立产学联合部门、技术转移部门、大学生孵化园等相关机构，这些政策与机构的设立推动着日本创新创业教育逐渐走向正规化。2000 年以后，日本教育改革国民会议正式提出了“创业家精神的概念”，进一步推动了日本创新创业教育的进程。2001 年，日本提出的三年内《1000 家大学关联创业企业计划》，将大学的创新创业教学和创业热潮进一步深化。2003 年，《青年自立・挑战计划》的提出，为青年创业提供了指导，创业能力开发中心又为日本创新创业教育增添了活力。

韩国创新创业教育始于 1972 年，韩国成立负责高校职业指导与创业教育的整体规划与措施研究的教育开发院，将创新创业教育融入国民教育。为了使职业培训和创业教育系统化、法制化，韩国又制定了一系列完善的法律法规，推广创新创业教育，保障创业者的权益如《职业培训特别措施法》《创业教育培训基本法》《职业培训法》《高等教育就业创业课程设置基本规范》等等。

20 世纪 80 年代初，韩国高校创业教育课程开始起步。1986 年，韩国政府出台了《中小企业创业支持法》支持韩国民众尤其是大学毕业生自主创业，由此韩国掀起了创业浪潮。在政府的积极推动下，韩国的成功创业案例层出不穷。受 1997 年亚洲金融危机和 2008 年全球金融危机的影响，韩国经济遭受重创，企业为了生存，纷纷裁员，结果导致失业率上升和大学毕业生就业难问题。为了增加工作岗位，缓解失业压力，韩国政府决定鼓励青年自主创业。于是，韩国教育界掀起了高校创业教育的热潮。2013 年，韩国政府启动“创业精神校园培养计划”，在高校开展更加广泛的创新创业教育，持续加大推进创业教育的力度。

韩国的创新创业课程分为两大类：非正规课程与正规课程。非正规课程是指由大学开设，与学位无关的选修类课程以及由社会培训机构开设的各类创业方面的讲座。正规课程是指由大学或研究生院开设，纳入学位课程，与毕业直接挂钩的有关创业类课程。韩国高校创业教育正规课程的发展经历了两个阶段：第一阶段在财经类高校或学部开设少数创新创业教育的科目。1987 年，东国大学产业工学系开始创设“创业与项目分析”的讲座，以此作为创新创业的正规课程，此后，韩国高校创业类课程大量涌现出来。第二阶段韩国致力推进创业教育专业化发展。在学部或研究生院内开设系列化的课程，1999 年，韩国崇实大学和湖西大学在本科阶段首次招收了创业教育专业学生，由此开启了韩国高校创业教育专业化的序幕。其中，崇实大学在“风险投资中小企业学部”新设了中小企业学与风险投资创业学两个专业。课程设计以实用主义为理念，主要开设与中小企业创业及经营相关的实务型科目。例如，创业的决定性因素、项目创意的发掘与评价、项目计划书的制作等。

二、日韩高校创新创业教育的经验分析

（一）以先进的教育理念和政策为指引

日本高校的创新创业教育非常注重教育理念与教育政策的指引作用。日本高校秉持的创业教育理念是要培养学生的创业意识和创业精神，通过教育提升学生的创业技能，提高学生面对社会挑战的能力。

为推进日本高校创业教育的顺利开展，国家制定相关政策并投入资金支持。一方面，完善国家的创业政策。无论是《学技术基本法》还是以促进就业为主的《中小企业新事业活动促进法》都在国家政策上给予了创新创业教育强有力的支持。日本高校设立了创业援助部门，这是一个指导帮助学生创业的专门指导机构。另一方面，设立了创业后援基金，用于资助学生开展创业活动、提供风险投资，建立起政府及社会各界多元化的融资渠道。日本的融资渠道主要由四个部分组成：第一，直接资金，即由新事业开拓出资事业（中小企业基本设备机构）、中小企业投资育成公司出资。第二，间接资金，即新创业融资制度，女性、年轻人、年长者创业家支援资金、小规模企业设备资金制度。第三，信用补足，即由信用保证协会进行保证的制度。第四，补助金，即由新事业开拓补助金“中小企业基础人才确保补助金”方式等进行补助。同时，日本高校还充分利用校友资源，通过校友会、优秀毕业生组建援助团体或

募集基金，将创业教育与创业扶植有机结合起来。

韩国作为一个注重传统文化的国家，创新创业教育的理念是将高校创业教育与国民素质的提高紧密联系，积极鼓励大学生在传统学科创新领域深入钻研，取得创新创业的成果。在财政保障上，高校建设创业研究生院的前两年，韩国政府每年给予每所学校 4 亿韩元的财政拨款，其后根据发展情况，考核后适当进行增减；5 年后国家将便不再给予拨款，交由学校自行筹款。随着该项事业的顺利推进，以及社会对创业研究生院教育的需求不断扩大，2009 年韩国政府决定延长对创业研究生院的财政支持，直至 2013 年当年，韩国政府投入了 18 亿韩元。在“21 世纪智力韩国”计划中，有 30% 的资金是投入传统学科领域的。为了促进韩国产业的平衡发展，政府还提出回乡务农创业扶持政策，对于自愿返乡进行新型农业产业创业的大学生给予奖励。对愿意成为创业型农民的年轻人，政府可以免除其服兵役，同时还为每个创业型农民提供 1.2—2 亿韩元的农业贷款。

（二）形成学校与企业高度合作的发展模式

日本、韩国创新创业教育都非常注重有效开发和利用全社会资源，同时加快高校创新创业研究成果的社会转化效率，进而形成学校与企业高度合作的创新创业教育的发展模式。

日本的创新创业模式即是著名的“产官学协同模式”，即企业为创新创业教育提供经济和技术支持、政府为创新创业教育提供政策支持、高校协同中小企业发挥创业教育主体作用，“产、官、学”三方紧密协同配合。具体来说，企业界与大学合作，根据自身发展的诉求，共同开发创新创业培训教材、设计相关的培养方案，通过提供实习基地、投入资金，加快创新型人才的培养；政府的经济产业省、文部科学省、厚生劳动省将创新创业教育作为国家发展的重要课题，不仅在各大政府部门之间加强研究和交流，并且从法律政策上极力推动企业与高校的合作；在大学方面，各大学积极建设创业孵化器、创业辅导机构等创业基础设施，开设广泛而有校区特色的创新创业课程，建立与企业的双向交流，加强与企业校友的联系。在这一模式下，企业、政府及高校之间的良性互动极大地促进了日本创新创业教育的繁荣与发展，使日本的创新创业教育在短时间内成效显著。

2014年2月，日本内阁发布“创新研发推进计划”，强调加强技术路线预测引导产业前瞻的重要性，旨在改善自身基础创新、创新体系相对封闭和前瞻性不足等问题，在保持较强创新实施能力的基础上，在信息产业等新兴领域上有所突破。在这一计划推动过程中，日本增加基础研究经费以及科研人员和公立研究机构的竞争性研究经费，充分发挥企业与学校高度合作的优越性，通过组织产学交流、成立中介组织等措施，进一步推动企业与高校合作开展基础创新研究，提升创新研发的能力与效率。在政策影响下，日本产学合作研究从2003年的7248项增长到2013年的16925项。在创新研发管理上，日本政府自2008年开始将除防卫与警备外使用科研经费的所有部门纳入“e-Rad研发管理系统”，有效治理了重复研究及经费过度集中等问题。

韩国创业教育利用社会资源，加强企业与高校联系的方式是设立创业实践基地。这种为学生提供创业实习和研究的创业实践基地由企业实践基地和校内实践基地两部分组成，企业提供实习场所，高校配备各个专业相关的实验室和实践教室。学生不仅可以在实践基地中学习实践，而且实践基地加强了企业与高校的沟通交流，企业可以委托学校进行专项研究，提高学生创新创业的能力。在形式众多的韩国创业实践基地中，值得一提的是“创业资源中心”模式。这种模式几乎覆盖了韩国所有的高校，经过教授和投资专家仔细筛选，将具有良好发展前景的大学生创业投资项目作为支持的对象，为其提供便利的设施与全方位的金融支持，保证其创业项目顺利开展。

（三）注重学习发达国家的先进经验

在创新创业教育的发展过程中，日韩两国注重向已经发展完善的英美等发达国家学习，结合本国国情吸收借鉴别国创新创业教育的成功经验，参考借鉴其授课模式，并且重金聘请国外创业教育指导教师任职，强化大学生创新创业的国际意识，培养其国际视野。

日本推行“企业家精神：美国研讨”项目，每年派遣学生到美国硅谷进行为期一周的学习交流，学习内容为访问当地企业、与斯坦福大学的学生交流、参加由当地企业家主讲创业课程、以团队的形式设计创业项目等。项目结束归国后，学生要面向社会汇报项目成果。韩国借鉴美国的创业教育模式，将创新创业课程分为创业前期、创业准备期以及创业后期三部分，其中，创业前期课程主要为与创业相关的理论知识，创业准备期课程则强调实际操作，而创业后期课程则以营销、管理类为主。三部分的课程比例分别为 13.3%、55.6% 和 28.9%。课程设置兼顾理论与实践，这样的课程设置与规划使整个课程结构层次分明。韩国的教师亦注重学生的问题反馈，通过问卷调查，不断提出优化课程设置的方法。

韩国创业教育课程的教师由校内教师、企业资深人士和来自不同国家的访问学者三个群体共同担任。校内教师负责理论课程，学校要求校内教师必须具有社会实践活动经验。企业资深人士负责实践讲学，外国学者则着重介绍国外商业实践和创业活动的情况，帮助学生开拓思维和视野。授课方法主要采用集体讨论、分小组授课、现场操作、实地见习、专家讲座、海外研修等多种形式。此外，韩国高校长期以来形成的访问制度，又大大促进了教师学者之间的交流。这种国内外各高校教师互换交流、合作科研的制度大大提高了教师自身素质、丰富了教师专业知识、改善了教师教学方法，使教学质量显著提高。

（四）课程开设注重实践能力培养

1. 课程设置偏重创业实践训练

日本创新创业教育的课程建设，注重培养学生的创新精神和实践能力，从基础教育阶段到各大高等院校再到行业协会都有相关的课程设置与创业培训。其中，日本最成功，也是高校最重视的是层层深入的实践教育。

在基础教育阶段，日本开设了“综合学习实践”课程。课程打破了学科逻辑体系，通过自然体验和义务服务的方式，引导学生去体验发现社会、生活问题，采用观察、实验、调查等科学的研究方法解决问题，培养学生自学反思、创新性实践的能力。

日本高校的创新创业教育课程主要有三类：一是创业基础知识类课程，如企业管理、市场营销、金融法律等方面的知识；二是创业实践训练类课程，如互动实践型课程、开展商务活动、进行商务沟通和拓展商务渠道的课程；三是创业实务讲座，聘请创业成功者为学生传授创业经验和技巧。高校根据学生的不同层次安排不同的实践内容。低年级学生接受启蒙教育，例如参观企业、工厂、参加创新创业相关的讲座；高年级的学生参加专业技能培训、参与项目研发、参加创业比赛等创业参与教育；而更高层次的学生则安排到创业园、高校创业孵化基地进行创业实践教育。例如，2005 年起东京大学产学联合本部联合东京大学风险投资股份有限公司、东京大学 TLO 股份有限公司共同开设了“创业者道场”，旨在系统地培育创新创业人才，孕育创新精神的校园文化。“创业者道场”面向所有的东京大学学生一同开课，本科生、硕士生和博士生都可以参与。课程的主讲人员主要是企业家、投资人或者具有丰富实践经验的教师。创新创业课程安排具有针对性与连贯性的特点，每年从 4 月份开课，学生通过“初级”“中级”“高级”课程的学习，从创业的意义、发现商机、探寻客户需求、开发产品、撰写商业计划书到创立组织进行逐步学习和体验创业过程。为激发初学者的兴趣，在学习基础的创业课程之后，东京大学还会根据不同学生群体的需求和兴趣开设针对性课程，以集中开课的形式开设“创业体验课程”。东京大学的学生在学习过创新创业的基础课程、了解了创业经验和最新的创业动向之后，将以团队的形式参与“创意马拉松”“黑客马拉松”等中级课程，最后在高级课程中参加商业计划书比赛，由创业导师指导学生团队完善商业计划书。随后东京大学会继续帮助优胜项目的孵化，产品成熟度较高、具有创新性和高商业价值的团队将会被派遣到美国得克萨斯参展，与世界各地的投资者、企业家、技术人员交流，进一步推动产品的孵化。

韩国高校的创业教育以创业技能培养为主线，以全面覆盖培养目标所需的技能来安排课程，注重课程体系的多样化。按照 1:2 的学时比例来分配理论课与实践课，注重培养创业实践技能。很多韩国高校还特别注重多方位补充传统教育模式，开设网络教育课程，定期举办创业专项培训班，邀请优秀创业先锋和企业高级管理人员授课，有的学校还将实习环节作为授予学位的必要条件。韩国高校对学生实践能力的重视还表现在成绩考核与评定上。根据韩国学者抽样调查统计，几乎没有一所学校采用单纯的笔试来评定学生的成绩，大部分高校将锻炼学生实际操作能力的企划书写作作为考评的主要手段，根据实际情况，各高校酌情添加了案例分析、现场见习等多种考核方式。

表 6－2　　　　创业研究生院课程设计范本①

分类	课程名称	分类	课程名称
创业环境分析	企业家精神与经营原理	创业力理论	税务制度
	知识经营与环境变化		创业与营销信息
	创业环境与创业竞争战略	创业文化开发	企业文化与革新
创业机会设计	创业过程与步骤		创业精神与领导力
	求变意识与创意的产出		社会企业与家族企业
	项目计划书与项目妥当性评价		海外研修
	市场预测与项目选定		相关产业见习
创业力理论	创业与企业运营		商业研讨
	创业与市场营销		现场实习
	人力资源与知识产权管理		现场体验及事业计划书发表大会

同时，韩国还积极地培养有创新创业能力的青年农民，组建农业专科学校作为培养基地，选拔有意愿创业的农民进行培训，在知识技能培训的基础上提供技术和经营方面的咨询与帮助。通过免除兵役、提供农业贷款等一系列资金与政策支持，促进青年在农业领域进行创新创业，投入实践生产，以引领未来农业的发展。

2. 课程注重培养学生创业素养

日本高校非常注重培养企业家精神，希望学生能够具备企业家发现、分析、解决创业问题的能力。在考核方式上注重理论与实践相结合，除了国语、数学和所学专业素质测试等，还有脱离纸笔，基于实践的创业比赛或调研活动，各高校会根据学生的知识储备和区域经济环境，为学生量身打造创业机会。

韩国高校建立了各类创业实践基地，设有功能齐全的各类机构，如创业实践支援中心、创业孵化产业园等，有意向创业的学生可以在高校创业实践基地

---

① 朴钟鹤. 韩国高校创业教育发展与创新——以五所“创业研究生院”为例[J]. 比较教育研究, 2013(05).

中得到包含各项创业辅助的便捷服务。在创业实践基地中很多学生的创业能力通过具体工作得到了锻炼，又积累了创业启动资金，为毕业后的创业提供经济基础和经验支持。

3. 课程设置强调特色化发展

日本对于学生创新创业教育的培养注重特色化教育，注重不同学段学生创新创业教育的衔接问题。针对不同教育阶段学生的身心发展特点以及能力水平，明确创新创业人才的知识结构与能力结构，以先进的教育理念，培养全面发展的创新创业人才。

韩国创业研究生院的课程设置定位明确，将人才培养目标定位于“培养世界一流创业人才”上，并强调特色化发展。在中小企业厅设计的课程范本下，5 所创业研究生院结合自身特点与区域特色，各自建构了一套独具个性的课程计划。例如，依据首尔国际化发展的战略思路，湖西大学国际化创业研究生院下设的技术型风险投资管理专业，传授学生各类创业技术与理论知识，培养其战略性思维，以应对 21 世纪知识经济的挑战，实现高效的创业、成功的经营。

韩国特色课程设置还致力于培养创业型农民，即具备专业知识、经营理念，能够引领未来农业的年轻人。具体的培养过程为：在农村选拔有意愿进行创业的农民，创业型农民在有经验的优秀农户家实习 1—2 年，同时参与以农业专科学校为培养基地的专业培训。农业专科学校不断完善自身功能，对每年选拔出来的创业型农民进行培训，同时在创业型农民创业时遇到的技术和经营方面问题时，积极给予咨询与帮助。政府会在资金与政策上，对这些选拔出来的创业型农民给予支持。

（五）引进多元化的师资队伍

为了确保创业教育顺利发展，日本高校精心打造了多元化多层次的创业教育师资队伍。师资团队由校内师资和校外师资两部分组成。校内师资中专门从事经济学或者管理学的教师占 50% 以上，理工科背景的教师约占 37%，其中超过 40% 的教师拥有创业经验，校内师资讲授理论课程，为学生打下理论基础。校外师资涉及领域广泛，日本高校会邀请国内具有丰富的创业经验并且又有学术背景的资深人士作为校外师资参与创业教学工作，这些人包括企业经营者、律师、职业经理人、金融机构从业者以及杰出校友，校外师资实践性较强，在创新创业方面有一定的发言权，主要参与指导创业的专业知识讲座、制定创业计划、研讨创业经验等活动，组织学生到相关企业进行调研学习，让学生接触创业第一线，以多样化的师资保障创业教育的实践性。

韩国大学重视办学理念，在创业教育方面非常重视办学特色。各高校根据中小企业厅的文件要求，结合区域特色和自身特点，各自构建了独特的教育模式。以首批开设创业研究院的中央大学和艺苑艺术大学为例，中央大学以培养农业、制造业、服务业等产业的创业者为目标，课程设计就以创业经营环境、创业资源管理和CEO领导力为主要内容。而艺术大学则将文化传媒作为学校的特色专业，其创业教育则多以文化传媒创业经营、文化传媒创业咨询等课程为主。

第四节 发达国家开展创新创业教育的启示

一、建设具有普适性与针对性的创新创业教育

根据发达国家创新创业教育经验与我国人口众多的国情，我国推行创新创业教育不能功利地追求快速培养少数企业主，也不能把创新创业的教育资源均等地分配到各个学段，建设具有普适性与针对性的创新创业教育体系应是我们的现实选择。

（一）建立系统的从小学至大学的创新创业教育体系

与大学正在开展的创新创业教育体系相衔接，基础教育阶段也要重视学生创新精神、创新意识和能力的培养，通过打破学科逻辑体系的“综合实践活动课程”引导学生通过自然体验、义务服务和知识创新应用等方式去体验、思考社会与生活问题，采用观察、实验、调查等科学的研究方法解决问题，培养学生自学反思的能力、创新性实践的能力。

（二）高校创新创业教育应该提高针对性

一是有计划地选拔培养学生，在课程计划中引入入学倾向性测试，通过学

生提交书面申请材料以及学校的面试，集中优势重点培养那些具有创业意愿及创业潜能的大学生；二是结合学校的优势学科以及职业需求开设具有针对性、有特色的创新创业课程，创新创业培训教育不仅停留在金融贸易行业，同时有针对性地为农业、渔业等行业从业者提供相关的创业教育与培训，激发各个行业的创新创业活力。

（三）加快高校创业教育课程改革

高校应该形成连接基础教育、孵化培养、精英培育的创新创业人才培养课程体系，以连贯性、递进式、金字塔式的方式全方位、分层次的设置课程。将创新创业教育有机地融入专业教育，将知识传授和技能培养相融合，将创新创业教育与普通通识教育相融合。

首先进行课程体系改革，对不同类别的学生开展不同层次的培养。通过面向所有学生开设创新创业基础必修课程，普及创新创业基础知识，选拔有创业潜质和意向的学生，针对这些学生开设选修课程，主要探讨企业创办和经营管理过程中可能遇到的常见难题，引导学生掌握分析问题的方法及解决问题的技巧。在具体形式上，开设创新创业的交叉选修课程，比如在专业基础课程中开设创业基础、创业理论等基础课程；在专业提升课程中开设机会识别、电子商务、企业管理等课程，注意结合学校的学科优势或地区优势，培养学生在学习跨学科领域知识的过程中，获得创新创业必需的交叉学习和思考的能力。注重理论和实践结合起来，使学生在课堂上学到的理论知识能够运用到实践中去。比如低年级的学生可组织他们到企业学习参观、短期实习、撰写商业计划书等，增加感性认知；高年级的学生可组织他们参加创新创业计划大赛、学科知识竞赛、实训、模拟创业等来锻炼他们的分析能力和创业实战能力；针对已经开始创业实践的学生开设创新创业高端课程，引导他们在掌握现代企业管理理论和方法的基础上，不断提升企业领导力、管理水平和运营水平，将学生培养为具有创新创业意识并掌握创新创业知识和能力的应用型人才。

其次，鼓励各高校特色化发展，放开教材编订限制。按照先讲义，再评审，后教材的模式，允许审核通过的学校结合区域特点和自身情况，有重点、有针对性地编写一定科目的教材。以农业为特色专业的高校为例，水稻主产区的高校可结合本地情况编写水稻种植方面的教材；小麦主产区的高校可在编写教材时加入本地小麦的种植情况及问题等相关内容。

（四）全面提高学生的综合素质

创业不是只需要一个想法，创业的过程是充满困难而非一帆风顺的，所以创业教育需要培养学生的综合素质。要激发大学的创业意识，加强基础理论课程以及实践课程的教育，传授专业的知识、各类综合性知识和管理科学知识，逐渐使学生获得战略规划、团队组建、沟通协调、决策力和执行力等成功创业者必备的能力。同时，鼓励学生根据自身情况合理创业，以培养学生具有勇往直前的使命感和责任心、正直诚信的人格魅力和面对挑战坚韧执着的品质。

二、构建具有创新创业素养的师资队伍

教师和学生是院系最核心的构成要素，是大学和院系改革的参与者和利益相关者。创业教育对教师的素质要求要高于其他学科，教师要能激发学生的学习兴趣，要有一定的观察力，了解学生的已有知识、能力水平，从而指导学生创业。要培养高素质的人才，必须首先培养高素质的教师。高校应定期对教师进行思想教育、专业技能培训和社会实践锻炼。通过思想教育树立教师坚定的马克思主义信念、爱国主义情怀和集体团队意识，明确自己的责任与义务；通过专业技能培训加强教师的专业学识，以便将知识准确地传授给学生；通过社会实践锻炼，使教师尤其是刚从学校毕业就进入高校的年轻教师了解社会，增添阅历，丰富教学方法和内容，以适应学生的需要和社会的发展。

我国教师大多缺乏创业经验，这使得授课教师缺乏对创业教育的深刻认识。高校应该积极鼓励教师紧跟时代发展，更新授课内容。高校要注重调动本校教师参与创新创业教育的积极性，提高教师自身创新创业的能力，通过教师的企业实训经历，积累丰富的创新创业经验，掌握企业经营管理的前沿资讯，有针对性地指导学生创新创业，进而在大学生创新创业教育中为学生提供充分而切实有效的指导。

创新创业教育不仅要注重师资队伍素质建设，还要注重师资队伍的多样

化，打破高校与社会壁垒，选拔任用涉及各个专业领域有威望而且在创新创业领域颇有建树的人；打破高校之间的隔阂，建立开放而有活力的校际师资联系，建立区域、国际的访学制度，推动优秀师资的流动；引入国际师资，从教学内容、教学方法、教学模式等方面学习先进经验，加强国际交流，提升师资水平。注重创新创业教育的开放性，利用跨学科教育所设置的研究所、研究院，给创新创业教育提供整合不同学科信息与资源的平台。同时，通过采取区域高校创业教育合作培养机制，在区域范围内各高校共设课程、共享教学、共用设备、交换教师、互认学分等，推动整体教学质量的提高。

三、提高创新创业教育的成果转化率

目前，我国将创新创业融入人才培养方案，积极搭建创新创业教育课程体系，既有大学生就业指导的理论课，也有以“挑战杯”创业设计类竞赛为载体的创业实践活动。在创新创业教育过程中，要继续通过商业计划竞赛项目、撰写商业计划书、参与创业实践项目、实习实训，组织学生进行切合实际的学习研究，了解公司的销售前景和企业创立以及发展的市场调查，提高学生的创新能力和实践能力。在此基础上，对竞赛中表现突出的商业计划进行孵化，促进商业计划顺利转化为真正的企业。

除了聘请创业者担任教职为学生传授创业经验、经商经验，讲解最前沿的创业理念和实践案例以外，创业教育要植根于本土，应依据区域经济及产业特色，开设相应课程。“其途径之一便是与区域企业加强联系，由此获取相关企业的经济、教学等方面的支持。首先应选取相关地方合作机构，共同构建以需求者为中心的创业教育课程。与此同时，通过建立有效的合作平台，实现创业教育机构与相关地方机构间的良性互动，构建由大学、企业、研究所、地方政府组成的产学合作网络体系”。① 通过实现产学研的合理转化，让教师和学生的研究成果能够快速转化到实际应用中，形成良好的创新创业互动效应。

---

① 朴钟鹤. 韩国高校创业教育发展与创新——以五所“创业研究生院”为例[J]. 比较教育研究,2013(05).

四、完善创业教育网络服务模式

网络经济和大数据的发展，给社会带来了巨大变革，网络对教育产生了革命性的影响，使教育从课堂走入生活。开设创业教育网络课程作为课堂教学的补充，及时同步国内外的优质资源，通过 MOOCs 视频公开课的形式开放一些在线课程，逐步建立在线开放学习的学分认证制度。

创新创业教育应当给学生提供更丰富、更便捷的学习内容和学习方式。学校可以通过成立公众号，及时发布创业信息，以便让学生实时获取创业资讯。通过完善和发展网络服务模式，促进教学方式的多样化，使创业真正深入学生生活。

同时，积极培养大学生在国际视野下分析问题，解决问题的能力。通过与发达国家高校的合作交流，让我国大学生树立正确的创业观。通过系统地学习创业管理相关理论与实践知识，使大学生掌握现代网络技术，以互联网络为媒介，学习应用别人先进的东西，包括国际化创业课程，下载收看创业成功人士讲座等。利用已学到的知识积极参与创业策划大赛、网络模拟大赛，提升大学生的创业能力和水平。

第七章
地方高校创新创业教育的发展趋向

地方高校在创新创业教育中因为特殊的发展环境而面对着特殊的历史问题，因此，地方高校与其他类型的高校相比，在未来的改革之路上也需要谋划出独特的发展路径。本章节，我们将围绕着地方高校未来发展面临的环境和发展使命，对未来发展的主要趋向和关键实践环节探索作出回应。

第一节　创新创业教育与专业教育深度融合

创新创业教育发展离不开专业教育，两者之间虽各有侧重，但也相辅相成。一方面，创新创业教育能够激发学生的开拓性思维，使其能够批判性地吸收专业知识；另一方面，专业教育能够弥补创新创业教育所缺乏的某一专业的知识缺陷，并且可以帮助学生系统地储备特定行业的专业知识，为以后的创业或就业奠定坚实的智力基础。创新创业教育作为一种新兴事物，只有与专业教育进行有效的结合，借助专业教育相对稳定和成熟的教育模式来完善其体系，才能获得更好的发展。

一、高校创新创业教育与专业教育融合的国际实践探索

创新创业教育在国外高校起源较早，其发展也较为成熟，很多高校早已形成了一套完整而成熟的创新创业教育体系，因而其创新创业教育与专业教育融合程度也较高。国外高校创新创业教育与专业教育的融合主要体现在以下三个方面。

（一）创新创业课程与专业课程的融合

在创新创业课程与专业课程融合模式方面的探索中，国外学者大多强调建设跨学科的创新创业课程体系。例如，欧盟委员会提倡让创新创业课程为全体学生服务，认为应该将创新创业教育融入不同院系的课程体系里面，根据不同学科的特点设置相关的匹配课程。麦克法伦（McMullan）等人提出设置创新创业教育课程时，要以创新创业课程为主，辅以专业课程，强调学科之间要相互渗透。在创新创业教育课程的设置方面，国内外学者主要形成了三种不同的观点：一是认为可以专门成立独立的创新创业教育院系，设置独立的创新创业教育课程；二是强调要将创新创业教育课程融入其他专业学科领域；三是强调创新创业实践课程的重要性。

除此之外，国外已有不少创新创业教育相关的研究专著。其中，理查德·多尔夫（Richard Dorf）和托马斯·拜尔斯（Thomas Byers）的《创业的轨迹》（“Entrepreneurial path”）一书，就是跨学科的产物，它是世界第一部由工学和管理学教授联合编写的科技创业教材，也是美国斯坦福大学工学院的创新创业教育教材。

另外，国外学者在进行创新创业教育发展问题及其对策研究的时候，提出加强创新创业教育与专业教育的融合程度，有利于规避专业背景给创业者带来的不良影响。欧盟全球创业论坛主席 Jay Mitra 教授认为，创业者的专业技术背景很容易使他们对产品和技术的价值做出过高的评估，反而会低估市场的风险。针对这一问题，学者们普遍认为主要的解决方案是构建完善的创新创业教

育体系。美国的戴维·希尔福（David Silver）教授等都建议在创新创业教育的开展过程中，应加强专业教育与创新创业教育的融合程度，打破专业间的限制，实行跨学科的联合教育。根据麻省理工学院（MIT）网站上关于创新创业教育的资料显示，融入了专业学科背景的创新创业教育可以更加有效地促使学生在其专业领域内成功地实现创新创业，同时也可以为创新创业教育的发展提供更加深入的智力支持。

国外高校创新创业课程与专业课程融合的实践主要通过以下两种途径来实现：一是设立专门的创新创业学位项目，在创新创业学术型人才培养计划中融入一些专业技术能力培训课程；二是把创新创业理念嵌入专业课程，形成具有专业特色的创新创业课程。在英美等发达国家，多数高校都已经开设了创新创业相关的课程或者是学士、研究生项目。以美国为例，据最新的调查结果显示，截至 2017 年 3 月，美国共有 181 所高校开设了创业研究项目，其中有 33 所高校设立了专门的创业博士项目，21 所大学则在博士培养体系中开设了创业研究课程。

此外，国外高校在创新创业课程与专业课程融合方面普遍具有两点共同之处：一是注重应用技能与专业学科知识之间的互补，将创新创业技能的培养与专业学术知识的积累有机结合在一起，实践与学术并重，有针对性地为不同专业背景的学生提供专属的创新创业课程。2006 年举行的欧洲创业教育会议（"Entrepreneurship Education in Europe: Fostering Entrepreneurial Mindsets through Education and Learning"）就指出：高校应该将创业教育融入不同专业的人才培养计划中，为各学科注入创新创业理念价值。二是注重跨学科之间的优势互补，善于打破专业之间的隐形屏障，提倡文理科、理工科之间的交叉融合，鼓励学生走出专业的框架，自主选修感兴趣的创新创业课程。例如，斯坦福大学（Stanford University）通过开设联合课程的方式，有效整合各学院的优质资源，更加有利于创新创业理念在各专业中广泛而深入的渗透，从而促使应用导向和产学研的结合，提高学生的综合素质，实现高校创新创业成果的高效转化。纽约大学（New York University）面向 MBA 学生开设了一个“创业与创新”双修学位，要求学生必须主修一项基础专业，如金融、市场营销、经济学、管理等，然后他们需要再修读一门核心课程“创业基础”以及几门选修课，包括“家族企业管理”“全球经济一体化与企业家精神”等。除了在日常的创新创业课堂中注重专业知识的储备之外，国外高校也不断创新跨学科学习的模式，从而调动学生学习的积极性。为此，新加坡国立大学（National University of Singapore，NUS）开设了“内部综合式线上学习课程”（i-BLOCs），来自不同专业的学生可以在线上对同一课题进行自由讨论，提出自己看法，有助于学生开拓思维，汲取不同专业的知识，为创新创业活动增加知识储备。

葡萄牙的米尼奥大学（University of Minho）则是鼓励项目教学（Project Based Learning，简称 PBL），重视培养学生结合不同知识领域来解决实际问题的能力，其中最为典型的就是米尼奥大学面向工程学专业的学生专门开设的创新创业融合项目（the Innovation and Entrepreneurship Integrated Project，简称 IEIP）。IEIP 的目的是提高学生在创业过程中设计、解决问题，完善方案以及领导决策的能力，完善其知识、技能以及态度三个方面的素质。学生首先需要修读相关工程学专业课程并从中提高自身整合资源的能力，然后他们才可以与相关行业组织合作，参与实际的项目。此外，在 IEIP 中，学生被分成四组，每组都由一名专业技术导师以及多名来自工程学专业不同方向（包括机械、工业电子和计算机、聚合物、工业管理）的学生组成，并在促进和升级产品制造方面进行团队竞争。因此，通过 IEIP，学生不仅可以扩大其知识面，还可以提高其自身的团队合作能力、创新能力、决策能力以及沟通协调能力。另外，值得注意的一点是，国外一些高校并未单独设立创新创业学院，而是把创新创业以理念或者方法论的方式渗透到各专业学科教学中。澳大利亚国立大学（The Australian National University，简称 ANU）便是如此，例如“工程创新”“新媒体创新与研究”，还有 ANU 艺术学院开设的“艺术大师”课程等。

（二）多元专业背景师资队伍的建设

在师资团队建设方面，国外高校注重聘请具有深厚专业研究背景的教师，深入讲授一些高层次的跨学科课程，为学生提供专业的学术性指导。例如，麻省理工学院（Massachusetts Institute of Technology，MIT）在 1993 年便已对创新创业教育师资提出了“双轨型教师”的要求，要求创新创业教师既要有丰富的创新创业实践经验，还要有广博的专业学术研究背景。因此，MIT 十分重视创新创业教育师资队伍的建设，通过研讨会、培训等方式来提高师资队伍的专业水平。MIT 有一个“五分之一”的法则，允许教师在一周内抽出一天的时间来为企业提供咨询等服务，鼓励教师参与社会实践，以此来提高教师对学科知识与创新创业融合的认识，有助于实现专业理论知识和实践的接轨。

在美国的高校，教授创新创业课程的教师，需要同时具备扎实的创新创业理论基础、丰富的创新创业实践经验，以及从事校内专业学科教学和科研工作的经验。同样，英国高校也拥有雄厚且多元的专业化创新创业教育师资队伍。英国高校在创新创业教师的选拔过程中，注重教师的专业知识和实践能力的结合，而且还鼓励高校教师积极参加企业中的实践工作。日本九州大学（Kyushu University）拥有一个综合性的创新创业教育与研究中心（Robert T. Huang Entrepreneurship Center，简称 QREC），其师资团队除了经济学院的教师作为主力军之外，还吸纳了各个学院不同专业领域的教师，并聘请了外校教授、杰出创业者和企业家等兼授相关课程，极大地丰富了创新创业教育师资团队。

（三）成熟创新创业平台的构建

完善的创新创业平台在一定程度上推动了创新创业教育与专业教育的融合。以斯坦福大学（Stanford University）为例，其拥有一个庞大且有力的创新创业网络（Stanford Entrepreneur Network，SEN），和一个专门为创新创业项目服务的平台。SEN 囊括了校内不同学院专业、技术转移及学生组织等资源（如表 7－1）①，是一个强大的创新创业资源网络平台，为学生的创新创业活动提供智力支持，促进了斯坦福大学跨学科的创新创业教育的研发。同时，源源不断地汲取校友资源和社会资源，也激发了斯坦福大学创新创业教育的活力，促进了创新创业教育环境的优化，加深了创新创业教育与专业教育的联系。

---

① 郑刚，郭艳婷. 迈向创业教育 2.0：斯坦福大学创业教育大众化的经验借鉴及启示[J]. 西安电子科技大学学报（社会科学版），2016(03).

表 7-1 **斯坦福大学 SEN 资源**

组织类型	具体成员	
学院层面	创业研究中心（CES），社会创新中心（CIS），商学院企业家俱乐部，商学院能源俱乐部，斯坦福发展中经济体创新研究所（SEED），Woods 环境研究院，斯坦福区域创新创业项目（SPRIE）	商学院
	亚洲技术倡议协会（ATI），美国国家工程创新教育中心（Epicenter），斯坦福大学电气与电子工程研究院（IEEE），斯坦福技术创业项目（STVP），美国亚洲技术管理中心（US-ATMC）	工程学院
	生物设计项目（Biodesign），医学院职业发展中心，火花项目（SPARK）	医学院
	斯坦福社会创新评论（SSIR）	人文科学
	新闻研究生项目；斯坦福数字媒体	传媒
跨学科层面	斯坦福行业专业人士协会（AIMS，创业博士后社团），斯坦福大学跨学科医疗保健创新伙伴协会（CHIPS），欧洲创业与创新协会，Hasso Plattner 设计学院（d. School），斯坦福 MediaX，StartX（创业孵化器），普雷科特能源研究所（PIE）	
技术转移	技术许可办公室（OTL），TomKat 创新转移项目	
学生组织	亚太学生创业协会（ASES），斯坦福创业学生创业协会（BASES），拉丁美洲创业协会（SELA），斯坦福能源俱乐部（SEC），斯坦福法律与技术协会（SLATA），斯坦福学生空间计划（SSI），斯坦福风险投资俱乐部（SVCC），斯坦福商界女性俱乐部（SWIB），斯坦福大学法学院创业俱乐部（E-Club）	

此外，英国政府也成立了英国科学创业中心（UK-SEK）和全国大学生创业委员会，专门负责创新创业教育管理和实施的工作。创业中心致力于将创新创业教育与高校专业教学的融合，兼具教学和创新创业孵化器的双重作用；而全国大学生创业委员会则是专注于培养高校学生的创业家品质。澳大利亚莫纳什大学则是对全校院系资源进行重组，组建了高效、专业的大学董事会和学术委员会，既提升了创新创业教育的专业化建设，也为创新创业教育体系的运行提供强有力的智力支撑。在俄罗斯，为了开展创新创业教育，下诺夫哥罗德大学专门组建了俄罗斯第一个专业从事科技领域研究的技术交流研究室，有机地

将大学专业知识教育与技能自然科学创新相结合，促进了俄罗斯高校连续的、多层次的创新创业教育系统的建立。

多元化的创新创业教育课程、高素质的师资队伍以及成熟的创新创业平台，使得国外高校创新创业教育内容更加丰富多彩，焕发出蓬勃的生机，同时，也为学生提供了更多的自主选择权、专业的指导以及强大的支持，为创新创业学术型人才培养体系的发展起到了积极的推动作用。

二、地方高校创新创业教育与专业教育融合在国内的发展趋向

目前我国地方高校的创新创业教育更多的是以创新创业指导讲座或者是选修课的形式来开展，而且面向的学生还是以经管类专业为主。结合国外高校创新创业教育发展的经验可知，创新创业教育要想得到更加广泛的推广，获得更深层次的发展，就必须与专业教育有机结合，把创新创业的思维和意识融入专业知识的学习中，这样才能真正提高学生的创业就业竞争力。否则，创新创业教育便会变成流于表面的创新创业兴趣活动，无法达到期望的教育目的。

我国高校的创新创业教育相较于欧美等发达国家的高校开展得较晚，发展也较慢，创新创业教育与专业教育的融合程度也较低。通过国外高校创新创业教育与专业教育融合的现状及相关研究分析，可以发现国外高校在创新创业教育与专业教育融合发展方面具有一定的先进性及成熟性，因而借鉴其成功经验可以有效弥补我国在此方面的经验不足，加快创新创业教育与专业教育融合的步伐，进而促进我国高校创新创业教育体系的形成。从国外高校在创新创业教育与专业教育融合方面的成功经验，可以在以下几个方面做出努力。

（一）构建具有专业特色的创新创业课程体系

设置具有专业特色的创新创业课程是促进创新创业教育与专业教育融合的主要途径。然而与国外发达国家创新创业教育起步早，发展较成熟相比，我国的创新创业教育起步较晚，发展尚未成熟。尽管随着产业结构的转型、市场需求的变化，创新创业教育越来越受到社会的关注，越来越多的高校也开始尝试和探索创新创业人才的培养模式，但是从创新创业教育的理念到创新创业教育课程体系的建构，再到创新创业教育与专业教育的融合程度以及创新创业教育

的输出成果，都存在着一些问题和亟须改进的地方。因此，借鉴国外高校创新创业教育与专业教育融合的成功经验，取其所长，进而提出我国高校创新创业教育与专业教育融合的战略方案，能够有效地促进我国创新创业型人才培养体系的形成和发展。

借鉴国外高校创新创业教育与专业融合的经验，我国地方高校可以从这两个方面去探索创新创业课程与专业课程结合的中国模式：一是可以尝试开设跨学科、跨专业的创新创业课程；二是根据不同专业的知识和技能特性融入创新创业课程，开设具有专业特色的创新创业课程，或者是尝试在授课过程中，通过介绍相关创业史和创业家的方式向学生们渗透创新创业理念。首先，高校应该根据不同专业的特点，有针对性地制定相应的创新创业人才培养方案，并将创新创业课程融入专业课程当中，使得更多学生可以接触和了解创新创业相关知识和技能，激发学生创新创业热情，同时也有利于不同学科之间的资源整合，扩大学生的知识面。其次，高校应该明确创新创业课程和专业课程之间的关系，把独立的创新创业课程与融入了专业学科知识的创新创业课程整合起来，使之形成系统，进而能够协同发展。最后，除了常规的课堂授课之外，高校还可以探索和创新课程形式，例如，有针对性地在各学院开设各种形式的创新创业实践课，或者是将创新创业教育融入专业实践活动中等。

创新创业教育只有与专业教育结合，才能使其具有专业的独特性，有助于真正做到因材施教，有针对性地指导学生开展创新创业活动。此外，各专业学科的交融也有利于拓宽学生的知识面，培养全面、高素质的复合型人才，为成功地开展创新创业活动提供丰富的知识储备。

（二）建设高素质的“双轨型”师资团队

我国地方高校要想提高创新创业教育与专业教育的融合程度，必须打造一支专业化、高素质的“双轨型”师资队伍。目前我国地方高校创新创业教育师资缺乏，具有深厚专业背景的师资更是少之又少，无论是在数量上还是质量上，都无法满足创新创业教育发展的需求。因此，选拔和培养“双轨型”的创新创业教师对于我国高校创新创业教育与专业教育的融合具有重要意义。我国地方高校可以从以下三个方向构建创新创业教育师资队伍：一是鼓励本校教师从事创新创业相关的实践工作，通过参与企业咨询、管理、研发等方面工作的方式积累创新创业经验，提高创新创业实践能力；二是通过外聘的方式，聘请社会各界的创新创业专家以及成功的企业家、创业家等作为兼职教师，既能提高创新创业教育质量，也能为本校教师提供一个与社会各界的专家、企业家、创业家进行交流的平台；三是高校可以有意识地培养不同专业创新创业方向的高素质学术型人才，不断充实创新创业教育师资的后备团队。

（三）搭建完善的创新创业教育平台

完善的创新创业教育平台可以为创新创业教育与专业教育的融合提供实践和资源支持。创新创业教育与专业教育的融合单单依靠相关课程的理论习得是不全面的。学生还需要一个可以将理论知识转化为实践能力，将创新思维转化为创业成果的平台。首先，高校可以成立创新创业教育研究中心，负责创新创业教育的开发和研究，探索适合本校发展的创新创业教育与专业教育融合模式；其次，地方高校可以充分发挥本校的专业学科特长，建设学科科技园或创业孵化基地，帮助学生积累实战经验，有助于提高学生在该专业的实践能力，也有利于高校科技创新成果的转化；最后，构建高校创新创业资源网络，集中校内各院系、校友及社会优质资源，为学生创新创业活动提供强大的支持和专业指导。另外，地方高校在创新创业项目的开发和推进过程中应该注重学生创新创业成果的知识产权保护，可以通过颁布相关的知识产权规章制度来实现。加拿大的滑铁卢大学（University of Waterloo）规定，在创新创业项目中，创业者对其提供的版权、专利等拥有最终归属权，这一做法不仅是对知识产权的尊重，还极大地激发了创新创业实践的活力。

一个完善而成熟的创新创业教育平台，不仅能够为学生提供一个发挥所长、积累实战经验的舞台，还可以整合高校创新创业资源，全方位地为不同专业学生的创新创业活动提供支持和指导。

创新创业教育不应该单单只是传授创新创业方面的理论知识和技能，还应培养潜在创业者在相关行业中对于危机、挑战以及机遇的敏锐感知能力以及应变能力，而这些能力的养成都必须有深厚的专业知识积累作为基础。因此，国外高校的创新创业教育无论是在课程的设置，还是师资队伍的建设，创新创业平台的搭建方面，都十分重视与专业教育的融合，并且已积累了较为丰富的实践经验和研究成果。从国外高校创新创业教育与专业教育融合的实践研究经验可以发现，创新创业教育只有与专业教育有效融合、协同发展，才能使得创新创业教育获得更广泛的推广，从而更好地发挥其效用，培养出适合社会经济发展的创新创业人才。

第二节 混合教学模式开发与大学生创业课程实施

我国高校的创业教育首先出现在20世纪90年代，2010年我国教育部成立了创业教育指导委员会，在这之后我国大学创业教育进入了蓬勃快速的发展阶段。目前，我国的创业教育已基本上形成了政府支持倡导、社会力量参与、大学落实实施的局面。但在不少大学的创新教育存在四大缺憾："不上""不下""不专""不通"。如何推动大学创业教育的务实和有效，教学模式改革是一个不可回避的问题。

英国作为创业教育的先行国家，认为创业学和创业教育在高等教育中发挥着重要的作用。英国素来推行比较务实的创业实践教育，即内容丰富的就业导向型大学生创业课程。英国各个大学所开设的创业课程呈现有高度差异化的培养模式，作为英国高校大学生创业课程的一种非常有特色的模式，诺森比亚大学（Northumbria University）的学生创业课程（Graduate Enterprise of Northumbria University，下简称 GE 课程）就是一种典型的就业导向型或者说实践导向型课程，在英格兰多地已经有了多年的推广，且效果卓著，经过该教学模式训练的学生已经连续多年进入英国青年创业比赛的总决赛，是教学模式改革和课程创新的可借鉴方向。

GE 课程模式要求学生通过自己团队的创业来聚焦"做中学"，反思他们的决策和表现。教学团队时刻意识到"真实世界"和高等教育质量与评估需求的平衡，因此，采用了混合教学法（Hybrid Approach）。混合式教学是"将在线教学和传统教学的优势结合起来的一种'线上' + '线下'的教学，充分发挥两种教学形式的优势，通过两种教学组织形式的有机结合，可以把学习者的学习由浅到深地引向深度学习”。混合式教学非常适于大学生创业课程的特点和需求，扩展了课程的时间和空间。目前我国很多高校的大学生创业课程采用的也是类似于混合教学法的方法开展。

一、GE 课程的主要特点介绍

GE 课程是英国诺森比亚大学（Northumbria University）为了应对挑战的需求所设置。最早该课程模块是在 2004 年为培育商学院的学生所创立的，现在 GE 课程已经作为一个主要的组成部分嵌入大学 20 个不同院系的专业中，完成了学生群体的规模和多样性的不断增长。它主要由艺术设计和社会科学院、工程和环境学院、商业与法律学院这三个学院共同运行。迄今为止，有 6 个阶段超过 1500 名学生学习了这个课程模块，且效果卓著，连续多年进入英国青年创业比赛的总决赛。GE 课程所采用的混合教学模式需要多样化和灵活的基础构成条件。在构成上主要有以下几个方面的特点。

（一）人员的组成呈混搭风格

GE 课程每年都有来自艺术设计与社会科学学院、工程与环境学院、商业与法律学院三个不同学院的数百名学生参加。他们组成了产品设计、运动科学、商业、IT 和计算机以及时尚交流等项目。学生们会在课程模块的最初几周形成自己 5—6 人的团队。由于 GE 课程严格执行多学科的组合原则，一支队伍中来自同一个专业的学生不超过 3 个，所以这些学生第一次往往不得不与来自其他学科的学生合作，增加了团队合作和交流的挑战。在课程开始的时候，教学团队会在课堂上使用团队建设游戏来促进团队的形成，同时在课堂之外使用 Facebook 群组沟通加强人际关系，且在这个课程模块的不同节点，在商界的校友们都会进行指导，以增强团队的凝聚力。

（二）政府和产业界强力支持

GE 课程模块与政府委托的第三方机构 Young Enterprise（下简称 YE）的启动项目（Start-Up programme）合作。这种合作为学生提供了保险、对投资对象进行审慎调查（due diligence）、银行账户、交易公平，以及进入区域和国家竞赛的机会（YE 启动项目地区优胜者将参加在伦敦举行的全国总决赛）。

近年来，每年 GE 课程都有一支大学生创业团队进入全国总决赛。而且，学生们通过第三方机构与全英的大型连锁超市 Asda 商店和遍布全英的巴克莱银行的分支机构达成协议，获得额外的交易机会。

GE 这样以实践为导向的课程需要教师具有实际管理或者创立企业的经验。因此，每支队伍有一位外部行业导师分配给每个学生团队，给予团队课程讲授、建议和支持。这些外部导师来自各行各业，比如，在 2015—2016 年度，外部行业导师包括有珍妮·巴雷特（Jenny Barrett）——这是一家创意企业的董事总经理，马克·赛瑞（Marc Seery）——Sage UK 的产品和营销经理等。此外，几乎每周 GE 都会有来自产业领域的讲座，例如英国企业控股公司（Enterprise Holdings Inc.）的英国销售总监约翰·柯林斯（John Collins）、RMT 会计师事务所（RMT）和商业顾问公司（RMT）的董事、专业演讲教练丹·邦德（Dan Bond）。

（三）课程考察方式兼具综合性与平衡性

1. 学生对 GE 课程的反馈方式

学生的反馈是通过传统方式收集。在最后的教学环节收集非正式反馈，通过标准化的大学问卷进行正式反馈。然而，学生也需要反思他们的创业之旅，该反思日志是一个关键的评估组成部分。学生必须展示他们的个人学习，提供他们个人对整个团队成果的积极贡献的证据。很多时候，学生通过反思，会对自己的创业成就感到惊喜。

2. 学生学习 GE 课程的成果评估和测量

GE 课程的整体学习成果并非期望所有学生毕业后都能创业，而是通过学习来培养个人的创业技能。根据研究，关键的创业技能包括沟通力、问题解决能力、领导力、创造力、批判性思维、时间管理和团队合作等能力。这些技能对考虑开办或毕业后为小型企业工作的毕业生来说是高度相关和可迁移的。

为了评估上述学生的创业技能等学习成果，GE 课程采用了一种“混合方法”来平衡传统和创新，采用了总结和形成性的评估方法。下面的表格列出了学习成果和评估方法。

表 7－2 总结性评估

学习成果创业技能	传统的评价方法	创新性评价方法
·商业计划和规划流程 ·解决问题 ·专业胜任能力 ·团队合作 ·商业和法律意识	·个人日志（2000 字的反馈报告） ·证明材料组合（超过 25 个附录） ·队伍的商业计划展示 ·教师评估	·现场评估 ·团队为校内交易活动（如圣诞市场）做的海报和电梯游说 ·由教师和真正的企业家评估

表 7－3 形成性评价

学习成果创业技能	传统的评价方法	创新性评价方法	其他评估方式（非个人）
革新和创造	产品设计和商业计划	销售事件和陈列标准	·学生获得的成果（如上文提及的 YE 的奖励） ·一年创业课程后的新的一次创业
·沟通 ·时间管理 ·网络 ·领导 ·谈判和说服	·团队合作（如商业计划）－按时完成 ·学生跨学科 ·员工跨学科	·与外部导师的接触 ·与客座讲师的接触 ·与客户的接触	

在此模块中采用的总结性和形成性评价的结合，不仅使学生具备了商业的学术知识，而且还增强了他们成为具有竞争力实践者所需要的创业能力。“混合”评价策略在学生绩效考核中起着至关重要的作用。

三、GE 课程的突破点

GE 课程是一个多个学院的课程项目，跨院系、跨部门的合作是 GE 课程顺利开展最大的突破点。

（一）跨系跨学院的教学团队合作与管理

从教师的角度来看，为了达成 GE 课程传递创业学习经验的目的，最重要的一个方面是模拟一个尽可能真实的创业环境，这需要额外的资源、时间和资助来提供行业嘉宾、外部顾问、YE 的参与，以及举办贸易事件。跨学科教学团队合作把一个具有创新性、包含创业活动的，5000 英镑资助的商业案例完成，需要每个系的行政领导的支持。不过，除了课程组织的规则，跨学院的合作往往出现大量非常规的工作。因此，需要采取特别的措施监控资金的应用，要求行政管理人员跨系交流。为了减轻教师电子邮件账户的资料负担，要求一个特殊的网络区域存放资料。IT 人员创建了一个“Share-point”区域来支持 GE 课程的内部团队的工作。

（二）跨系跨学院的学生合作与互补

从学生的角度来看，最大的突破点之一就是如何自我管理，并迅速成为一个出色的商业团队。学生们要求完全自行选择，但同时也要求导师为他们选择团队其他成员。综合这些要求，一方面导师组要求学生尽量自行选择，同时实施了一项规定限制，同一个专业中不能选择超过 3 个团队成员。因为学生们在与一些熟悉或者类似的学生一起工作时，会出现懒洋洋的现象。因此，想要创建了新的多学科的动能团队，必须敦促他们寻找不同类型的团队成员。

在软件配合上，学生们会加入由教学团队建立的 GE 课程 Facebook 群组，以相互交流，并在团队形成时自我介绍。之后，他们使用各种社交媒体平台进行团队交流、营销和促销，以及在线销售。在大学的电子学习平台 Blackboard 上有一个名为“创业校园”（Enterprise Campus）的组织，让来自不同学院的学生可以访问共享材料，包括客座讲座的演示文稿、演讲材料、视频和评估指南。

根据 Tuckman 团队模型（Tuckman&Jenson，1977）理论，团队活动会有形成期、振荡期、规范期和执行期。

1. 团队的形成期。即在最初几周的授课中，导师会创造一个灵活的课堂环境，鼓励学生使用团队建设活动和速配技巧来与新的团队成员接触。学生还可以利用 Facebook 群工具为没有组建完整的团队去寻找新的团队成员。

2. 团队的振荡期。当团队形成后进入振荡期，学生进入创业的状态，同时了解彼此的长处和短处。这时如果团队中的学生没有明确定位好自己的角色，队伍往往会进入“震动”状态，甚至可能在技术和创意的博弈中崩溃。

3. 团队的规范期和执行期。有两点是使团队从振荡期进入规范期和执行期的应对举措：一是团队制定出自己的团队规则，大家签署并且执行“团队行为准则”（Team Code of Conduct）；二是导师的多次帮助和监督团队的监督，使团队的期望值变得合理化并使团队运行顺利。

在GE课程中，导师组观察到一个有趣的学生团队组合的新模式，这种新模式是一种混合模式，即商学+时尚学+工程学=成功。这里有一个很有代表性的案例，在2014—2015学年，易蒂希（Easy Teasy）进入一个之前大家彼此互相不相识的团队（这在GE课程中是很常见的）。他们组成的学生团队由1位商业管理专业的学生，3位时尚传播专业的学生和2位产品设计工程师组成。开始他们完全没有任何想法或计划，然而在这一年的过程中，这个团队在他们参与的每一件事上都表现出色，克服了问题，赢得了奖项，并最终获得了优秀的评估结果。他们的反馈充满了热情和积极性。毕业9个月后，团队中的2名同学（一位产品设计师和一名时尚毕业生）一直在不断拓展自己的品牌，在全国范围内扩展品牌，并被邀请到伦敦唐宁街10号首相官邸参与了政府在小企业问题上的讨论。这个团队的其他学生也通过在面试过程中讲述他们创业的真实案例，成功地获得了就业机会。

四、GE课程在地方高校创新创业教育课程发展中的借鉴点

创新创业教育的主要目的之一是培养参与者的创新思维和相关的创业技能以带来创新的行动并迅速解决突发事件。GE课程为形成良好的多学科的学生团队创造了一个良好的催化环境。在经验丰富的内部和外部资源的帮助下，学生在准备、实施和监控等业务开发过程中得到了培养。GE课程在地方高校创新创业教育课程的应用，需要注意以下两个方面。

（一）强化和落实“混合模式”的价值

在英国的大学创业课程中，混合法作为一种有效的教育教学和学习模式，带来了学习与教学的建设性结合，并为现实世界的创业活动的进行带来了良好的效果。我国在创业课程的教学中，混合法也早已经开始使用，不过在实际使用中课堂内的教学和课外的创业活动还有明显地脱离感，出现有创业比赛等作品学院气浓厚、缺乏开放的培训模式等问题。为了更深层次地理解创业教育，需要采用更充分地“混合模式”。

1. 与实业家的交流。学生们与实业家（外部导师、嘉宾讲者、本地企业

家、年轻企业家）更积极地接触和交流，分享学术人员与从业人员之间的教学经验等。

2. 寻求传统教学与创新的平衡。在 GE 课程中，使用了电梯游说、海报评估的方式评估学生，效果良好。我国在创业课程的评估中，可以进一步探索与不同力量的混合协作，例如学生和员工、行业专家、地方政府和社区、本地和国际企业家的合作，可以设计出更多的实战工作模式。

（二）为学生提供更积极主动的环境

目前我国在高校创业教育上，各地扶持大学生和毕业生创业的模式基本上分为政府主导型、市场拉动型和混合型三大类。其中市场拉动型的模式比较近似 GE 课程模式，即“政府以创造和优化社会创业环境为工作重点，放手高等学校和大学生，各自进行多种形式的创业教育和创业实践，社会的市场环境因素成为大学生创业拉动力”①。鉴于创业教育的重要性，未来的创业教育除了让学生明确知晓并应用创业所需要的专业胜任能力（Functional Competencies）、专业技能和管理技能，更应该注重从员工和学生的创新和创造力角度完成价值增值，能够开拓新的小型商业企业发展的相关机会。这其中外部大环境和内部管理文化的改善都很关键。学生需要在“全真”的或者“仿真”的环境中进行实战训练。我国的大学生创业课程从课程设计、资金提供、现场和持续指导、课程评估几个方面都需要政府和学校适宜的支持方式和积极的大环境保证。②

（三）创新创业教育融入高校课程设计的途径创新

创新创业教育作为一种先进的教育理念要真正落实，必须依托完善的课程载体。高校要有效实施创新创业教育，必须思考如何将其融入课程设计之中。

1. 完善高校创新创业教育的相关制度

教育部颁布的《关于大力推进高等学校创新创业教育和大学生自主创业

① 大学生创业教育的现状与问题——访教育部全国高等学校学生信息咨询与就业中心曹殊研究员[N]. 中国大学生就业. 2007-05-20.

② 薄存旭. 论精准助学贫困大学生：贫困生成机理及助学行动导向[J]. 高等教育研究，2018(6).

工作的意见》以及国务院办公厅发布的《关于深化高等学校创新创业教育改革的实施意见》是目前国家对创新创业教育最高政策层面的规定。来自国家层面的顶层设计为高校实施创新创业教育提供政策依据和行动指南。高校是创新创业教育的具体实施者，顶层设想的最终实现仍需依赖学校的具体落实。制度是人为设计的、形塑人们互动关系的约束。合理的教育制度将会规范主体行为，保障教育发展和人的发展。因而，从微观方面讲，第一，高校需要修订完善人才培养方案。突破创新创业教育是一种功利性行为的狭隘思维，将创新创业的意识、思维、能力等看作是学生的核心素养，增加培养学生创新创业意识、创新创业精神和创新创业能力等内容，并以此为据，改革课程计划，完善人才培养方案，贯穿高校人才培养全过程；第二，高校需要修订完善教学评价标准。应在新的评价标准中明确创新创业教育的目标、内容等，确保创新创业教育的有效性；第三，建立完善创新创业教育师资队伍培养与培训制度。一方面鼓励现有从事创新创业教育的教师以脱产进修或在职学习的方式进行专门的创新创业教育的学习，提升教育的专业性，并将这种培训制度常态化；另一方面，制定政策鼓励和吸引校外熟悉创业或有着丰富创业经历、创业经验的社会名家、企业家、优秀校友等担任学校创新创业教育的兼职导师，专职教师与兼职导师共同合力做好学生的创新创业教育。

2. 修订高校创新创业教育专门教材

创业教育实施伊始，因未与专业教学、一线课堂相融合，因而未有专门的教材研发，创业教育缺乏相关教材的支撑。伴随“双创教育”兴盛，《创业学》《创新创业教程》《创新创业基础》《创新与创业教育》《大学生创业基础》等一大批教材涌现，创新创业教育教材数量激增。尽管近年来创新创业教育教材建设取得了较大的发展，但也存在如目标模糊、内容同质以及体系简单化等问题。目标模糊是指高校管理者对创新创业教育缺乏明晰深刻的认知。如有的高校将企业管理类课程改造为创新创业课程，有的照搬国外的创业课程体系，有的高校则将大学生职业生涯指导课程、就业指导课程等混合当作创新创业课程，更有甚者，将提升大学生素养类课程理解为创新创业课程，对创新创业教育的目标理解模糊，直接的结果就是有些高校创新创业教育课程没有相关教材支撑，而有的则表现为教材使用随意。教材内容同质化是指目前创新创业教育充斥着大量概论性的知识介绍，能力和素养被弱化。体系简单化则是指教材内容涉及创业部分较多，而关涉创新部分较少，涵盖创新、创业的完整链条的课程结构尚未形成。教材是课程体系的集中体现，是教师传递知识、学生内化知识的媒介，实施创新创业教育离不开相应的课程体系的支撑，因而，研发教材或修订现有教材成为实施创新创业教育的关键。首先，教育部门要组织专家制定创新创业教育相关的课程标准。尽管2012年教育部已颁布《普通本科学校创业教育教学基本要求（试行)》，明确了创业教育的教学目标、教学原则、教学内容等，并制定《创业基础》教学大纲（试行)，但总的来说，《创业基础》教学大纲（试行）在课程目标、课程实施以及课程评价等方面仍需进一步细化。统一的课程标准将会为高校教师实施创新创业教育提供行动指南；其次，深挖创新创业教育的内涵与特点，凝练创新创业教育内容主题。形成涵盖创新创业教育基础知识、创新创业教育意识与精神养成，创新创业教育能力提升等多主题的课程体系，涵盖上述课程体系的教材应当做到：理论与实践相结合，即教材既要涉及创新创业相关知识介绍，也要设计创新创业教育模拟训练、创新创业教育实践活动；理论知识与案例展示相结合，即既要介绍创新创业的基础知识，也辅以恰切案例，增强说服力；国内与国外相结合，即既要将国外创业教育最新的理念、前瞻性的内容介绍过来，但又不能简单“拿”来，而应当有所取舍。

3. 创新创业教育融入高校课堂教学

创新创业教育的目标是什么，实施路径如何，作为理性的教育管理者是比较容易确定的，但如何有效推进，并保障执行的效果，则是一个较难把控的问题。2012年，教育部颁布《普通本科学校创业教育教学基本要求（试行)》，提出创新创业教育要遵循教育教学规律和人才成长规律，以课堂教学为主渠道，并规定将《创业基础》作为高校必修课。2015年又发布《深化高校创新创业教育改革的实施意见》，提出将创新创业教育课程纳入学分管理，建设创新创业教育专门课程群。因而，高校创新创业教育目前形成了以独立学科形式开设的主要格局。这种专门式的创新创业教育在课程实施的系统上的确具有一定的优势，但创新创业教育的生命力不仅在于让学生获得一定的创新创业知识，更在于促进学生创新创业意识、创新创业精神的形成，创新创业能力的提升以及思维方式的改变，对学生当前的学习活动以及其未来人生的发展产生持久性的影响。将创新创业教育融入高校其他学科教学的渗透式实施方式就是一种有效的途径。首先，学科教师要能充分理解创新创业教育的价值、目标与定位，明确创新创业教育的内涵，清晰创新创业教育与人才培养质量的关系；第二，根据学科特点，采取适当策略将创新创业教育与本学科教学内容相融合，实现工具性与人文性的统一；第三，转变教育理念，改革课堂教学形态。突破“教为中心”，强调“学为中心”，积极推进慕课、视频公开课等，形成“线下教学”和“线上学习”相结合的教学模式，为学生成长助力；第四，积极进行教学考核方式改革。创新创业教育的效果很难通过纸笔测验方式进行，传统的纸质闭卷考核的方式很难检测出学生创新创业教育的学习效果，因而，改标准化测试为非标准化测试，如活动设计、项目展示等都是可尝试的选择。

4. 创新创业教育融入大学生的学习生活

创新创业教育的根本目的在于培养创新创业型人才，通过开发受教育者的潜能，使其具备未来生存和发展所需的核心知识与能力。从这个意义上讲，高校创新创业教育并不拘囿于简单的大学生创业实体数量的多少，也不在于大学生创业项目是否成功，而在于大学生以创新能力为核心的综合素质的提升和职业精神的培育。高校创新创业教育效果的最终落脚点在于促进大学生的成长。也就是说，创新创业教育只有真正与学生的学习生活有机融合，才能够真正焕发生命力。一方面，在课内，教师通过改革教学方法、教学模式等，在对教学内容深刻领悟和深加工的基础上，以适当的策略帮助学生将创新创业意识、创新创业精神等理念以“润物细无声”的方式内化于学生的内心；“纸上得来终觉浅，绝知此事要躬行”，能力的提升离不开一定的实践活动，因而，另一方面，在课外，学校和教师有意识地组织丰富活动，提供机会让学生从事创新创业实践，有关创新创业教育的知识体系在学生的认知机构中得到进一步巩固；有关创新创业教育的意识、开展批判性思维、反思性实践等理念得到进一步强化。

第八章 临沂大学创新创业教育的探索与实践

第一节 创新创业教育：临沂大学人才培养改革的拐点

伴随大众创业万众创新的热潮，目前越来越多的高校逐渐把创新创业教育纳入学校的人才培养体系，通过优化课程体系，开设创新创业课程等举措，进行了有益的探索。临沂大学作为沂蒙革命老区唯一一所综合性大学，奉行服务沂蒙的办学宗旨，立足于服务地方经济社会发展。学校自 2014 年正式提出建设“全国知名区域特色鲜明的创新创业型大学”的办学目标以来，始终坚持“德育为先、需求导向、个性发展、覆盖全体、贯穿全程”的基本理念，以培养高素质创新创业人才为基本目标，构建并实施了“一二三四”融入式、协同性、多元化创新创业人才培养体系，将创新创业教育融入人才培养全过程的创新创业人才培养之路。

一、充分认识开展创新创业教育的现实必要性

党的十八大对创新创业人才培养作出重要部署。国务院办公厅印发《关于深化高等学校创新创业教育改革的实施意见》，对深化高校创新创业教育改革、加强创新创业教育提出明确要求。地方高校是推动大众创业万众创新的重要力量。如何有效开展创新创业教育、服务于创新型国家建设和区域经济社会发展需要，成为地方高校共同面临的重要课题。作为一所沂蒙精神哺育成长起来的地方综合性大学，多年来，临沂大学植根沂蒙革命老区，以培养满足区域经济社会发展需求的高素质应用型人才为己任，特别是响应国家号召，积极推进创新创业人才培养，并为此充分调研论证，开展了初步的探索和实践。

（一）满足区域经济社会发展是对创新创业型人才需求的必然选择

地方高校担负着服务地方经济发展的重任，在办学治校过程中，必须坚定为地方经济社会发展服务的发展战略，使人才培养目标与地方经济社会发展特性和行业需求相适应，着力培养高素质应用型人才。因此，地方高校要紧密结合地方经济社会对人才的需求，在专业的设置上充分考量区域经济发展的需要，打造特色优势学科，使学科专业结构与地方优势支柱产业相支撑。在课程的设计上主动对接经济社会发展需求、岗位需求和学生全面发展需求，把握未来经济社会和行业发展对专业人才知识、能力和素质等方面的新要求，在差异化中求生存，面向市场设置专业、开设课程，紧扣行业准入要求，吸收借鉴国内外知名高水平大学的先进经验，紧密结合学校办学定位，科学合理地确定专业人才培养定位与目标优化专业布局，以“需求导向”和“错位发展”为原则，根据专业特点、学科优势，结合本专业学生未来就业方向，进行专业分类发展探索。突出创新创业课程设计与建设，强调应用型人才培养和课程设计的适应性，注重课程与社会职业岗位能力的对接，实现大学人才培养与课程生产的有效结合，构建适合学院特色、专业特色和经济发展需要的人才培养体系架构。

（二）强化人才培养特色是提高学生核心竞争力的现实需求

地方高校的立身之本是人才培养，而提高人才培养质量的关键是形成人才

培养特色。随着高等教育大众化的深入推进，地方高校在自身改革发展过程中，因为办学层次、办学自主权等因素的限制，其发展后劲不足，缺乏办学特色，办学趋于同质化等问题日益凸显。如何主动适应教育改革新形势、谋取自身特色发展，如何形成人才培养的特色和竞争优势，提高学生的核心竞争力，成为地方高校发展中共同面临的问题。在尊重学校办学历史的基础上寻求特色和创新发展，需要地方高校在教育目标上回归社会需求，强化应用型人才培养目标定位，构建以需求为导向的人才培养机制。创新创业教育是适应国家发展战略和经济社会发展需要而产生的一种教学理念与模式。地方高校开展创新创业教育，对于提高学生核心竞争力，促进毕业生更高质量就业创业具有重要的现实意义；对于深化教育教学改革，提高应用型人才培养质量具有长远的战略意义。因此，地方高校要主动适应当前经济社会发展新常态，将创新创业教育融入人才培养全过程，在专业教育基础上，以转变教育思想、更新教育观念为先导，以改革人才培养模式和课程体系为重点，改造传统教学方式和考核方式，推进创新创业课程体系建设，推进完善学分制改革，强化创新创业实践，以不断提升学生的社会责任感、创新精神、创业意识和创新创业能力，彰显地方高校应用型人才培养特色。

（三）创新创业教育课程建设是突破当前地方高校课程建设短板的契机

创新创业课程建设，客观来说，可以分为两个层次：即理论层次和实践层次。从理论层次上应该包括三个方面，一是创新创业教育课程体系建设；二是创新创业课程本体建设；三是创新创业教育课程的改革。从实践层次来说，就是针对专业背景而开发的创新创业模拟性、体验性的实验实训课程等。当前，创新创业教育正扎实推进，但是创新创业课程建设很大程度上还不能满足学生成长成才的需要，课程建设很大程度滞后于国家对创新创业教育深入开展的要求，尚未形成完善的课程体系，缺乏系统性、实践性、针对性。

具体主要表现在这样几个方面：一是创新创业教育课程体系不够优化。通识教育部分挖掘创新创业教育内容不够，开出的创新创业类选修课程不足，质量不高，难以真正满足学生创新创业的需要。二是创新创业课程内容缺乏创新，依然停留在陈旧知识的基础上，学科前沿知识匮乏，学生学习知识味同嚼蜡，不能激发学生学习的兴趣和动力，难以适应培养创新创业人才的需要。三是在具体教育实践中，很大程度上是偏重知识的传授，忽视了创新精神、创业意识和创新创业能力的培养，特别是学生难以把所学知识运用于实际，导致理论与实践相脱节。课堂教学模式单一，一定程度上还存在“满堂灌”现象，教学方法方式陈旧，不适应信息化时代需要。四是创新创业师资队伍建设有待加强。创新创业教育课程离不开专业基础知识扎实、创业实践经验丰富的教师。然而长期以来，高校教师从事创新创业缺乏有力的政策支持和环境支撑，导致绝大多数教师的创业实践经历偏少，创业能力相对薄弱，由于环境与条件的限制，地方高校中具有较高素质的双师型教师相对缺乏，创新创业师资队伍建设相对滞后，影响了创新创业教育工作的有效开展。凡此种种，都迫切需要通过加强创新创业课程建设，推进课堂教学改革，在具体教育实践中融入创新创业元素，才能有效实现创新创业教育的落地，实现应用型人才培养的目标。

二、开展创新创业教育的探索与实践

基于创新型国家发展的战略要求、区域经济社会发展的需要以及学校自身的办学实际，临沂大学深入贯彻《国务院办公厅关于深化高等学校创新创业教育改革的实施意见》等文件精神，以提升学生的创新精神、创业意识和创新创业能力为核心，以课程体系改革、教学模式改革为抓手，以管理机制、政策机制为保障，以提高人才培养质量作为创新创业教育的出发点和落脚点，按照“覆盖全体、融入专业、分类实施、强化实践、贯穿全程”的基本思路，深入实施“一二三四”人才培养模式改革，通过创新创业教育与专业教育相融合、创新创业理论与实践相融合、第一课堂与第二课堂相融合、点与面相融合，将创新创业教育理念贯穿人才培养全过程，为不断提高应用型人才培养质量奠定了扎实基础。为保障创新创业教育改革的实施，学校出台《中共临沂大学委员会关于全面推进创新创业型大学建设的实施意见》。主要探索与实践如下：

（一）构建实施“一二三四”融入式协同性多元化人才培养模式

“一二三四”融入式协同性多元化人才培养模式是指：一条主线，即把创新创业教育理念作为主线融入人才培养全过程；两个协同，即构建校内协同育人机制和校外协同育人机制；三个教育阶段，即把人才培养过程分为内容相对独立、时间交错衔接的通识教育、专业教育和个性化教育三个阶段；四个培养方向，即按照“学术型、复合型、创业型、国际化”四个方向进行分流培养，分别对应学生的升学深造、双专业双学位学习、就业创业和出国学习需求。

（二）修订人才培养方案

完善人才培养质量标准，将创新精神、创业意识和创新创业能力纳入人才培养质量评价指标，分类确定人才培养目标及规格标准，优化涵盖“理论、实践、实务”的创新创业教育内容体系，构建通识教育、专业教育与创新创业教育相融合的课程体系，强化专业实践、综合实践和创新创业实践相结合的实践教学体系建设，夯实由“学生创业工作室、学院创业中心、学校创业园”构成的校院联动的创新创业平台建设。创新创业课程与实践总学分为10—12学分，并已经形成新版培养方案。

表8－1　　临沂大学创新创业教育学分构成

<table>
<tr><th colspan="2">平台</th><th>学分获得途径</th><th>学分</th><th>责任单位</th></tr>
<tr><td rowspan="4">通识教育</td><td>通识必修</td><td>创业基础必修</td><td>2</td><td>创业学院</td></tr>
<tr><td>通识选修</td><td>创新创业类课程模块选修</td><td>2</td><td>各学院</td></tr>
<tr><td rowspan="2">通识必修</td><td>大学生职业发展与就业指导Ⅰ　必修</td><td rowspan="2">2</td><td rowspan="2">学工部</td></tr>
<tr><td>大学生职业发展与就业指导Ⅱ　必修</td></tr>
<tr><td rowspan="3">专业教育</td><td>基础类专业</td><td>“三个一”即开设一门学科前沿专题课、完成一份专业调研报告、提出一项创意。必修</td><td rowspan="3">4—6</td><td rowspan="3">各学院</td></tr>
<tr><td>应用类专业</td><td>“三个一”即开设一门创业管理课程、完成一份市场调研报告、提交一份创业计划书。必修</td></tr>
<tr><td>学院自主确定</td><td>学院结合专业行业标准和需求开设课程选修</td></tr>
</table>

续表

平台		学分获得途径	学分	责任单位
创新创业实践	文科	可以选择设计专业前沿问题、热点问题分析报告、社会热点分析报告、市场调研报告、专业创新管理模型设计、基于专业的各级各类学科竞赛等	4—6	学院申报、创业学院审核
	理科	可以选择设计专业前沿科技问题、专业热点问题分析报告、专业创新设计、应用项目设计、基于专业的各级各类学科竞赛等		
	工科	可以选择设计专业前沿和热点科技问题分析报告、专业创新设计、应用项目设计、工艺流程设计、基于专业的各级各类学科竞赛等		
	艺术	可选择设计专业展示（画展、参演、作品）、基于专业的各级各类学科竞赛等		
	外语	可选择设计外文资料编译、基于专业的各级各类学科竞赛、学术讲座等		

（三）构建创新创业课程体系

建立健全“通识教育 + 专业教育 + 创新创业实践”的创新创业教育课程体系，设置通识类创新创业学分，加强通识类创新创业教育课程建设，面向全体学生开设研究方法、学科前沿、创业基础、就业创业指导与创新创业实践等课程。设置专业类创新创业学分，充分挖掘专业课程中的创新创业教育元素。设置创新创业实践学分，强化实践环节对创新创业能力培养的针对性和实效性。

（四）稳步推进课堂教学模式改革

推进启发式、探究式、讨论式、参与式教学，施行“大班授课，小班研讨”教学模式。加强慕课课程的引进和开发、微课设计与制作。鼓励教师把国际前沿学术发展、最新研究成果和实践经验融入课堂教学，顺应学分制改革需求，学生可以根据专业兴趣、职业期望、个人发展需求和专业核心课程要求来选读课程，促进专业之间的融合与交叉发展。推行教考分离制度，强化对所学课程的过程性考核，试行非标准化考核方式，强化对学生创新精神、创业意识和创新创业能力的评价。课堂教学改革卓有成效，已有两门网络在线课程成功上线，获批国家级精品资源共享课程。

（五）强化创新创业实践

构建“实验教学、综合实践和创新创业训练”三位一体的实践教学体系，进一步完善创新创业教育实践学分设计，坚持学校顶层设计与学院自主设计相结合、普适性途径与特殊性途径相结合、课程教学与实践环节相结合，各学院均在人才培养方案中明确体现专业特色的创新创业教育实践学分的实现途径。按照分类实施的原则，在文科类、理科类、工科类、艺术类、外语类等五个专业类别中进行分类设计，注重创新创业教育各环节在专业教学中的融入和渗透。

学校出台《临沂大学创新创业教育实践学分认定标准与管理办法》，鼓励学生通过专业高水平学科竞赛、科研立项、发明创造、创新创业训练计划项目和自主创业等途径获得学分，所获得的创新创业实践额外学分可以置换通识选修课程学分。

1. 构建创新创业实践教学体系

根据学校人才培养目标，加强创新创业教育实践教学，设立创新创业实践能力的学分模块和激励机制，临沂大学在修订新培养方案的同时，构建了创新创业教育实践教学体系。创新创业教育和素质拓展实践模块共设 4 个必修学分，其中创新创业实践教育模块包括学科竞赛、创新创业训练项目、创业实践（创业工作室、创业中心、创业园等）、课外实验（开放实验）、学术讲座、企业家论坛、创业沙龙等内容，明确把创新创业教育实践课程纳入培养方案管理。

表 8－2 实践教育教学体系内容设置

板块	课程名称	课程性质	学时	学分	建议学期
实践教育教学环节	实验教学	必修			列入专业课程
	课程设计	必修			列入专业课程
	毕业论文（设计）	必修	8 周	8	7 或 8 学期
	金工实习	必修	2—4 周	2—4	一年级开始
	认识实习、生产实习	必修	2—4 周	2—4	二年级开始
	毕业实习	必修	6—12 周	6—12	7 或 8 学期
	入学教育与军训	必修	2 周	2	1
	安全教育	必修	2 周	1	1
	生产劳动				机动
创新教育	学科竞赛	选修			二年级开始
	创新创业训练项目	选修			二年级开始
	创业实践（创业工作室、创业中心、创业园等）	选修		4	二年级开始
	课外实验（开放实验）	选修			一年级开始
	学术讲座、企业家论坛、创业沙龙	选修			一年级开始
素质拓展	社会实践与调研（科技文化卫生服务等）	选修			寒暑期
	志愿者服务、社团活动等公益活动	选修		4	一年级开始
	职业技能培训（证书）	选修			二年级开始
	外语能力、计算机能力等级证书	选修			一年级开始
就业指导	就业素质与能力实务	必修	32 学时	2	5—7 学期
	职业规划	选修	16 学时		一年级开始
	毕业教育	必修	1 周	1	8 学期
	注：①实验教学、课程设计、金工实习等依据专业要求确定内容和学分；②创新教育和素质拓展两个板块学生必须修满 4 个学分才能毕业。				

2. 实施大学生创新创业训练计划

自2012年开始设置“大学生创新创业训练计划项目”，至今已设立校级项目827个，获批国家级项目258项，参与学生人数近4000人，涵盖了各年级在校生。学校出台《临沂大学大学生创新创业训练计划管理办法》，搭建了创新创业计划竞赛平台和就业创业训练培训平台。通过该项目训练，有效锻炼了学生创新创业能力，是临沂大学创新创业教育实践教学的重要组成部分。

3. 开展类型多样的大学生学科竞赛

将大学生学科竞赛作为创新创业教育实践教学体系中的重要内容，出台《临沂大学大学生学科竞赛管理办法》，成立了数学建模、计算机科学、智能汽车、英语竞赛等10余个学科竞赛平台，积极鼓励和指导学生参加国内外各级各类学科竞赛，近4年获得国家级奖项1014人次，获省部级奖项4268人次，在校生几乎达到人人参与训练、参加竞赛，从而有效提升了创新创业教育实践教学水平。此外，开展了丰富的创新创业教育学术讲座。如学术报告、学术沙龙、开放课程、精品课堂展示、成果展示、作品展览、才艺展示等。活动开展以来，每学期各学院邀请国内外知名学者、社会各领域专家、创业成功人士开展创新创业教育学术讲座100多场次，开拓了学生知识视野，增长了学生创新创业的自信心和积极性，起到了较好的创新创业实践教育效果。

（六）创新教学管理体制

成立临沂大学本科教学人才培养模式改革领导小组，办公室设在教务处。成立临沂大学教学指导委员会，统筹指导人才培养模式改革工作。适应人才培养模式改革需要，进行相应的教学管理配套制度改革，成立全校性的考试中心、教学服务中心等服务中心，为学生个性化发展提供菜单式服务。

（七）夯实教学改革支撑

立足于创新创业人才培养，深化创新创业教学改革，通过开展创新创业类课程专项建设、创新创业类教材专项建设、创新创业类人才培养模式改革试点、创新创业教学模式改革试点、创新创业讲堂与企业家论坛、专业教学渗透创业教育教学案例比赛等，进一步加大创新创业教育教学改革与研究。

早在2015年，学校已开设了五个类型的教学改革：创新创业精品课程、网络在线课程、课堂教学模式、教学团队、人才培养模式改革试验区，合计59个项目。

（八）强化教学团队建设

加强教师创新创业教育教学能力建设，明确教师的创新创业教育责任，构建创新创业教育教学组织体系。成立创新创业学院，统筹创新创业教育师资队伍建设；组建创新创业教育通识课教研室，负责通识类必修课程的建设和通识选修课的审核与组织工作；探索学业导师、科研导师和创业导师“三位一体”的导师团队建设机制。加强创新创业专兼职教师队伍建设，聘请知名专家、企业家、技术创新专家、风险投资人等社会各界优秀人才担任创新创业导师。制定兼职教师管理规范，组建创新创业导师人才库。促进知识资源向知识资本的转化，鼓励通过知识资本化实现学术创业，支持教师以对外转让、合作转化、作价入股、自主创业等形式将科技成果产业化，引导学生参与教师的科研项目，鼓励带领学生创新创业。制定相关专业教师、创新创业教育专职教师到行业企业挂职锻炼制度，调动教师实施创新创业教育的积极性。

三、创新创业人才培养成效

（一）人才培养质量

创新引领创业，创业带动就业，临沂大学连续3届毕业生就业率居山东省同类高校前列。根据麦可思公司的跟踪调查，临沂大学毕业生就业量较大的行业主要分布在教育、政府及公共管理、媒体信息及通信产业、金融（银行/保险/证券）业、各类专业设计与咨询服务业等5个行业。2014、2015届毕业生的工作职业期待吻合度均高于全国非“211”本科高校平均水平。

2014、2015届毕业生在山东省内就业的比例分别为82.2%和75.7%，国内读研的比例分别为24.6%、20.6%，与全国非“211”本科高校平均水平（分别为9.2%、10.8%）相比优势明显；工作与专业相关度分别为67%、64%，与全国非“211”本科高校（68%）基本持平。

表 8－3　　近三届毕业生就业率统计表

毕业生（届）	初次就业率	年底就业率
2014	96.60%	93.42%
2015	97.80%	97.93%
2016	97.59%	—

（二）创新创业教育获奖情况

近两年，学生在各类期刊发表论文986篇，申请国家专利8项。学生参加学科竞赛共获得省级以上奖项2275项，其中全国大学生数学竞赛、全国大学生英语竞赛、全国航空航天模型锦标赛等国家级奖项473项，山东省“互联网+”大学生创新创业大赛、山东省师范类高校学生从业技能大赛、齐鲁大学生机器人大赛等省级奖项1772项。获第六届全国木球锦标赛亚军、世界啦啦操锦标赛第八名。自大学生创新创业训练计划项目设立以来，共评选校级项目827项，获批国家级项目258项，参与学生近4000人，项目获批数量位居山东省属高校前列。

（三）创新创业教育成效

两年来，先后孵化培育108个创业项目，特别是引导学生依托专业优势进行创业，涌现出一批创新创业典型，如建筑学院宋龙翔自主创业，成立船务代理有限公司，注册资金达616万元；法学院韩寒自主创办“临沂西点装饰有限公司”，现有资产3000余万元。美术学院杨玉景依托临沂大学大学生创业园注册了自己的工作室，开发的沂蒙文化特色产品先后获得“山东省曲阜孔子文化节铜奖”“沂蒙文艺奖”“临沂市第一届文化产品创意大赛二等奖”等奖项，工作室年创经济效益30余万元；汽车学院戴志遥，注册成立蓝梧桐教育投资机构，获风投120万元；商学院訾广帅，注册成立临沂市钰馨木业有限公司，年盈利近400万元。

学校先后成为山东省创业教育示范院校、山东创业办公室临沂大学工作站、临沂市大学生创业示范园区。2013届毕业生自主创业141人，2014届252人，2015届达到了511人，毕业生创业率连续3年位居山东省高校前列。目前，全校在校生创业项目达589个，带动大学生参与创业5600余人，充分发挥了创业带动就业的倍增效应。

第二节 组织运行机制变革：创新创业教育开展的强力依托

近年来，学校立足办学定位，扎实推进人才培养模式改革，围绕着创新创业人才质量标准体系建设、创新创业体制机制保障体系建设、创新创业责任体系建设、创新创业服务体系建设，初步探索并走出一条以提升大学生创新创业能力为核心，以体制机制建设为抓手，形成了将创新创业教育融入人才培养全过程的高素质应用型人才培养模式，积累了较为丰富的创新创业教育工作经验。

一、科学构建工作机制，保障创新创业

（一）科学定位，统筹规划

2014年10月以来，学校党委贯彻党的十八大和十八届历次全会精神，先后举办了“深化综合改革聚力内涵发展”研讨班、发展定位论证会等研讨活动，确定了建设“全国知名区域特色鲜明的创新创业型大学”的办学目标定位，并列入《临沂大学“十三五”发展规划》，把创新创业就业工作纳入整体发展规划，列入年度重点工作，有力推动了创新创业工作开展。

（二）健全组织，强化领导

学校成立临沂大学创新创业教育工作领导小组，由校长担任组长，分管教学、学生工作的校领导担任副组长，教务处、创新创业学院、科学技术处、社会科学处、学生工作部、团委、各学院等为成员单位，建立了学校创新创业教育工作组织架构、工作机制、测评体系和激励机制。领导小组办公室设在教务处，负责领导小组日常工作和统筹协同推进，领导小组对工作推进中的问题定期研究部署，并及时提报学校党委会、校长办公会进行决策。学校设立创新创业学院，专职负责创新创业指导服务，并设立专项经费予以保障，实现了创新创业教育的联动协同推进。

（三）制度先行，重在落实

为落实规划，学校出台《中共临沂大学委员会关于全面推进创新创业型大学建设的实施意见》，制定《关于修订本科专业人才培养方案的指导意见》《临沂大学创新创业教育改革实施方案》《临沂大学协同育人实施办法》《临沂大学大学生创新创业训练计划管理办法》《临沂大学本科生创新创业实践学分认定与管理办法》《临沂大学本科生学业导师制实施办法》等20多项管理办法，以创新创业教育为突破口，推行综合改革。

二、突出创新创业，构建实施了“一二三四”人才培养模式

（一）修订人才培养方案，将创新创业教育贯穿人才培养全过程

学校坚持立德树人根本任务，把创新创业教育融入人才培养全过程，着力构建融入式协同性多元化创新创业人才培养体系，提高创新创业人才培养质量。学校为了更好地培养学生的创新精神、创业意识和创新创业能力，采取有效措施，科学调配师资，创新课程体系，对培养方案进行了修订，在《临沂大学关于修订本科专业人才培养方案的指导意见》中明确规定，“各专业在人才培养方案制订过程中，安排10—12学分的创新创业类课程，形成由通识必修课程（创业基础2学分、大学生职业发展与就业创业指导2学分）、通识选修课（创新创业类课程模块不少于2学分）、专业必修（创新课程2学分）、创新创业综合实践活动（4学分）等课程组成的创新创业教育课程体系（如表8-1所述）”。构建并实施了“一二三四”人才培养模式，通过校内、校外两个协同育人机制，按照“通识培养、专业培养和个性化培养”三个阶段，突出“学术型、交叉复合型、就业创业型、出国留学型”四个出口方向，进行分流和培养，进一步优化了创新创业课程设置，完善了人才培养质量标准。

（二）强化课程建设，夯实人才培养基础

目前，学校面向全体学生开设了通识必修课程《创业基础》（2学分）、大学生职业发展与就业创业指导（2学分）；增设创新创业选修课程模块，学生选修不少于2个学分；在全校本科专业中融入了创新创业的专业课程达到630多门；面向全体学生开发开设研究方法、学科前沿课程累计达到97门。

临沂大学自主建设了部分在线开放课程，现已开出的课程包括《计算思维基础》《公共关系与社交礼仪》《应用文体写作》《笔墨时空》等90余门。其中《应用文体写作》《笔墨时空》2014年成功加入东西部高校课程共享联盟，选课学校超过80多所，选课人数累计4万余人。2014年以来，学校重视创新创业类教材及案例库建设，立项建设22部创新创业类教材，其中孙建民、胡秀俊主编的《大学生就业指导与创业教育》被列为普通高等教育“十二五”规划教材。

（三）创新教学管理，激励创新创业

推进教学模式改革。实现由“教师讲、学生听”的单边教学模式向“师生互动、多边交流”的教学模式转变，推广讨论式、情景式、探究式、案例式等教学方式方法，推进“大班授课，小班研讨”教学模式。目前，临沂大学40人以下的课程班4473个，占课程班总数的37.8%。加强师生互动，推进师生定期见面和教师课后辅导制度。坚持以科研促教学，鼓励教师将学术前沿动态、最新科研成果和创新创业实践经验融入课堂教学，着力培养学生的批判性、创造性思维，激发创新创业灵感。

推进教学管理改革。一是建立并实施了创新创业学分积累与转换制度，把创新创业学分作为必修学分纳入培养计划，设置创新创业与素质拓展综合模块，规定“学生开展创新创业实践、学科竞赛、学术报告、发表论文、获得专利和自主创业等情况”折算为4学分，纳入学生创新创业档案和成绩记载。二是修订了《临沂大学全日制学生学籍管理规定》，实施弹性学制，放宽学生修业年限，允许调整学业进程、保留学籍休学创新创业，鼓励支持学生跨专业参与创新创业实践。并设立大学生创新创业奖学金，支持大学生自主创业。三是出台了《临沂大学在线开放课程学习认证与学分认定试行办法》对学生在线课程的学习范围、过程、认定程序做了具体的规定，进一步调动了学生创新创业实践活动的激情。

推进考试综合改革，实现由结果评价为主向结果与过程相结合的转变。一是强化过程性考试改革。推进“分段教学、多次考核、多样考试”的考核模式，实现形成性评价与总结性评价相结合，突出考查学生分析问题和解决实际问题的能力。二是积极推行包括非标准化考试等在内的多样化考核方式。非标准化答案考试课程门数达到 270 余门；推行教考分离、题库命题、外出命题、机考等命题与考试方法改革。三年来外出命题课程 354 门、机考课程 229 门次、80% 的课程采用过程性考核。

（四）突出师资队伍，提升执教能力

学校重视创新创业师资队伍建设，将提升教师创新创业意识与能力作为深化“双创”教育改革的关键，将提高教师创新创业教育的意识和能力作为教师岗前培训、骨干研修的重要内容，构建了创新创业考核评估体系，将创新创业成绩作为教师专业技术评聘和绩效考核的重要内容。

自 2014 年起，学校先后派人外出参加培训学习、到行业企业挂职锻炼，同时聘请当地知名的创业家、企业家、金融家做专题讲座，并参与指导创新创业人才培养方案的制定。根据学科专业特点，分类实施构建了创新创业教育融入相关专业课程机制，对促进创新创业教师的教学和指导服务能力的提升起到了显著效果。

三、强化实践平台建设，夯实创新创业

学校高度重视创新创业教育实践平台建设，充分利用政府、企业、校内实践教育基地平台资源，打造创新创业教育实践训练体系。

（一）强化实践平台建设

1. 实验教学平台

充分发挥生物学国家级虚拟仿真实验教学中心、山东省重点实验室以及学校 30 多个校级公共基础与专业实验室资源优势，在保证正常教学任务的前提下，全部实验室开放，采取全天候开放和预约开放、定时开放等形式为师生、社会服务。学生根据实验室条件和实验要求在教务管理平台上预约，经审批后在教师指导下进行科研训练、创新创业训练、毕业论文（设计）、学科竞赛等训练，实验室开放率达 100%。近 3 年，在实验室完成学科竞赛项目 787 组，涉及 160 多个项目，总计 119258 学时；每年在实验室完成国家级、校级大学生创新创业训练计划项目 170 多项，总计 3405 学时，对学生创新能力提升起

到积极作用。

2. 实践教学平台

学校注重与地方行业、企业的密切合作开展创新创业实践教育，建设国家级校外实习基地1个，合计共建校外实习实训基地269个。引入社会资源，打造校内“1+3”创业园，“1”为临沂大学大学生创业园，使用面积1500平方米，“3”为创客中心、文化创意园、电子商务创业园。校内成立了临沂市创业大学，总建筑面积超过5000平方米。目前已经启动对临沂大学学生的创业培训1300余人次。依托临沂市的区位优势，先后在临沂高新区、凯歌国际文化城、鸿儒国际、桃源科技广场等地挂牌成立了校外大学生创业基地，切实提高了实习实训质量，实现学校、企业互惠互利、合作共赢。

3. 创新创业训练计划平台

深入实施大学生创新创业训练计划，按照“学校主导、学院主抓、导师指导、学生自主”的管理模式，完善实训教学体系，加强指导教师队伍建设，优化协同育人机制，建立校内外大学生创新训练基地、创业训练基地、创业实践基地，为参与计划的学生提供技术、场地、政策、管理等支持和创业孵化服务，助推项目落地转化。成立大学生创新创业协会、创新创业俱乐部等，为学生创新创业提供良好实践平台。

（二）开展创新创业实践活动

结合学校人才培养目标，出台《临沂大学创新创业教育改革实施方案》，构建“实验教学、综合实践和创新创业训练”三位一体的实践教学体系，培养学生创新精神、创业意识和创新创业能力。

引入社会资源，开展协同育人。学校自2010年以来，先后同山东师创软件工程有限公司、山东青春创业教育咨询有限公司、青岛英谷教育科技股份有限公司、东忠科技有限公司、荣庆投资控股有限公司、文思海辉技术有限公司、山东智博教育科技有限公司、青岛青软实训教育科技股份有限公司等11家企业开展合作共建17个专业，在校学生3044人，实现了人才培养与企业需求的有效对接。

政策引导，实现举办创新创业讲座论坛常态化。鼓励学生参加创新创业社团，开展创新创业活动，成立了“山东创业办公室临沂大学工作站”，临沂市“大学生创客联盟”；与临沂市共建临沂创业大学，为学生参加创新创业实践提供了广泛平台。

学校积极组织学生参加“互联网+”“挑战杯”等国家级、省级大学生创新创业大赛。制定了《大学生学科竞赛管理办法》，成立了数学建模、计算机科学、智能汽车、英语竞赛等18个学生学科竞赛平台，组织和指导学生参加国内外各类各级学科竞赛。同时实施了“1381”工程，即每年约有10%在校本科生参与各级创新创业训练计划项目，30%的学生参与各类学科竞赛创新活动，80%参与各类创新创业主题赛事，10%的本科生人次获得省级以上奖励。

截至2017年底，已邀请234位企业家担任学校创业导师，新建42个校级就业创业帮扶和职业规划社团，举办创业讲堂、创业社团风采展、参加各类创业竞赛、搭建政策服务平台等共计433项。开展创新创业意识培训、创业模拟培训、职场技能培训、创新创业团队管理培训等。同时打造3个创新创业论坛，即“沂蒙企业家论坛”“校友创新创业论坛”和“骄子论坛”。仅2015年共举办36期，1.8万余人次先后参加了创新创业意识、创业模拟等技能培训。

（三）突出服务引领，指导创新创业

学校重视创新创业指导服务，打造了涵盖政策引导、经费支持、导师引领、文化氛围营造等在内的服务指导体系。

近两年，共奖励学生创新创业项目1700余个，发放奖学金270余万元；学校投入1700余万元用于学生创新创业经费，用以支持师生开展社会公益实践项目、科研创新项目、大学生创业项目，支持创新创业实践基地改造升级。

包括建立创新和创业教育专职师资队伍，目前已组建了包括教授、副教授、讲师等213人的校内专职师资队伍，主要承担全校的创新创业通识教育和创新创业实践。聘请校内专家、校外专家作为创新创业项目指导教师，建立包括超群控股集团的董事长李超群和微山岛上的“最美乡医”张波等249人组成的创新创业导师库，为开展创新创业教育与实践活动提供咨询和指导。通过多种形式，加强业务培训，一批教师走进企业，建立各种形式的教授工作室，帮助企业解决难题；近百名企业技术专家或创业先进人物成为学校外聘教师、创业导师。

注重营造创新创业文化氛围，举办了全国青年创业报告会、山东省“创业之星进校园”、临沂市首届创客大集等活动。通过丰富多彩的活动，帮助师生交流信息，启发创业思维，形成创业文化氛围，激发学生创业热情，培养学生组织能力、协调能力、团队意识，提升学生的社会活动能力，倡导鼓励创新、崇尚创业、褒奖成功、宽容失败的校园文化氛围。

第三节 课程与教学改革：创新创业教育的关键突破点

为更好地满足学生成长成才需求，满足区域经济社会发展对创新创业型人才的需求，促进大学生创新创业能力的培养，临沂大学近年来积极推动创新创业课程的建设，在理论与实践上，从硬件和软件方面都开展了许多探索性工作，在创新创业课程建设方面积累了比较丰富的经验。

一、课程与教学改革目标精准定位

确保创新创业教育顶层设计到位。目前，学校“一二三四”人才培养模式改革已经确立，在具体落实方面也做了一些新的探索与实践，如何实现“一二三四”人才培养模式落地，既要坚持顶层设计的不断优化，又要坚持大胆创新与探索，既要坚持系统优化与整体设计，又要坚持重点突破有所为有所不为。在创新创业教育的落地方面，各部门各单位都作了大量的工作，从面上来看，学校主管部门会同学院开展了人才培养方案的修订、创新创业课程及学分设置、人才培养模式改革；从点上来看，学校开展了创新创业“六个一”项目建设，启动了网络课程建设和翻转课堂教学改革，加强慕课课程的引进与开发、微课设计与制作，开展大学生创新创业训练和众多的学科竞赛，有力推动了临沂大学创新创业教育的落地。当然，创新创业教育是一项系统工程，更是一项创新的事业，这需要我们在实践中总结，在总结中创新，在创新中发展，提高设计的科学性、前瞻性和可操作性，确保设计到位，实现创新创业教育融入人才培养全过程。

二、课程与教学系统科学分类

构建了“通识教育 + 专业教育 + 创新创业实践”的创新创业教育课程体系，完善了“实验教学 + 综合实践 + 创新创业训练”的创新创业实践教学体系，优化了“理论 + 实践 + 实务”的创新创业教育内容体系。

通识课程。主要涵盖通识必修课程和通识选修课程。首先，增设创新创业必修课程，旨在面向全体学生，对所有在校生进行创新创业教育，激发学生的创新创业灵感和热情。增设《创业基础》，必修，2 学分，在第 4—7 学期开课。其次，面向全校学生增设创新创业类选修课程：在人文社会科学类、自然科学类、艺术教育类、体育健康类、教师教育类、外国语言类（含外语提高模块）、信息技术类（含计算机提高模块）七个模块的基础上，增设创新创业类课程模块。要求所有学生在校期间必须修读不少于 2 学分的创新创业类课程。大文类专业（人文、社科、艺术、教育）学生需选修自然科学类课程不少于 2 学分；大理类专业（理学、工学、经管、生物、农林、环境、体育）学生需选修人文社会科学类或艺术教育类课程不少于 2 学分。

专业课程。以提升学生创新精神、创业意识和创新创业能力为核心，实施创新创业元素融入专业课程计划，充分挖掘各类专业课程中的创新创业教育资源，在传授专业知识的过程中加强创新创业教育，推进专业教育与创新创业教育的有机融合。结合专业实际，按照基础类、应用类分类设置“三个一”专业创新创业必修课程，其中基础类专业“三个一”，即开设一门学科前沿专题课、完成一份专业调研报告、提出一项创意；应用类专业“三个一”，即开设一门创业管理课程、完成一份市场调研报告、提交一份创业计划书。

创新创业实践。进一步完善创新创业教育实践学分设计，坚持普适性与特殊性相结合、课程教学与实践环节相结合，根据不同学科不同专业的实际需要，按照分类实施的原则，在文科类、理科类、工科类、艺术类、外语类等五个专业类别中进行分类设计。

三、课程与教学操作方案全方位协同融合

（一）融入式：将创新创业教育融入人才培养全过程

一是融入顶层设计。临沂大学地处沂蒙革命老区，致力于培养高素质应用型人才。特别是自2014年以来，学校进一步将创新创业教育融入学校的办学目标中来，率先确定了建设“全国知名区域特色鲜明的创新创业型大学”的办学目标，围绕这一目标进行了顶层设计，出台《中共临沂大学委员会关于全面推进创新创业型大学建设的实施意见》《临沂大学创新创业教育改革实施方案》等系列文件，为扎实推进创新创业人才培养奠定了基础。

二是融入人才培养方案。围绕落实创新创业教育，通过修订培养方案，实现创新创业融入课程体系。在《临沂大学关于修订本科人才培养方案的实施意见》中明确规定，“各专业在人才培养方案制订过程中，安排10—12学分的创新创业类课程，形成由通识必修课、通识选修课、专业必修课、创新创业综合实践活动等组成的创新创业课程体系”。一年级主要进行通识教育，培养学生的创新创业意识；二、三年级紧密结合专业课程教学，挖掘各类专业课程中的创新创业教育内容资源；三、四年级围绕学生“出口”，强化创新创业综合实践。

三是融入教学改革。构建常规教学、课外活动、社会实践、对外交流相结合的多课堂联动机制，推行“互联网＋教学”“互联网＋课程”和翻转课堂等教学模式，加强慕课、微课、混合式课程建设，推进“大班授课，小班研讨”。将课程教学内容与社会需求、行业标准、学科前沿对接，大力开发创新创业类课程，在传授专业知识过程中融入创新创业元素，促进专业教育与创新创业教育的有机融合。强化过程性考试改革，实现由结果评价为主向结果与过程相结合的转变。

四是融入创新创业类教材及案例库建设。鼓励教师在系统梳理创新创业教育关键知识点的基础上，突出实践和需求导向，开发系列化教材和辅助性资料。开展创新创业案例库建设，丰富案例教学课程资源。

五是融入第二课堂，包括学生社团活动、课外实践、社会服务等。引导学

生积极参与教师课题研究，鼓励本科生早进课题、早进实验室、早进团队。引导学生结合科研项目进行毕业论文选题，引导学生积极参加课外科技活动，培养学生的创新思维能力。近三年，学生参与教师课题数达到300余项。

（二）协同性：多方协同全面落实创新创业

一是校内协同。学校出台《临沂大学协同育人实施办法》，大力推进校内协同育人机制改革。对学院、部门进行了整合，成立了理学部、工学部、农学部、人文学部、教育学部、社会科学学部六大学部，涵盖了24个二级学院（科研院所），着力加强校内协同，推进优势互补、资源共享，重点开展了学科与专业、教学与科研、师资队伍、人才培养等方面协同。特别是根据地方经济社会发展需求，按照学科专业对接支撑行业产业的原则，围绕临沂市支柱行业产业和现代新兴产业发展需求，跨学院构建了商贸物流、化学化工、资源环境、机械工程、电子信息、教师教育、文化产业、生物技术等8个应用型专业群。如学校立足“物流之都”临沂的商贸物流产业发展，加强了物流管理、国际经济与贸易、电子商务、会计学、工商管理等专业建设，已为社会培养了6000名“留得下、用得上”的创新创业型人才，培训物流业务骨干1000余人。

二是校地协同。学校坚持对接地方支柱产业和骨干行业，建立了人才培养校地协同论证的长效机制，有效提高了人才培养的适应性。自2007年12月以来，学校专门邀请地方用人单位召开了人才培养模式与专业建设论证会，大力推进校地专业、课程、平台、师资“四共建”和“1+1”专业共建行动计划。60多个应用型本科专业开展了校企对口合作，努力实现人才培养与企业需求无缝对接，共建了生化检测、土木、车辆、金工、通信等较大规模的专业实验室，为创新创业人才培养质量的提高提供了有力保障，被授予“全省企校合作培养人才先进单位”称号。

三是校校协同。学校大力推进校际交流与合作，与韩国水原大学、宁波大学、山东师范大学、上海大学等50多所高内外高校开展了联合培养、学分互认，鼓励学生开展第二校园经历，每年有400多名学生到国内外高校开展交流访学。法学院每年选拔40名品学兼优的学生分别派往宁波大学、上海大学学习一个学期，学生在不同的文化背景下开阔了视野，有效促进了创新精神的培养。

五、课程与教学资源保障凸出平台地位

突出平台建设，确保创新创业教育资源保障到位。强化创新创业教育实践平台建设，充分利用政府、企业、校内实践教育基地平台资源，实现资源保障到位。强化校内外各类平台建设。建立校内优质课程资源培育和共享机制，进一步加强专业整合，探索跨学科、跨领域合作培养机制，培养适应社会需求的“一专多能”的复合型人才。积极吸引社会资源和国内外优质教育资源，构建校校、校企、校地及国际合作的协同育人机制，加强与地方行业、企业等的密切合作，开展创新创业实践教育，实现专业、课程、师资、基地等合作共建。设立创新创业奖学金，用于表彰奖励学生开展创新创业实践；设立创新创业专项经费，用于支持师生开展社会公益实践项目、科研创新项目、大学生创新创业项目，支持创新创业实践基地改造升级。

六、课程与教学管理制度迭代升级

突出创新管理，确保创新创业教育服务到位。高度重视创新创业指导服务，打造涵盖政策引导、经费支持、导师引领、文化氛围营造等在内的服务指导体系。建立实施临沂大学创新创业学分积累与转换制度，把创新创业学分作为必修学分纳入培养计划，设置创新创业与素质拓展综合模块，纳入学生创新创业档案和成绩记载。进一步修订包括《临沂大学全日制学生学籍管理规定》《临沂大学在线开放课程学习认证与学分认定试行办法》等相关配套管理制度，实施弹性学制，放宽学生修业年限，允许调整学业进程、保留学籍休学创新创业，鼓励支持学生跨专业参与创新创业实践。加强创新创业教育专兼职师资队伍建设，面向学生开放实验室，鼓励学生参与教师课题研究，指导学生积极参与创新创业比赛，申报国家级创新创业项目。支持开展创新创业论坛、报告会、经验交流会等，启发创业思维，形成创业文化氛围，激发学生创业热情。

深化高校创新创业教育改革，是国家实施创新驱动发展战略、提高高等教育质量的迫切需要，是推进高等教育综合改革、促进学生全面发展、推动毕业生更高质量创业就业的重要举措。作为沂蒙革命老区唯一的综合性大学，临沂大学在办学治校过程中，牢记立德树人根本任务，充分考量创新型国家发展的战略要求、区域经济社会发展的需要和自身发展实际，确定了创新创业型大学的办学定位，实施“一二三四”融入式协同性多元化创新创业人才培养模式改革，将沂蒙精神融入育人体系，将创新创业理念贯穿人才培养全过程，努力培养富有创新精神、创业意识和创新创业能力的高素质应用型人才。通过修订人才培养方案、深入推进教学模式改革、构建协同育人机制、深化学分制改革、强化创新创业实践与平台建设等一系列举措，围绕构建创新创业人才培养课程体系、内容体系、服务体系、保障体系等，扎实推进大学生创新创业教育，初步探索出一条以社会需求和学生发展需求为导向，以课程体系建设、教学模式改革为切入点，以创新人才培养机制、提高人才培养质量为核心的创新创业人才培养之路。

参考文献

主要中文参考文献

[1] 李喆. 建设创新创业型大学的思考[J]. 临沂大学学报,2015(6).
[2] 李喆. 地方高校建设创新创业型大学的路径探索[J]. 临沂大学学报,2018(8).
[3] 李喆. 地方综合性大学建设创新创业型大学的思考[J]. 中国高等教育,2016(8).
[4] [奥]约瑟夫·阿洛伊能·熊彼特. 经济发展概论[M]. 北京:中国社会科学出版社,2009.
[5] [美]德鲁克. 创新与企业家精神[M]. 北京:机械工业出版社,2007.
[6] [美]杰弗里·迪蒙斯、小斯蒂芬·斯皮内利. 创业学(第6版)[M]. 北京:人民邮电出版社,2005.
[7] [苏]鲍·格里戈良. 现代西方哲学人类学[M]. 上海:上海文化出版社,1988.

[8] 曹亮. 新常态下大学生创新创业教育问题研究——以锦州高校为例[D]. 锦州医科大学,2017.
[9] 曹胜利,雷家骕. CC中国大学创新创业教育发展报告[M]. 沈阳:万卷出版公司,2009.
[10] 曹胜利,雷家骕. 中国需要怎样的创新创业教育[N]. 中国教育报,2010-01-13.
[11] 柴径. 以点带面 推进创业教育——《创业教育》试点工作座谈会综述[J]. 中国高等教育,2002(10).
[12] 陈广正. "双创"视角下地方高校教师创新创业教育能力的提升[J]. 中国成人教育,2017(6).
[13] 陈静. 高校主导型创业教育生态系统构建研究[D]. 长春:东北师范大学,2017.
[14] 陈孟博. 韩国创业教育对我国高校素质教育的启示[J]. 郑州牧业工程高等专科学校学报,2014(3).
[15] 陈婷. 中韩大学生创业教育比较研究[D]. 沈阳师范大学,2015.
[16] 陈学军. 高校创新创业教师队伍建设现状及建设体系建构[J]. 职教论坛,2017(11).
[17] 陈昭. 大学生创业教育存在的问题及对策研究[D]. 石家庄:河北师范大学,2017.
[18] 程宝华. 应用型本科院校大学生创新创业教育研究[D]. 济南:山东师范大学,2015.
[19] 邓玲. 创新教育模式及实施方案研究[J]. 软科学,1997(2).
[20] 丁九桃,朱美玲. 建设创业型大学需要创新型的教师队伍[J]. 科技展望,2016(12).
[21] 杜玉波. 努力开创高校创新创业教育和大学生自主创业工作新局面[J]. 创新与创业教育,2011(3).
[22] 段琼辉等. 发达国家创新创业教育实践经验分析及启示[J]. 职教通讯,2016(35).

[23] 段文超. 北京地区高校创业教育现状及对策研究——基于北京三所院校试点实践[D]. 江西:江西农业大学,2017.

[24] 付宜强,丁传磊. 我国高校创新创业教育存在的问题与发展对策[J]. 高教学刊,2018(11).

[25] 高建等. 全球创业观察中国报告2007——创业转型与就业效应[M]. 北京:清华大学出版社,2008.

[26] 高晓杰,曹胜利. 创新创业教育——培养新时代始业的开拓者,中国高等教育学会创新创业教育研讨会综述[J]. 中国高等教育研究,2007(7).

[27] 耿卫军,陈建,黄秀娟. 加拿大高校创业教育的特点、模式及启示[J]. 经济师,2013(9).

[28] 顾沈静. 创新创业教育对跨学科教育的吁求[J]. 重庆高教研究,2015(5).

[29] 郭广生. 创新人才培养的内涵、特征、类型及因素[J]. 中国高教研究,2011(5).

[30] 郭三娟,陈浩. "受教育者":历史考查与语义分析[J]. 当代教育科学,2015(9).

[31] 胡晓风,姚文忠,金成林. 创业教育简论[J]. 四川师范大学学报(社会科学版),1989(4).

[32] 胡月. 双创背景下创业教育课程的研究——以重庆××大学为例[D]. 重庆:重庆师范大学,2016.

[33] 黄兆信,张中秋,赵国靖,王志强. 英国高校创业教育的现状、特色及启示[J]. 华东师范大学学报(教育科学版),2016(2).

[34] 蒋德勤. 高校创新创业教育师资队伍建设探析[J]. 中国高等教育,2011(10).

[35] 雷家骕. 我国大学生创业教育现状及应做的调整[J]. 青年探索. 2011(1)

[36] 李海波,朱中超. 中国高校创业教育现状分析及对策建议[J]. 中国大学生就业,2007(13).

[37] 李家华,卢旭东. 把创新创业教育融入高校人才培养体系[J]. 中国高等教育,2010(12).

[38] 李伟铭,黎春燕,杜晓华. 我国高校创业教育十年:演进、问题与体系建设[J]. 教育研究,2013(6).

[39] 林静. 英语专业创业课程现状及其设置构想方案——针对钱江学院外国语

分院的研究[D]. 杭州:杭州师范大学,2015.

[40] 林文伟. 大学创业教育价值研究[D]. 上海:华东师范大学,2011.

[41] 刘恩允,周川. 学术主导、分类驱动、协同推进——我国大学院系治理机制探究[J]. 高等教育研究,2017(8).

[42] 刘隽颖. 高校创新创业教育的背景、现状与突出问题[J]. 南昌工程学院学报,2016(2).

[43] 刘敏. 法国创业教育研究及启示[J]. 比较教育研究,2010(10).

[44] 刘伟,邓志超. 我国大学创新创业教育的现状调查与政策建议——基于8所大学的抽样分析[J]. 教育科学,2014(6).

[45] 刘艳,闫国栋,孟威,等. 创新创业教育与专业教育的深度融合[J]. 中国大学教学,2014(11).

[46] 刘阳. 高校创业教育校内支持的困境与出路[D]. 南京:南京师范大学,2017.

[47] 刘叶等. 探寻创业型大学的“中国特色与演变路径”——基于国内三所研究型大学学术创业实践的考察[J]. 高等工程教育研究,2014(3).

[48] 罗亮. 澳大利亚大学生创新创业教育研究[J]. 学校党建与思想教育,2018(3).

[49] 马永斌,柏喆. 大学创新创业教育的实践模式研究与探索[J]. 清华大学教育研究,2015(6).

[50] 毛家瑞,彭刚. “创业教育理论与实验”课题研究报告[J]. 教育研究,1996(5).

[51] 梅伟惠. 创业人才培养新视域:全校性创业教育理论与实践[J]. 教育研究,2012(6).

[52] 牛长松,菅峰. 创业教育的兴起、内涵及其特征[J]. 高等农业教育,2007(1).

[53] 潘艳萍. 从“自上而下”向“创业本质”的回归——以日本的创新创业教育为例[J]. 高教探索,2016(8).

[54] 庞勃. 中美大学生创业教育比较[D]. 长春:东北师范大学,2008.

[55] 彭刚,创业教育学[M]. 南京:江苏教育出版社. 1995.

[56] 朴钟鹤. 韩国高校创业教育发展与创新——以五所“创业研究生院”为例[J]. 比较教育研究,2013(5).

[57] 钱钰. 师资不足成开展创业教育瓶颈[N]. 新闻晚报,2009-08-07.
[58] 钱骏. 高校创新创业教育的问题反思与路径选择[J]. 高等职业教育探索,2016(6).
[59] 权麟春. “互联网 +”视域下德国创新创业教育的启示[J]. 五邑大学学报(社会科学版),2017(2).
[60] 沈辉,李洪波. 法国农民创业培训与我国大学生村官创业[J]. 继续教育研究,2011(9).
[61] 沈祖芸,董少校. 全国推进大学生创新创业教育[N]. 中国教育报,2011-4-2.
[62] 石萍萍. 大学生创新创业教育的问题及对策[J]. 教育与职业,2016(24).
[63] 孙海燕,崔西展,田道勇. 创新创业教育视角下兼职教师队伍建设的研究——基于政策文本的分析[J]. 中国成人教育,2016(24).
[64] 孙珂. 21 世纪英国大学的创业教育[J]. 比较教育研究,2010(10).
[65] 涂雪仁等. 美国高校创业教育发展的历史,特征及其启示[J]. 现代教育科学,2016(2).
[66] 王娅诺. 广西普通本科院校创业教育课程现状研究[D]. 南宁:广西师范学院,2017.
[67] 王雁等. 创业型大学:研究型大学的挑战和机遇[J]. 高等教育研究,2003(3).
[68] 王玉凤,张晓光. 美国高校创业教育的实施体系及启示[J]. 重庆高教研究,2014(6).
[69] 王占仁. “广谱式”创新创业教育的体系架构与理论价值[J]. 教育研究,2015(5).
[70] 王占仁. 创新创业教育的历史由来与释义[J]. 创新与创业教育,2015(6).
[71] 王占仁. 高校创新创业教育观念变革的整体构想[J]. 中国高教研究,2015(7).
[72] 王占仁. 中国高校创新创业教育的学科化特性与发展取向研究[J]. 教育研究,2016(3).
[73] 尉肖帅. 浅谈高校创新创业教师队伍建设[J]. 教育教学论坛,2018(38).
[74] 魏发辰. 开展创新教育培养创新人才[J]. 中国科技论坛,1989(6).

[75] 席升阳. 我国大学创业教育的观念、理念与实践[M]. 北京:科学出版社,2008.
[76] 徐世平,史贤华. 国外高校创新创业教育研究述评——兼论我国高校创新创业教育的路径探索[J]. 曲靖师范学院学报,2016(2).
[77] 徐文婷. 高校创业教育质量保障机制研究[D]. 重庆:西南大学,2016.
[78] 许德涛. 大学生创新创业教育研究[D]. 济南:山东大学,2013.
[79] 闫利利,曲波. 高校创新创业教育的关键问题与现实对策[J]. 教育与职业,2017(22).
[80] 严毛新. 高校创业教育"语义泛化"现象及内涵拓展[J]. 教育发展研究,2015(3).
[81] 杨伟伟. 高校"广谱式"创新创业教育研究[D]. 上海:华东理工大学,2017.
[82] 易苗. 论高职院校创新创业教育教师的成长路径[J]. 教师教育论坛,2016(11).
[83] 于璐. 英国大学创业教育课程研究[D]. 大连:辽宁师范大学,2015.
[84] 余潇潇,刘源浩. 基于三螺旋的研究型大学创新创业教育模式探索与实践[J]. 清华大学教育研究,2016(5).
[85] 郁义鸿,李志能译. 创业学[M]. 上海:复旦大学出版社,2000.
[86] 袁利平,李盼宁. 基于创新驱动发展的俄罗斯研究生教育改革及启示[J]. 现代教育管理,2017(11).
[87] 刘恩允. 治理理论视阈下的我国大学院系治理研究[M]. 北京:中国社会科学出版社,2017
[88] 张冰,白华. 高校创新创业教育概念之辨[J]. 高教探索,2014(3).
[89] 张立昌. 创新·教育创新·创新教育[J]. 华东师范大学学报(教育科学版),1999(4).
[90] 张天华,刘艳良. 高校创业教育研究综述及问题对策分析[J]. 中国职业技术教育,2015(19).
[91] 张翔,杨川. 高校创新创业教师的素质要求及培育路径[J]. 教育研究,2018(5).
[92] 张晓娟. 高校创新创业教育存在的问题与路径选择[J]. 中国高校科技,2018(4).

[93] 张学英. 美国高校促进创新创业的实践及启示[J]. 职教论坛,2016(24).

[94] 张彦. 高校创新创业教育的观念辨析与战略思考[J]. 中国高等教育研究,2010(12).

[95] 张朝珍. 教师教学决策的运行机制研究[M]. 北京:中国社会科学出版社,2016.

[96] 张赢盈等. 我国高校创新创业教育面临问题及解决途径探析[J]. 中国大学生就业,2016(6).

[97] 赵金华. 基于科技创新的我国理工院校创业教育[D]. 南京:南京师范大学,2014.

[98] 郑刚,郭艳婷. 迈向创业教育 2.0:斯坦福大学创业教育大众化的经验借鉴及启示[J]. 西安电子科技大学学报(社会科学版),2016(3).

[99] 周兴国. 创新教育的内涵及其本质特征[J]. 中国教育学刊,1999(6).

[100] 朱晓芸. 高校创业教育师资队伍建设的困境与策略[J]. 中国高教研究,2012(9).

[101] 庄玉琳,朱建伟,张日军,刘思航. 中澳高校创新创业教育比较与借鉴[J]. 中国地质教育,2017(4).

[102] 邹晓东等. 创业型大学:概念内涵、组织特征与实践路径[J]. 高等工程教育研究,2011(3).

[103] 张茂聪. 大学内部管理制度改革与创新研究——基于国际比较的视野[M]. 济南:山东人民出版社,2018.

[104] 薄存旭. 论精准助学贫困大学生:贫困生成机理及助学行动导向[J]. 高等教育研究,2018(6).

主要外文参考文献:

[1] Katz. J. A. *The Chronology and Intellectual Trajectory of American Entrepreneurship Education*[J]. Journal of Business Venturing. 2003 (2).

[2] Fagerberg, Jan; Mowery, David, Nelson, Richard. *The Oxford handbook of in-*

novation [M]. Oxford University Press, 2005.

[3] Luecke R. &Katz, R. *Managing Creativity and Innovation* [M]. Boston, MA: Harvard Business School Press, 2003.

[4] Robert C. Ronstadt, Entrepreneurship [M]. Lord Publishing Co, 1984.

H. H. Stewenson, M, J. Roberts and H. L Grousbeck, New Business Ventures and the Entrepreneur [M]. Irwin, 1989.

[5] Shane, S., Venkataraman, S. The promise of entrepreneurship as a field of research [J] Academy of Management Review, 2000, 25(1).

[6] Katharine Dunn. The EntrepreneurshipEcosystem[EB/OL]. (2005-9-1) [2013-1-2] http://www. technology review. com/article/14761/page1/.

[7] Donald F · kuratko. The Emergence of Enterpreneurship Education: Development, trends and Challenges[J]. International small Business Journal, 1997(3).

[8] Doctoral Programs inEntrepreneurship[EB/OL]. https://www. slu. edu/eweb/connect/for-faculty/infrastructure/doctoral-programs-in-entrepreneurship. 2017.

[9] The Oslo Agenda for Entrepreneurship Education in Europe[EB/OL]. http://www. gvpartners. com/web/pdf/EC_Oslo_Agenda. pdf. 2006.

[10] Nicole Seymour. Entrepreneurship Education in American Community Colleges and Universities[J]. Business Education. 2001(9).

[11] Filomena O. Soares, Manuel J. Sepúlveda, Sérgio Monteiro, Rui M. Lima, José Dinis-Carvalho. An Integrated Project of Entrepreneurship and Innovation in EngineeringEducation[J]. Mechatronics. 2013, 23(8).

[12] Katz. J. A. The Chronology and Intellectual Trajectory of American Entrepreneurship Education[J]. Journal of Business Venturing. 2003, 18(2).

[13] Bo Li, Xinghua Wang, Seng Chee Tan. *What makes MOOC users persist in completing MOOCs? A perspective from network externalities and human factors*, Computers in Human Behavior, 2018(08).

[14] Vannevar Bush. Pieces of the Action [M]. New York: Morrow, 1970.

后 序

创新创业型大学的建设路径，回答的是创新创业型大学怎么走、怎样建设创新创业型大学这一理论研究和实践运作中的核心性问题，此问题涵盖了创新创业型大学办学的各个方面，单纯推进创新创业教育并不等同于创新创业型大学建设，局部的创新创业也不等同于创新创业型大学建设，必须上下联动、整体推进，始终围绕区域经济社会不断发展的新形势、新要求，坚定为地方经济社会发展服务的发展战略，实现在管理体制与运行机制、办学理念、人才培养、科学研究、社会服务及文化传承创新等方面的革命性改革，形成优势和特色。

一要构建应用型为导向的创新创业培养体系。构建创新创业型大学的人才培养体系，在教育理念上要回归大学本质，牢固树立全员育人、育全人的理念，在加强专业教育的同时，加强思想政治教育，加强对学生个人灵魂、思想和价值观的重塑，同时将创新创业教育理念贯穿到办学治校全过程，落实到各项具体措施和制度，融入学科、专业建设体系，体现到人才培养的质量标准中。在教育目标上要回归社会需求，强化应用型人才培养目标定位，对接经济社会发展需求、岗位需求和学生全面发展需求，做好学科专业的前瞻性布局，建立校校、校企、校地、校所以及国际合作的协同育人机制，推动专业之间的融合和交叉发展，加强“新工科”建设和专业认证工作，构建适合经济发展需要的人才培养体系架构。在教学常识上要回归教育规律，紧紧围绕课程建设、课堂教学、考试和毕业设计（论文）等教学关键环节，加强创新创业教育课程体系、专兼职师资队伍、创新创业实践平台和专业实验室建设。在教学模式上要回归学生主体。研究学生，关注学生的不同特点，充分关注学生独特的学习体验，注重激发和调动学生内在兴趣。通过落实建立创新创业学分积累与转换制度、弹性学制制度，使学生根据专业兴趣、职业期望、个人发展需求和专业核心课程要求来选读课程。注重培养学生的创新精神和创业能力，面向学生开放实验室，鼓励学生参与教师课题研究，指导学生积极参与创新创业比赛，完善创新创业资金支持和政策保障体系，鼓励、支持学生创新创业。

二要构建与区域经济社会相适应的学科体系。创新创业型大学的学科建设贵在“激活”，这种“激活”的主要特征是实现学科与行业的无缝对接，使学术成果由内部繁荣实现向外部转化和循环。具体而言，在学科布局上，加强顶层设计，一方面可自上而下，坚持有所为有所不为，突出重点，找出核心优势，由山而峰；另一方面可自下而上，坚持分层次建设，错峰定位，错位竞争，突出重点，兼顾一般。在特色选择上，坚持需求导向，坚持“顶天立地”，紧跟国家发展战略和社会需求，向上找导向，向下找需求，作为地方高校，应特别重视立足自身优势，对接地方产业布局，围绕地方主导产业来布局学科，主动融入经济社会发展主战场，跨越更大的边界，与产业界、社会进行全方位的合作，实现与社会各行各业的紧密融合，做大特色文章，以特色寻求发展空间，以特色彰显竞争力。在组织实施上，学科布局体现的是行政权力，学科建设体现的是教授治学，应强化学院、教授学科建设的主体地位。探索学部制改革，充分发挥学部的作用，解决好学科规划、教授治学、资源共享问题，推动学科相互交叉、促进和融合。在措施保障上，围绕学科建设，加强科研创新平台和学科团队建设，落实学科带头人负责制，强化“学科 + 团队”建设，重视培育特色学科团队。人才引进应围绕学科规划，制定人才队伍建设规划，坚持质量和需求导向，瞄准“高精尖缺”，精准发力，重点突破。加强科研创新平台和学科团队建设，推进教师学科归队，启动优势特色学科团队提升工程。在实现目标上，提升学术创新和学术创业能力。开展科技创新和技术转移，把更多精力聚焦在服务区域经济社会发展需求上，与大型企业合作，既瞄准国家水平的标志性成果加强组织培育和申报，又积极探索解决地方产业发展面临的实际问题。建设覆盖当地及周边地区的社会需求信息库，建立与政府、部门、地方定期交流对接机制，加强与地方行业龙头企业和骨干企业的产学研合作，共建企业工程技术中心、实验室等技术创新平台，联合开展应用技术攻关，推进学术资源向学术资本的转化。

三要构建社会深度参与的“三元”办学结构。党的十八大以来的改革趋向表明，市场已经逐渐成为资源配置的主导力量，这对传统的政府、学校二元投资办学机制形成巨大冲击。而且在“双一流”建设背景下，政府对高校日益形成扶优扶强的拨款机制，大众化教育阶段以大谋胜的方式已经难以为继。地方高校在争取资源方面一般处于劣势，要在新一轮竞争机制中抢占先机，需要深化内部综合改革，从学校和政府的二元治理体系转变为学校、政府和市场的三元治理体系，逐步实现由增量改革向存量改革的转变，深化高等教育的供给侧结构性改革，推动教学资源向教育资本转化、学术资源向学术资本转化，以质量谋生存，以服务求发展。地方高校建设创新创业型大学，必须具有超强的对外合作能力，能跨越更大的边界，与产业界、社会有更多的合作，而且是全方位的合作，构建多元化的筹资机制，在政府拨款、补助资金的基础上，主动走出学校围墙，更多地与企业合作，从市场、企业、社会、行业中争取更多的经费，提高委托类项目经费、技术转让、社会培训、社会捐赠等收入，改变过去主要从政府获得资源和资金的现状，增强学校的办学活力和发展后劲。学校内部治理结构、管理模式相应需要深化改革，通过成立大学理事会等举措，构筑校企联合开展人才培养、平台打造和师资共享的重要平台，构建学校、政府和企业联系渠道和协作机制，聚焦各种外部资源，凝聚各方力量支持学校办学。

四要凝练创新创业的核心办学文化。建设创新创业型大学，重塑办学文化，首先要扎根中国大地，坚持中国特色社会主义办学方向，同国家发展的现实目标和未来方向紧密联系在一起，坚持“为人民服务，为中国共产党治国理政服务，为巩固和发展中国特色社会主义制度服务，为改革开放和社会主义现代化建设服务。”倡导创新创业精神，不能与学校优良的办学传统文化割裂，应融合学校优秀的文化传承，融合中国优秀传统文化、地域文化以及现代大学精神等文化元素。大学要形成尊重教授的文化，大学的行政工作永远都是从属于教学和科研的，大学的行政人员不应该仅是权力的敬畏者，而更应有对学术的敬畏、对知识的敬畏；同时，融合现代商贸企业文化，倡导勇于冒险、大胆创新的企业家精神，营造鼓励创新、宽容失败的创新创业文化氛围。将创新创业的元素融入思政课学科建设和教学、融入办学精神、融入大学生思想政治教育、融入现代大学制度体系建设，推进与创新创业型大学相适应的精神文化、制度文化、环境文化和行为文化。

五要打造坚强有力的领导核心。在宏观层面上，学校党委对学校工作实行全面领导，承担管党治党、办学治校主体责任，要把方向、管大局、作决策、保落实，制定好规划，明确发展的方向，做好干部的选拔、任用和培训工作，成为坚强有力的领导核心。建设创新创业型大学，学校层面要通过行政的力量，调动全校的要素进行重新组合，推动内部结构要素的优化调整，把学校的办学理念有效传达到每个个体，形成有机统一的认识，形成工作的合力。在微观层面上，管理部门的主要任务是“放管服”，将更多承担服务保障和考核监督的作用，逐步实现从管理向服务的职能定位转变。人才培养、学科建设、社会服务等内涵建设的关键在学院。学院将承担起更多发展的任务，学院班子要成为政治家、教育家、战略家、实干家和社会活动家，统筹好改革、发展、稳定、创新和治理“五位一体”的关系，善于用共同的目标引领发展，有开疆拓土的创业精神，同时要制定好规则，让大家在制度框架内各就各位、各司其职。良好的行政文化需要良好的行政生态，应理顺党委和行政的关系，理顺行政权力和学术权力的关系，准确定位，充分尊重教授治学的权力，让专家去做专家的事情。应强化系统观念、长远眼光和国际视野，求真务实，科学谋划，真抓实干，不折腾，不反复，说了就干，干就干成，尊重每一个人的利益，激发全部的积极性和创造力。

本著作是基于临沂大学创建创新创业型大学的思考而形成的研究成果，是集体智慧的结晶。在成书过程中，临沂大学高等教育研究院长李波教授、白金山博士做了统筹性工作，临沂大学图书馆刘强老师、法学院邱春林副教授在书稿修改中给予了鼎力支持。另外，广东外语外贸大学余芳副教授、陈国海教授，中国青年政治学院郑伟博士，河南牧业经济学院王贺博士也给予了指导。临沂大学教育学院薄存旭教授、张世爱副教授、张伟博士、马婷婷博士、栾兆云博士、赵春凤老师在材料搜集、整理、校稿等方面做了大量工作，在此一并表示感谢。

李　喆

2019 年 3 月 22 日